高等学校交通运输专业规划教材

道路交通安全工程

徐重岐　主编

西南交通大学出版社
·成　都·

内 容 简 介

本书吸收了国内外道路交通安全方面的研究成果，系统介绍了世界道路交通安全发展历程、我国道路安全形势、交通参与者与交通安全、道路与交通安全、车辆与交通安全、交通环境与交通安全、交通事故分析与预测、交通事故处理、交通安全评价、交通安全管理以及交通安全对策。

本书可作为交通工程、交通运输、交通管理等专业的教材，也可供交通、公安、城建等部门技术人员参考使用。

图书在版编目（CIP）数据

道路交通安全工程 / 徐重岐主编. —成都：西南交通大学出版社，2014.6（2018.8 重印）
高等学校交通运输专业规划教材
ISBN 978-7-5643-3097-2

Ⅰ. ①道… Ⅱ. ①徐… Ⅲ. ①公路运输–交通运输安全–安全工程–高等学校–教材 Ⅳ. ①U492.8

中国版本图书馆 CIP 数据核字（2014）第 121459 号

高等学校交通运输专业规划教材

道路交通安全工程

徐重岐　主编

*

责任编辑　周　杨
助理编辑　胡晗欣
特邀编辑　柳堰龙
封面设计　本格设计

西南交通大学出版社出版发行
四川省成都市二环路北一段 111 号西南交通大学创新大厦 21 楼
邮政编码：610031　发行部电话：028-87600564
http://www.xnjdcbs.com

四川五洲彩印有限责任公司印刷

*

成品尺寸：185 mm × 260 mm　　印张：13
字数：323 千字
2014 年 6 月第 1 版　　2018 年 8 月第 2 次印刷
ISBN 978-7-5643-3097-2
定价：26.00 元

图书如有印装质量问题　本社负责退换
版权所有　盗版必究　举报电话：028-87600562

前　言

自 1886 年第一辆汽车问世以来，全球约有 4 亿人死于交通事故，远远超过两次世界大战死亡人数的总和。因此，研究交通事故的发生、发展、分布规律以及交通安全策略是十分必要的。道路交通安全系统涉及人、车、路、环境和管理等，只有充分地了解系统内的各个组分的特性，才能掌握交通事故发生的规律，构建交通安全对策体系。

本书根据国内外的研究成果，详细地介绍了世界道路交通安全发展历程、我国道路安全形势、交通参与者与交通安全、道路与交通安全、车辆与交通安全、交通环境与交通安全、交通事故分析与预测、交通事故处理、交通安全评价、交通安全管理以及交通安全对策等内容。希望本书对交通工程专业学生以及交通安全研究、管理和教育工作者有所裨益，并有助于我国道路交通安全水平的提高。

本书由兰州交大工程咨询有限责任公司徐重岐主编，其中：第 1、4、5、6、7、8、9、10 章由徐重岐编写，第 2、3 章以及附录由兰州交通大学王立编写。本书在编写过程中参考了国内外大量的文献资料，限于篇幅，不一一列出，在此对相关参考文献的作者表示衷心的感谢！

由于编者水平有限，书中疏漏在所难免，恳请读者批评指正！

编　者
2014 年 6 月

目 录

1 绪 论 ... 1
　1.1 概 述 ... 1
　1.2 世界道路交通安全体系发展历程分析 ... 4
　1.3 我国道路安全形势 ... 11
　1.4 交通安全的内容与方向 ... 23
　本章习题 ... 25

2 交通参与者与交通安全 ... 26
　2.1 驾驶员特征与交通安全 ... 26
　2.2 其他交通参与者特征与交通安全 ... 36
　2.3 交通参与者行为与交通安全 ... 39
　本章习题 ... 44

3 道路与交通安全 ... 45
　3.1 道路线形与交通安全 ... 45
　3.2 道路结构物与交通安全 ... 57
　3.3 交通流状态与交通安全 ... 70
　本章习题 ... 73

4 车辆与交通安全 ... 74
　4.1 汽车的安全行驶性能 ... 74
　4.2 汽车安全装置与结构 ... 87
　本章习题 ... 100

5 交通环境与交通安全 ... 101
　5.1 交通危害 ... 101
　5.2 道路景观 ... 103
　5.3 交通环境保护 ... 105
　5.4 交通环境评价 ... 110
　本章习题 ... 112

6 交通事故分析与预测 ... 113
　6.1 交通事故分析的主要方法 ... 113
　6.2 交通事故统计分析 ... 115

  6.3 交通事故与若干因素的关系 ································· 117
  6.4 交通事故预测 ······································· 127
  本章习题 ··· 139

7 交通事故处理 ··· 140
  7.1 交通事故现场勘察 ··································· 140
  7.2 交通事故责任认定 ··································· 147
  7.3 交通事故的处理 ···································· 152
  7.4 交通事故档案及统计报表 ······························· 154
  本章习题 ··· 155

8 交通安全评价 ··· 156
  8.1 交通安全评价概述 ··································· 156
  8.2 单一指标交通安全评价方法 ····························· 157
  8.3 交通安全综合评价内涵及原则 ··························· 160
  8.4 基于层次分析法的城市道路交通安全综合评价 ················ 161
  本章习题 ··· 163

9 交通安全管理 ··· 164
  9.1 影响交通安全的因素 ································· 164
  9.2 交通事故致因理论 ··································· 164
  9.3 事故多发点鉴别 ···································· 167
  9.4 道路交通安全管理措施 ································ 171
  9.5 道路交通安全管理规划 ································ 175
  本章习题 ··· 177

10 交通安全对策 ·· 178
  10.1 开展道路交通安全宣传教育 ··························· 178
  10.2 道路安全目标 ····································· 179
  10.3 安全审核 ·· 180
  10.4 合格的交通设计 ··································· 180
  10.5 运输信息技术的应用 ································ 181
  10.6 道路交通事故紧急救援系统 ··························· 181
  10.7 伤害监测系统 ····································· 182
  本章习题 ··· 183

附 录 ··· 184

参考文献 ··· 200

1 绪 论

1.1 概 述

自1886年第一辆汽车问世以来,全球约有4亿人死于交通事故,远远超过两次世界大战死亡人数的总和。20世纪80年代以来,全球每年约有50万人死于交通事故,有1 000万人因交通事故而受伤。

1.1.1 交通事故的定义

1. 定义

由于国情不同,世界各国的交通规则和交通管理规定也不同,对交通事故的定义也不尽相同。

中国对道路交通事故的定义是根据国情、民情和道路交通状况提出来的,即《中华人民共和国道路交通安全法》给出的定义:车辆在道路上因过错或者意外造成的人身伤亡或者财产损失的事件。它基本上适合中国道路、车辆和人员参与交通行为的状况,得到了国家和社会各方面的肯定。

美国国家安全委员会对道路交通事故的定义为:在道路上所发生的意料不到的、有害的或危险的事件。这些有害的或危险的事件妨碍交通行为的完成,常常是由于不安全的行动、不安全的因素或者二者的结合造成的。

日本对道路交通事故的定义为:由于车辆在交通中所引起的人的死伤或物的损坏,在道路交通中称为交通事故。

2. 构成要素

从以上对交通事故的定义中可以看出,构成道路交通事故应具备以下七个要素,缺一不可。

1)车 辆

在交通事故各方当事人中,必须至少有一方使用车辆,包括机动车和非机动车。车辆是构成交通事故的前提条件,无车辆参与则不认为是交通事故。

2)在道路上

这里的道路是指公用的道路,即《中华人民共和国道路交通安全法》规定的"公路、城市道路和所在单位管辖范围但允许社会机动车通行的地方,包括广场、公共停车场的用于公众通行的场所"。只供本单位车辆和行人通行的，交通管理部门没有义务对其进行管理的，不能属于道路。此外，还应以事态发生时车辆所在的位置，而不是事故发生后车辆所在的位置，来判断其是否在道路上。

3）在运动中

在运动中是指在行驶或停放的过程中。停放过程应理解为交通单元的停车过程，而交通单元处于静止状态停放时所发生的交通事故（如停车后卸载货物时发生的伤亡事故）不属于交通事故。停车后溜车所发生的事故，在公路上属于交通事故，在货场里则不属于交通事故。所以关键在于交通事故各当事方中，是否至少有一辆车处于运动状态。例如，乘车人在车辆行驶时，由于跳下造成的事故属于交通事故；停在路边的车辆，被过往车辆碰撞发生事故，由于对方车辆处在运动中，因而也是交通事故。

4）发生事态

发生事态是指发生碰撞、碾压、刮擦、翻车、坠车、爆炸、失火等其中的一种或几种现象。若没有发生上述事态，而是行人或旅客因其他原因（如疾病）造成伤亡的不属于交通事故。

5）违　章

当事人有违反《中华人民共和国道路交通安全法》和其他道路交通管理法规、规章的行为，这是依法追究其肇事责任、以责论处、予以处罚的必要条件。没有违章行为而出现损害后果的事故不属于交通事故；有违章行为，但违章与损害后果无因果关系的也不属于交通事故。

6）过　失

过失是当事人因疏忽大意没有预见到应该预见的结果或已经预见而轻率地自信可以避免，以致发生的损害后果，即造成事态的原因是人为的，而不是因为人力无法抗拒的自然原因（如地震、台风、山崩、泥石流、雪崩等）造成的事故。行人自杀或利用交通工具进行其他犯罪，以及精神病患者在发作期间行为不能自控而发生的事故，均不属于交通事故。

7）有后果

交通事故必定有损害后果，即人、畜伤亡或车、物损坏，这是构成交通事故的本质特征。因当事人违规行为造成了损害后果，才属于交通事故；如果只有违章而没有损害后果则不属于交通事故。

以上七种要素可以作为鉴别道路交通事故的依据和必要条件，在实际工作中加以运用。

3. 交通事故现象

交通事故现象，又称交通事故的形式，即交通参与者之间发生冲突或自身失控造成肇事所表现出来的具体形态，基本上可分为碰撞、碾压、刮擦、翻车、坠车、爆炸和失火等七种。

1.1.2 交通事故的分类

1）按事故责任分类

根据交通事故的主要责任方所涉及的车种和人员，在统计工作中可将交通事故分为机动车事故、非机动车事故和行人事故三种。

2）按事故后果分类

根据人身伤亡或者财产损失的程度或数额，交通事故可分为轻微事故、一般事故、重大事故和特大事故。

3）按事故原因分类

从原因上可以把交通事故分为主观原因造成的事故和客观原因造成的事故两类。

4）按事故的对象分类

按事故的对象可将交通事故分为车辆间的交通事故、车辆与行人的交通事故、机动车对非机动车的交通事故、车辆自身事故、车辆撞固定物的事故等五种类型。

5）按事故发生地点分类

交通事故发生地点一般是指哪一级道路。在我国，公路可分为高速公路和一、二、三、四级公路五个等级；城市道路可分为快速路、主干路、次干路、支路四个等级。另外，还可按在道路交叉口和路段所发生的交通事故来分类。

1.1.3 交通事故的特点

交通事故具有如下特点：随机性、突发性、频发性、社会性和不可逆性。

1）随机性

交通工具本身是一个系统，当它在交通系统中运行时成为这个更大系统的一部分。在交通系统这样的动态大系统中，某个失误就可能引起一系列其他失误，从而引发危及整个系统的大事故，而这些失误绝大多数是随机的。

道路交通事故往往是多种因素共同作用或互相引发的结果，其中有许多因素本身就是随机的（如气候因素），而多种因素同时作用或互相引发，则具有更大的随机性。

2）突发性

道路交通事故的发生通常并没有任何先兆，即具有突发性。驾驶员从感知危险至交通事故发生的这段时间极为短暂，往往短于驾驶员的反应时间与采取相应措施所需的时间之和，或者即使交通事故发生前驾驶员有足够的反应时间，但由于驾驶员反应不正确、不准确而操作错误，从而导致交通事故。

3）频发性

由于汽车工业的高速发展，车辆急剧增加，交通量增大，造成车辆与道路比例的严重失调，加之交通管理不善等原因，造成道路交通事故频繁，伤亡人数增多。道路交通事故已成为世界性的一大公害。许多国家因道路交通事故造成的经济损失约为国民生产总值的 1%。因此，人们称道路交通事故是"无休止的交通战争"。

4）社会性

道路交通是随着社会和经济的发展而发展的客观社会现象，是人们客观需要的一种社会活动，这种活动是人们日常生活和工作必不可少的。在目前现代化的城市中，由于大生产带来的社会分工越来越细，人际间的协作和交往也越来越密切，使人们在道路上的活动日趋频繁，成为一种社会的客观需求。

道路交通事故是伴随着道路交通的发展而产生的一种现象，无论何时，只要人参与交通，就存在涉及交通事故的危险性。道路交通随着社会的发展不断地进行演变，从步行到马车再到汽车,以至形成今天的规模。这个过程不仅表明人们对道路交通的追求意识和发展意识,也证明了道路交通事故是随着社会发展和经济发展而发展的客观存在的社会现象,即道路交通事故具有社会性。

5)不可逆性

道路交通事故的不可逆性是指其不可重现性。事故是人、车、路组成的系统内部发展的产物,与该系统的变量有关,并受一些外部因素的影响。尽管事故是人类行为的结果,但却不是人类行为的期望结果。

从行为科学的观点看,社会上没有哪种行为与事故发生时的行为相类似,无论如何研究事故发生的机理和防治措施,也不能准确地预测何时何地何人发生何种事故。因此,道路交通事故是不可重现的,其过程是不可逆的。

1.2 世界道路交通安全体系发展历程分析

道路交通安全体系的形式,及道路交通安全事故的增多增少,通常与一个国家和地区的经济社会发展存在着内在的联系。世界上一些发达国家,都经历过道路交通安全事故高发的时期,而后进入了事故比较稳定的低水平发展时期。分析其他国家道路交通安全体系的发展历程和经验教训,对我国交通事故的发展趋势预测有很好的参考价值。

1.2.1 瑞典、英国、荷兰三国道路交通安全体系系统分析

在欧盟国家乃至全世界范围内,瑞典、英国、荷兰三国道路交通安全水平均处于世界领先地位。通过对三国道路交通安全体系的分析,吸取其在道路交通安全方面有益的经验,对于提高我国道路交通安全水平具有很强的现实意义。

1. 三国概况及道路交通事故情况

1)瑞 典

瑞典位于欧洲北部,面积约45万km^2,人口918.3万(截至2007年年底),境内森林密布、河湖众多。瑞典是世界上经济最发达、最富有的国家之一。第二次世界大战后至20世纪60年代末,瑞典经济一直保持上升态势。进入80年代,其经济一度陷入滞缓状态。1982年以来,瑞典经济又呈现持续保持上升的状态。2003年瑞典国民生产总值已达3 253亿美元,人均国内生产总值超过36万美元。2003年公路网通车里程达到214 467 km。瑞典全国轿车数量在1959年时仅为108.8万辆,1969年时激增至219.4万辆,翻了一番。但在随后的30年里,增长速度有所放慢,平均每10年增加60万辆,平均每千人客车拥有量为439辆,2002年平均每千人客车拥有量为454辆。

近几十年来,瑞典道路交通事故死亡人数一直处于较低水平。1996—2003年,瑞典道路交通事故死亡人数一直维持在550人左右。死亡人数保持相对稳定的主要原因是1996—2003年车辆行驶里程的增加。2004年,道路交通事故死亡人数仅为480人,取得了显著的进步。

2）英　国

英国位于欧洲西部，人口 5 955.4 万（截至 2003 年），2003 年道路网通车里程 417 140 km，平均每千人拥有小客车 538 辆。2000 年，英国经济规模超过法国跃居世界第四位，并首次超过美国成为最大的海外投资国。英国经济在经历了 20 世纪 80 年代末和 90 年代初的衰退后，从 1992 年起开始复苏。2000 年，英国政府采取加强宏观调整力度和加速经济结构等一系列经济政策，实现了经济稳定发展，GDP 缓步回升，全年增长率为 3%；政府财政状况持续改善，财政盈余高达 230 亿英镑。经济竞争力国际排名由上年度的第十位升至第八位。

1991—2004 年，英国道路交通事故基本呈现稳步下降的趋势。2004 年道路交通事故死亡人数为 3 368 人，10 万人口死亡率降至 5.6，达到 1991 年以来的最低值。

3）荷　兰

荷兰面积为 4.153 万 km²，人口 1 610 余万（截至 2003 年），是世界上人口密度最大的国家之一。2000 年道路网通车里程 125 839 km，2002 年平均每千人客车拥有量为 425 辆。荷兰在 1999 年的全球国际竞争力排行榜中位居第一。

1991—2004 年，荷兰道路交通事故降幅明显。2004 年道路交通事故死亡人数仅为 804 人，10 万人口死亡率为 5.0。2003 年死亡人数出现轻微增长，这仅仅是因荷兰交通事故处于较低水平导致的统计的正常波动。

2. 三国道路交通情况

这三个国家均属于发达国家，在道路交通安全方面具有较大的相似性。三国公路网发达，机动化率较高，道路运输成为人们出行和运输的首选。但是这三个国家道路交通安全的关注点不尽相同。

瑞典是三个国家中国土面积最大的国家，几乎是英国的 2 倍，荷兰的 11 倍。但瑞典人口在三个国家中是最少的。瑞典针对道路交通运输的特点，将道路交通安全重点放在车辆碰撞危险的降低和车辆速度的限制方面。英国交通流量较大，在英国车辆碰撞的风险要远小于瑞典。因此，英国和瑞典对于道路交通事故的防范措施就有所侧重。在英国，道路交通的防范重点放在行人和自行车的安全措施上。荷兰自行车的拥有量是瑞典和英国的 4～5 倍，自行车的安全问题就成为荷兰道路交通安全的重点。

三个国家均很早就提出了道路交通安全政策和战略，经过几十年的实施，取得了显著的效果。这些政策和战略有一个基本的特点就是根据道路交通的自身特点，以减少事故的死亡人数来制定的。瑞典交通安全规划的重点放在降低车辆的行车风险及加强车辆的行车速度管理上。

3. 三国道路交通安全政策和战略

1）瑞　典

1967 年瑞典道路交通规则由左向通行改为右向通行规则，通行规则的改变对道路交通安全产生了重大影响。在道路交通安全优先的观念指导下，瑞典有关部门对车辆的行驶速度作了严格的限制。针对不同区域行驶的车辆进行速度限制，限速范围为 50～110 km/h。

在车辆安全带使用方面，瑞典在 1975 年出台了汽车前排乘客强制佩戴安全带的政策，1978 年出台了摩托驾乘人员强制戴安全头盔的规定。在 1975—1983 年，瑞典道路交通事故的死亡人数从 1975 年的 1 200 人降低到 1830 年的 700 人，使得瑞典成为 20 世纪世界上道路交通最安全的国家。在1983—1989年，瑞典经历了一个经济高速发展的阶段，道路交通安全受到很大的影响，交通事故的死亡人数上升到900人。

1988年，瑞典有关部门出台了儿童乘车强制佩戴安全带的规定。在1996年，出台了车辆后排乘客强制佩戴安全带的规定。因为道路交通事故的增加，1989年车辆最高限速从110 km/h降低到90 km/h。

1990年，为了切实改善道路交通安全形势，瑞典出台了一系列道路交通安全战略和目标，提出到2000年道路交通事故故意死亡人数降低至600以下。

1993年，瑞典道路交通安全办公室和瑞典国家道路交通管理局合并，成立了新的国家道路交通安全管理机构，并提出了新的道路交通安全目标，提出到2000年道路交通事故死亡人数要小于400人。在此基础上提出了交通事故零死亡的理念，并制定了相应的规划。2000年瑞典全国的道路交通事故实际死亡人数是591人，伤4 103人，没有达到预定的目标。

交通事故零死亡理念是一个长期的目标，也是道路交通安全的努力方向。此项计划得到了瑞典官方的认可。在采取措施方面，重点领域从增强交通参与者的意识扩大到道路的安全设施的设计和建设以及车辆的安全性设计，使得道路和车辆更加安全可靠。

根据零死亡理念制定的规划，所有的道路交通参与者、道路的建设者、车辆制造商、道路运营商、地方政府等，在共享道路交通带来便利和商业利润的同时应承担起交通安全的责任。

1999年，根据零死亡的长期目标，瑞典国家道路交通管理部门制定了具体措施，重点在11个方面加大交通安全的管理力度：

（1）加大危险路段的改造（例如，优先进行道路中心隔离栏的建设，解决车辆迎面碰撞的问题）。

（2）通过地方政府，对102个城市的市区道路进行安全设施改造。

（3）规范道路交通参与者的行为，重点放在超速治理、安全带的使用、酒后驾车的防范上。

（4）规范自行车骑车安全，开展自行车戴头盔专项整治。

（5）加强运输企业的安全教育，对于一些大型运输企业进行详细的道路交通安全的指导。

（6）强制执行冬季防滑轮胎的使用。

（7）促进先进科技手段的安全教育，重点放在安全带使用提醒装置、车辆速度控制装置、酒精浓度报警装置、电子号牌等方面。

（8）实行道路交通安全设施责任制，建立由各方人士参加的独立委员会，检查道路交通安全设施的设计、建设、维修等工作。

（9）加强公众的道路交通安全意识教育。

（10）发挥道路交通安全志愿者协会的作用。

（11）建立新的道路安全设施的模式。

2）英　国

英国有着重视道路交通安全的传统。作为一个经济发达的国家，早在1903年，英国就实行驾驶证、车辆制动系统等安全措施。1931年，英国就出台了第一部交通法规。三年以后，第一条人行横道出现。实际上，在20世纪的前70年中，英国在道路交通安全领域中一直处于领先地位。

1987年，英国政府制定了道路交通安全的目标，计划到1998年道路交通伤亡人数要比1981—1985年减少1/3。到1998年，道路事故死亡人数降低了39%，重伤人数下降了45%，但是，轻伤人数上升了16%。

1996年，英国政府有关部门投资500万英镑，在中小城市开展了"安全城市工程"。此举引起了各界对交通安全的重视。2000年，政府发布了新的道路交通安全战略，并规划了2010年的交通安全目标：

（1）交通事故的死亡和严重受伤人数降低到40%。

（2）儿童的交通事故死亡和严重伤害人数降低50%。

（3）亿车公里轻伤人数降低10%。

达到上述目标有相当大的困难，需要社会各个方面的配合。为了达到上述目标，英国道路交通管理部门出台了十条相应的措施：

（1）儿童的道路交通安全问题。内容包括学校的交通安全教育，在学校的教育内容中增加交通安全意识，鼓励骑自行车戴头盔。

（2）加强驾驶人的培训和考核。通过交通安全学校，加强驾驶人的道路交通安全意识的教育，对新驾驶人，在一段时间内实行跟踪制度，建立新驾驶人档案。提高新驾驶人的考核标准，通过一系列的事故案例，使新驾驶人充分地认识到驾驶车辆是一种高危险性的工作。

（3）加强对酒后驾车和疲劳驾驶的治理。提高酒后驾车和疲劳驾驶的处罚标准。

（4）加强道路交通安全基础设施建设。重点放在提高道路规划的科学性，将道路交通安全的内容融入到交通组织规划中去。通过示范工程，建立交通安全示范区域，在总结经验的基础上，在全国范围内推广。

（5）加强对超速车辆的治理。制定新的车辆限速标准，增加20 km/h限速区域。建立新的限速区域和标准。

（6）车辆安全。采取有效措施，包括制定强制性的法规，提高安全带的佩戴率，推广采用智能安全带。

（7）摩托车的安全。加强新摩托车驾驶人的管理，制订新的摩托车头盔标准。

（8）行人和自行车的安全。加大对事故高发人群的教育，推广骑自行车戴头盔。

（9）加大执法力度，提高公众遵守交通规则的意识。

（10）运用信息技术，在危险路段和事故多发路段提醒驾驶人谨慎驾驶。提高道路交通安全水平。

3）荷　兰

1945—1970年，荷兰道路交通事故的死亡人数从每年的1 000人上升到3 000人，这个严峻的事实引起了荷兰政府的高度重视。为了缓解交通事故死亡人数上升的势头，1983年，荷兰政府出台了"国家道路交通安全规划"。1987年，荷兰政府制定了第一版"道路交通安全长远规划"。规划中明确提出了在1985—2000年间伤亡事故减少25%。防范重点确定在酒后驾驶、超速、危险路段整治、儿童和老年人事故预防以及安全装置的使用上，以及建立交通事故紧急救援机制等方面。

1988年，荷兰运输部提出了一个雄心勃勃的道路交通安全计划。这个计划以1986年为参照年，计划到2010年将道路交通事故死亡人数降低50%，重伤人数降低40%，将事故黑点、超速、酒后驾车以及消减重型车辆、自行车和机动脚踏两用车事故作为重点领域加以治理。但是到了20世纪90年代早期，荷兰运输部已经认识到这个计划不能从根本上解决问题，而且制定的目标无法实现。因此，荷兰道路安全研究（SWOV）提出一个新的被称为"可持续安全"的理念,并依此定义了一个新的道路安全政策。这个理念的基本观点是任何道路安全措施应侧重于人的行为,应选择能够避免死亡后果的预防措施。可持续安全理念基于以下三个安全原则。

(1) 功能性原则:预防基础设施无目的的使用。

(2) 协调性原则:避免以中速和高速行驶的车辆在速度、方向和车辆质量方面产生大的差异。

(3) 可预测性原则:预防道路使用者行为的不确定性。

可持续安全理念第一阶段(1997—2002年)的实施,采取了以下一些措施。

(1) 道路的分类。从交通安全的角度出发,将全国12万km道路进行分类。通过分类,加大危险路段和事故多发路段综合治理。

(2) 在城市道路中增加慢车道,替代原先的自行车专用道。

(3) 在城市交叉口,实行行人和自行车优先的原则。

(4) 建立道路交通状况信息系统。

(5) 完善道路交通安全的法律法规体系。

这些措施产生的积极结果如下。

(1) 90%的道路管理部门制定了各自的道路分级计划。

(2) 超过50%的城市地区道路(12 000 km)已经成为30 km/h限速线路,7%的城市以外地区道路已经成为60 km/h限速线路。

(3) 大多数干线公路交叉口已变为受控交叉口。

(4) 新交通安全法律的执行得到了强化。

目前实施的可持续安全理念第二阶段(2003—2010年),不仅关注道路基础设施的改善,也关注道路交通安全教育、更严厉的执法、先进的车辆安全技术、道路空间规划,以及针对于商业运输的特殊措施。

荷兰道路交通管理部门在以下几个方面考虑交通安全的弱势群体。

(1) 加强道路安全设施建设,重点保护道路交通安全的弱势群体。

(2) 合理的规划路网结构,在车辆的速度、运输路线方面合理安排,使得道路发挥最大的作用。

(3) 在道路的设计和建设等方面加入交通安全方面的内容。

4. 三国道路交通安全机构设置

1) 瑞 典

瑞典的道路交通安全管理机构分为三个层次:中央、地区、地方。在中央层次上,主要有议会、政府主管部门、中央政府咨询机构。本层次的作用主要是制定宏观政策,保证社会的稳定和公众的安全。在地区层面上,在瑞典划分了21个县(地区),每个县有相应的管理部门,地区管理部门代表中央政府行使职权。在地方层次上,瑞典全国划分289个地方行政当局。在一定范围内,地方行政当局和地区立法会对一些重大的道路有独立性的裁决权。在瑞典,公路划分为国道、地方道路和专用道路三种,且绝大多数交通事故是发生在公路上的。

瑞典国家道路管理局是瑞典管理全国道路交通安全和道路运输系统的主管部门。道路交通运输系统由交通参与者、道路基础设施、交通法规、交通信息等组成。瑞典国家道路管理局担负着全国道路的规划设计、运输规划、道路维修、交通安全等责任。交通警察在道路交通安全管理中主要起着执法和监管的作用。地方政府对辖区内城市道路的交通安全负责，瑞典国家道路管理局对国道、县乡道路负责。瑞典国家道路管理局还和瑞典汽车工业联合会、保险公司、瑞典机动车检测联合会等机构合作展开道路交通安全管理工作。

2）英　国

英国道路与车辆安全联合会是英国的主管部门，它是该国运输部下属的一个部门。由几个与运输部相关的组织组成，担负着道路交通安全的各个方面的工作。道路协会担负着道路的规则、交通安全的规则、交通安全设施的建设和维护工作；驾驶人和车辆协会担负着驾驶人和车辆的执照的发放工作；驾驶标准协会负责驾驶人培训标准和考官的注册工作；车辆牌证协会负责车辆安全标准和车辆通行规则方面的工作；交通警察作为道路交通安全管理的一个重要组成部分，担负着执法和监督的作用。

在英国，道路交通安全政策是国家运输政策的一个重要部分。根据2010年运输部10年规划，确定的基本原则为"让人们的旅游安全、放心，无论是步行、自行车、汽车、火车、飞机、轮船"。在该国国家道路交通安全战略中提出"明天的道路更加安全"的政策，提出至2010年，将道路交通事故死亡和严重受伤人数下降40%，儿童死亡人数下降到50%。这个目标需要全社会的参与，这其中包括中央政府、地方当局、交通警察、汽车制造商等。在道路交通十年规划中，制定了从中央政府、公路管理部门到地方当局各方协调、综合治理的方案。通过各级的道路运输规划，制定相应的道路交通安全措施。地方当局必须每年向议会上报道路交通安全的目标以及执行的情况。

在英国，大量的非官方组织积极地参与到道路交通安全活动中来，这些非官方组织包括一些民间团体，例如：自行车协会、摩托车协会、汽车协会等。

3）荷　兰

荷兰运输和公共事务及水管理部是全国道路交通安全的主管部门。

1994年，荷兰运输部、12个省以及各地方政府就道路交通安全问题作出了安排，并作出了"地方自治"的决定。各地的道路交通安全由各地按照本地区的实际情况制定具体措施。

主要措施有以下几方面。

（1）在国家道路交通安全的框架内，各地尽可能地制定符合本地实际情况的措施。

（2）地方政府和各地市政当局有责任落实各项交通安全措施。

（3）每个省建立专门道路交通安全机构，解决地区性的道路交通安全问题。

（4）秘书处作为各省交通安全机构的办事部门，监督各个地方市政当局交通安全的落实情况。

（5）1998年，将道路交通安全规划和措施方面的内容增加到交通和运输法中。

1.2.2　世界道路交通安全发展历程分析

纵观发达国家的道路交通事故发展历程，大体可分为四个阶段。第一阶段为1899—1920年，第二阶段为1920—1945年，第三阶段为1945年至20世纪70年代初，第四阶段为20世纪70年代初至现在。前三个阶段道路交通事故总的来说呈现上升趋势，其中第三阶段正值发达国家道路工程大规模建设和发展时期,相当于中国目前的状况,道路交通环境发生很大的变化。但是,社会整体对这种迅速到来的变化尚缺乏准备,公众的交通观念及行为滞后于经济的发展,再加上道路的安全设施还不够完善,而以至于交通事故频繁发生,造成大量人员伤亡。20世纪70年代中期石油危机波及世界各国,而我国自60年代开始实施的一系列综合治理交通、加强交通管理和减少交通事故的措施,在第四阶段呈现较好的治理效果。尽管汽车保有量和车辆行驶里程增长幅度都较大,但道路交通事故增长率增势减缓,事故严重程度逐渐趋于稳定。

尽管各国道路交通事故的情况不相同,甚至同一地区的各个国家也不相同,但从20世纪60—70年代开始,道路交通事故死亡率在高收入国家已经开始下降。例如1975—1998年期间,道路交通事故10万人口死亡率美国下降27%,加拿大则下降了63%。与此同时,在中等收入和低收入国家,道路交通事故死亡率则大幅度升高。针对日趋严重的交通事故,除非采取有效的预防措施,否则在中等收入和低收入国家中道路交通事故死亡率增长的趋势仍然会继续。未来20年,全球每年道路交通事故死亡数仍将呈现上升的趋势。

世界卫生组织(WHO)在2004年全球道路交通伤害研究报告中,预测从1990—2020年将发生下列变化:

(1)在全球主要死因排序中道路交通事故伤害将上升为第六位。
(2)在伤残损失调整寿命年(DALYS)中,道路交通事故伤害将上升为第三位。
(3)在中等和低收入国家,因道路交通事故伤害的伤残损失将上升为第二位。
(4)全球道路交通事故伤害死亡人数将从100万增加到234万(占所有死亡人数的3.4%)。
(5)在中等收入和低收入国家,道路交通事故死亡率平均将上升80%左右,而在高收入国家将下降30%左右(见表1.1)。

表1.1 世界各地区交通事故死亡率的预测结果

地区划分	国家数量	死亡率				变化(%)	10万人口死亡率	
		1990年	2000年	2010年	2020年	2000—2020年	2000年	2020年
东亚、太平洋地区	15	112	188	278	337	79.26	10.9	16.8
东欧、中亚	9	30	32	36	38	18.75	19.0	21.2
拉美、加勒比地区	31	90	122	154	180	47.54	26.1	31.0
中东、北非	13	41	56	73	94	67.86	19.2	22.3
南非	7	87	135	212	330	144.44	10.2	18.9
撒哈拉以南非洲地区	46	59	80	109	144	80.00	12.3	14.9
小计	121	419	613	862	1124	83.36	113.3	19.0
高收入国家	35	123	110	95	80	−27.27	11.8	7.8
合计	156	542	773	957	1204	66.53	13.0	17.4

根据世纪卫生组织统计的数字表明,近几年来,每年全世界死于车祸的人数高达100多万人,另外有2 300万至3 400万的人口在车祸中受伤或终生致残。虽然这些数字也包括发达国家的死亡人数,但那些中低等收入国家的死亡人数仍占全球交通事故总死亡人数的86%。

由于世界各个国家和地区之间的交通发展状况、文化素质、汽车保有量等方面的差异，各国道路交通安全状况相差很大，但就美国、日本等发达国家来说其交通事故已经得到基本控制。一方面这些发达国家的汽车保有量、汽车密度已经接近饱和，另一方面道路条件却在不断改善，管理水平也不断提高，于是其交通事故率持续下降并趋于稳定。在发展中国家，由于财政相对困难，加上国内需要大量投资加以解决的问题很多，建设道路网的投资比例相对很小，路面设施特别是交通安全基础设施稀少，道路交通事故逐年增加。

由以上分析可知，目前世界道路交通安全的状况是：发展中国家交通事故普遍上升，特别是经济高速发展的时期，交通事故更是大幅上升；发达国家开始步入良性循环，交通安全形势平稳，死亡人数呈逐年下降趋势。

1.2.3　世界道路交通安全发展历程对我国交通安全发展趋势的启示

（1）道路交通事故的上升趋势与国家的经济发展和机动车辆增长有着直接的关系，是交通事故和伤亡迅速增长的主要原因。

（2）我国目前道路交通安全形势十分严峻，这与我国经济的高速发展和机动车辆的迅猛增加有着密切关系。

（3）通过类比分析发现，在我国，道路交通事故仍然有较大的上升空间，维持我国道路交通安全持续好转的压力在持续增大。

（4）我国应尽快完善道路交通管理在体制上、行政上和技术上存在的不足，采取针对性的措施，持续改善我国道路交通安全形势。

1.3　我国道路安全形势

1.3.1　我国道路交通安全所处阶段

当前，我国正处于道路建设的高速发展时期。随着道路通车里程的跨越式增长和机动水平的快速提高，交通事故也在大幅度增加并维持高位，交通安全问题已经成为较严重的社会问题。新中国成立后，我国交通事故几乎一致呈增长态势，特别改革开放以后，其增长速度极为明显。至 2003 年，我国道路交通事故死亡人数已经连续三年达 10 万人以上。自 2004 年开始，我国道路交通安全形势已经呈现逐步改善的趋势，道路交通事故起数、死亡人数、万车死亡率逐年下降，但是道路交通安全问题始终是人民群众生命财产安全的一个重大威胁。近几年来，我国每年因交通事故所造成的间接经济损失往往是直接经济损失的 10～15 倍，若把事故现场堵塞所造成的经济损失算上，按最保守的方法计算每年也要达到 300 亿元。

交通需求的日益增长与道路基础设施承受能力之间的矛盾，使得道路交通的不安全因素继续存在，这对于我国道路交通安全管理工作而言仍然是一个挑战。从国际交通发展的一般规律来看，我国目前处于交通事故多发的关键时期，未来交通交通安全形势究竟如何发展，交通事故发展趋势如何变化，是一个特别值得关注的问题。

近几年来，我国的道路安全管理水平得到了一定程度的提高。尽管如此，我们应该清楚地认识到，虽然我国的交通安全在发展中国家处于中等水平，但与工业发达国家相比，差距还很大，因此如何进一步提高我国道路交通安全水平仍然是我国面临的一个巨大问题。

1.3.2 我国道路交通安全面临的形势

通过与其他国家的比较，可以看出，我国当前的道路交通安全形势十分严峻，由于道路交通事故所造成的损失也比较高。

我国国民经济的高速发展时期始于改革开放为标志的1987年，至今已经过了30年。根据西方发达国家的一般规律，我国交通事故的死亡人数似乎应当先达到顶峰，之后逐渐减少。但从多个方面来看，目前我国交通安全情况并不乐观。实际上，发达国家交通安全形势的改观是一系列相关措施奏效的结果，但我国近年来在这方面还没有一套行之有效的措施。若以此分析并根据国外经验，我国道路交通事故死亡人数仍有较大的上升空间。但这一时期的长短也并非绝对，它会随着交通管理水平的变化情况而变化。

交通事故给人民生命财产造成了重大的损失，也对我国社会经济发展和国际声誉造成很大的负面影响。随着全面建设和谐社会进程的推进和全社会机动化水平的提高，如果没有及时采取行之有效的措施，道路交通事故还可能呈爆发式增长。预防交通事故死亡率已经成为全社会的一项十分紧迫的任务。我国应从现在开始，更加重视减少交通事故、提高道路交通安全水平的研究工作，重视吸收发达国家的先进经验，采取针对性的措施，逐年改善我国的交通安全形势。

1.3.3 改革开放以来我国道路交通安全特点

1. 道路交通安全获得空前重视，受到人民群众广泛关注

在改革开放不断深入，我国经济社会高速发展的新形势下，党中央、国务院提出了以人为本的科学发展观，构建社会主义和谐社会。道路交通安全问题已成为促进社会和谐、改善民生的基本问题之一。

道路交通事故受到人民群众的广泛关注。虽然近年来道路交通事故持续下降，但是随着人民群众生活水平的提高，对自身出行安全愈加关注，道路交通事故已经成为影响人民群众安全感的最重要因素。

2. 道路交通安全管理从单一部门管理转变为多部门齐抓共管

1984年以前，我国的道路交通基本由交通部门一家管理，1984—1986年因农村经济的发展，农机部门参与了农用运输车辆的管理。1986年以后，我国道路交通的管理演变成了交通和公共安全两家共管的局面：交通部门负责道路规划、建设、路政管理、运营管理、稽征管理等；公安部门负责交通安全管理。目前道路交通安全仍然沿用这一管理体制，并涉及宣传、司法、计划、建设、工商、财产、卫生、教育、安全监督等17个政府部门。

道路交通安全管理是一个跨部门、跨行业的综合性管理工作。虽然现有交通安全管理体

系存在着一定的缺陷，但也对目前我国道路安全形势的改善起到了积极作用。为切实加强对全国道路交通安全工作的组织领导，协调、整合部门力量，形成政府统一指导，有关部门各司其职、齐抓共管、综合治理、标本兼治的工作格局，促进道路交通安全与经济社会协调发展。2003年10月，经国务院批准，我国建立了全国道路交通安全工作部际联席会议制度。其主要职能是在国务院领导下，掌握全国道路交通安全情况，分析道路交通安全形势，对全国道路交通安全工作进行部署、指导和监督各省、自治区、直辖市人民及其职能部门的道路交通安全工作；协调解决涉及相关部门的道路交通安全问题，促进部门协调配合，实现信息共享，建立长效机制，预防和减少道路交通事故，全国推进道路交通安全工作。

3. 采取多项措施，多角度、全方位解决道路交通安全问题取得了明显成效

改革开放以来，特别是2003年以来，针对道路交通安全涉及的诸多因素，各部门采取多项措施预防道路交通事故的发生，取得了明显的成效。

1）完善相关法律法规

改革开放以后，国务院陆续发布《中华人民共和国道路交通管理条例》《道路交通事故处理办法》和《城市道路管理条例》，道路交通法规进一步趋于完善。继《中华人民共和国安全生产法》颁布之后，《中华人民共和国道路交通安全法》及其实施细则、《公路交通突发公共事件应急预案》及一批与道路交通安全相关的行业和地方法规相应出台。特别是《中华人民共和国道路交通安全法》这样一部体现理性化、人性化和路权思想的法律的问世，标志着中国道路交通安全管理工作步入了法律化的轨道，对我国道路交通安全形势的改善，对政府交通安全管理部门执政能力的提高，对全体公众尤其是各类管理人员道路交通安全理念的提升，起到了决定性的推动作用。

2）实施驾驶人素质教育工程

驾驶人在道路交通安全中起支配地位，因此加强道路交通安全管理基础性工作，尤其是培养驾驶人的安全意识、普及安全知识对于改善道路交通安全形势具有重要作用。交通部门以培养驾驶人"安全第一、安全生命"的职业素质为总体目标，从提高驾驶人安全意识和操作技能入手，通过开展市场整顿、改革培训方法、提高培训方法、提高培训技能、完善监管机制、加强舆论宣传等综合措施，深入实施驾驶人素质教育大纲；三是加快推进驾驶人培训管理法制建设；四是加大驾驶人素质教育工作的宣传力度。

3）加强机动车安全技术管理，治理车辆超载超限活动

从20世纪90年代以来，中国运输车辆超载现象十分普遍和严重，车辆超载引发了大量的交通事故，成为道路交通安全的重大隐患。据统计，70%的道路安全事故是由车辆超载超限引发的，50%的群死群伤重特大事故与超限超载有直接关系。整顿超限超载运输是预防道路交通事故的重要基础。根据国务院的统一部署，从2004年起，交通部、公安部、国家发展改革委员会等八个部委，从宣传教育、路面执法、车辆生产和改装、吨位标定和牌照发放、运输市场秩序、公路收费政策等多个环节入手，综合采取经济、行政、法律、科技手段，在全国集中开展车辆超限超载治理工作，取得了明显成绩，全国车辆超限超载率由原80%以上下降到10%左右，车辆超限超载现象得到有效遏制，道路交通安全形势也明显好转。

4）开展交通基础设施安全整治工程

为全面提高低等级公路设施的服务水平，保障行车安全，减少交通事故的人员伤亡概率，

从2004年开始，交通部在全国国道、省道等干线公路上实施以"消除隐患、珍视生命"为主题的"公路安全保障工程"，对国省干线公路中的急弯、陡坡、视距不良、路侧险要路段进行改造，通过增设钢或混凝土防撞护栏，增设标志牌，设置公路线性诱导标志等安全防护设施，大幅提高公路行车的安全性能。此外，还开展了危桥改造工程和以桥梁为重点的交通基础设施安全隐患排查治理专项活动，为车辆提供了安全、舒适的道路交通安全环境。

5）加强运输行业管理

近年来，我国在营业性道路运输领域发生了多起重特大交通安全事故。为了扭转这一局面，交通部制定了一系列法规、规章和规范，加强对运输企业的监管。同时，有针对性地开展运输安全大检查，开展危险货物运输专项整顿，强化安全生产管理的责任意识。提高机动车驾驶员培训管理水平，加强对运营驾驶员的信息化管理，督促驾驶员认真执行安全操作规范，对驾驶员信息平台。通过加强运输行管理，紧紧抓住运输企业和营运驾驶员，守住道路交通安全的源头关。

6）开展道路交通安全专项治理工程

道路交通安全专项治理是道路交通安全管理工作的重要手段之一，主要根据道路交通事故的发生规律，在特定的阶段，针对某一特定类型的事故开展的专项整治，对打击道路交通违法行为、减少道路交通事故数量发挥着重要作用。例如，在春节期间开展的酒后驾车专项整治；针对每年第四季度重特大交通事故多发开展的预防特大道路交通事故专项行动；针对校车事故多发开展的校车安全专项治理工程；针对农村公路事故多发开展的农村公路安全整治工程等，均取得了非常明显的效果。

7）交通安全宣传教育工程

提高道路交通参与者的交通安全意识和培养良好的交通安全行为，是道路交通安全的基础性工作，主要通过交通安全宣传教育工程来实现。2006年4月，中宣部、公安部、教育部、司法部、国家安全生产监督管理总局决定2006—2008年在全国范围内实施"保护生命、平安出行"交通安全宣传教育工程。

交通安全宣传教育工程的工作目标是通过三年的努力，省、市、县三级宣传、公安、教育行政、司法行政、安全监督部门形成齐抓共管交通的交通安全宣传工作机制，逐步实现交通安全宣传组织社会化、宣传工作制度化、宣传形式多样化、宣传内容系统化；深化交通安全宣传"五进"工作，普及交通安全法规和安全意识，使广大驾驶人、中小学生、城乡居民的交通安全宣传"五进"工作，普及交通安全法规和安全常识，使广大驾驶人、中小学生、城乡居民的交通法制观念和安全意识明显增强，城乡居民交通安全常识抽查合格率、出行守法率明显提高；深化驾驶人及其他交通参与者的交通安全宣传教育，使无证驾驶、疲劳驾驶、超速、超载、酒后驾驶、低速载货汽车和拖拉机载人等严重违法行为明显减少，交通事故死亡人数继续保持下降趋势，重特大道路交通事故高发势头等得到有效的遏制，道路交通死亡率有明显下降。

8）实施气象灾害预报及紧急救援

雾、冰雪、暴雨等不利气象条件，泥石流、滑坡、水毁等自然灾害及各类危险品运输泄露事件对公路交通运输安全和通畅的影响呈增大趋势。2005年7月交通部和气象局签署了《交通部、中国气象局共同开展公路交通气象预报工作备忘录》，根据水毁、雾害等中国公路影响最普遍的气象灾害形势，结合汛期大范围强降雨预报和公路沿线雾监测工作，及时发布相关气象信息，建立相关的应急处置、信息反馈与评估等制度，努力解决长期困扰公路管理养护和行车安全气象"老大难"问题，提高21世纪中国公路安全保障和现代化应急管理水平。

1.3.4 我国道路交通安全面临的挑战

近年来，我国道路交通安全虽然取得了巨大成绩，出现了事故起数、死亡人数、受伤人数、万车死亡率、10万人口死亡率、直接经济损失、亿车公里事故率和死亡率等指标均下降的可喜局面。但是我国道路交通安全形势依然十分严峻，主要表现在：道路交通事故仍然较多，仍处于道路交通事故高发期；仍处于机动化初期阶段，交通需求的日益增长与道路交通基础设施承受能力之间的矛盾依然没有改变，道路交通的不安全因素依然存在；从发达国家经验来看，人均GDP大约8 600美元（以1985年美国国际价格为准），道路交通事故人口死亡率仍处于上升期；人、车、路等方面存在的影响道路交通安全的现实问题还没有得到根本解决，国民整体文化素质和道路交通安全意识等仍处于较低水平，促使道路交通安全改善的基础仍比较薄弱。随着我国社会经济的快速发展，人流、车流、物流的高速增长，遏制道路交通事故高发的压力将愈发增大。

1. 道路交通参与者的交通安全意识淡薄

道路交通事故的发生是由人的不安全行为和物（道路、车辆、环境）的不安全状态所造成的。分析道路交通动态系统中人、车、路和环境四大要素在交通事故中所起的作用，就目前世界各国官方机构和各类组织公布的统计报告和相关数据而言，都指出驾驶人的过失是交通事故发生的主要原因，其次是车辆故障和车辆维护不当。发达国家依靠长期积累的道路交通伤害数据，对道路交通安全的事故致因进行了细致分析，其结论基本是一致的，即道路交通事故的90%是由于驾驶人的错误引起的；道路设施的主要作用是减少错误发生后的损害程度。

交通参与者的交通行为受到社会环境、遵章守纪意识、安全意识所主导。根据我国公安交通部门的统计资料分析，我国道路交通参与者的交通安全意识淡薄，人的因素是造成交通事故的主要原因，2007年由此造成的交通事故约占总事故的94.82%，其中，因机动车驾驶人违法造成的交通事故约占总数的89.35%，非机动车驾驶人违法占3.81%，行人、乘车人违法占1.66%。在我国，驾驶人违章驾驶、注意力不集中、驾驶技术水平低而引发的交通事故大量存在，超载（超员）、违章超车和超速行驶的"三超"现象更是引发重特大交通事故的主要原因。交通参与者交通安全意识的提高和交通行为的改善是提高交通安全水平、减少交通事故发生决定性因素。

最近几年和今后一段时期内，大力发展农村公路是我国交通事业的重中之重，我国农村公路交通的快速发展，方便了农村居民的出行，农村地区机动化水平快速提高，这就要求农村居民应当具备与之相应的道路交通安全意识。但是，目前农村的道路交通安全状况尤让人担忧，主要原因是农村居民道路交通安全意识相当淡薄，表现在如下两点。

（1）缺乏对道路交通危险性的认识，自我保护意识不强。

趋利避害，是人类的天性。但是，只有正确认识危险，才能作出正确的选择。由于缺道路交通安全教育，特别是在新通公路或公路通车条件新近改善的农村地区，农村居民不能认识到参与道路交通的危险性，以及在农村公路附近居住、生产、经营的危险性，从而导致超速超载、无证驾驶、开报废车、搭乘非客运车辆等极其不安全的交通行为成为农村公路交通中的顽疾。

（2）对于道路交通安全法规，不知、不懂、不遵守。

不仅要认识到道路交通的危险性，还要清楚如何参与农村公路交通才是安全的，道路交通安全法规指明了这一点。然而，农村地区的普法教育还十分薄弱，农村居民不知法、不懂法的情况还十分普遍，这使得农村居民不知道怎样安全地参与农村公路的交通。同时，为了图经济利益、图费用便宜、图方便省事，抱侥幸心理，置道路交通安全法规于不顾，不遵守法规规定，违法参与道路交通，也是农村居民道路交通安全意识薄弱的表现之一。

可以说，"农村公路交通的迅猛发展与农村居民淡薄的道路交通安全意识之间的矛盾，是当前阶段农村公路交通安全领域的主要矛盾"，因为人是道路交通系统中最活跃、最关键、最具决定性的因素，而农村居民则是农村公路交通中的主角。农村居民的道路交通安全意识水平，决定着农村公路整体的交通安全水平。如果农村居民交通安全意识水平能够适应农村公路交通的发展形势，那么这将在很大程度上缓解农村公路交通安全领域中其他矛盾带来的负面效应。反之，农村居民道路交通安全意识薄弱，不能适应农村公路交通的迅猛发展，这将在很大程度上抵消在农村公路交通安全领域中其他矛盾上所作出的各种努力。

在这一对主要矛盾中，农村公路交通的迅猛发展是矛盾的主要方面，决定和支配着农村居民的道路交通安全意识水平。农村居民道路交通安全意识发展到何种高度在一定程度上决定了农村公路交通安全发展水平。因此，需要通过各种办法，不断提高农村居民的道路交通安全意识水平，保障农村公路交通的安全运行。

2. 车辆可靠性和安全性不高

在人、车、路、交通环境构成的交通系统中，影响交通安全的因素既有人，还有道路、车辆和交通环境，它们相互作用，相互影响。长期以来，世界各国交通管理部门在对事故进行统计分析时，把人的因素，特别是人的交通违章行为放在了第一位，并逐步得到了社会舆论和公众的认同。导致这样的结果，其客观原因是交通管理部门在事故现场处理、责任认定处置（尤其是经济赔偿）等工作时，常常有将事故原因（责任认定）判定为人（驾驶人）占主要因素的倾向。这样处置一是易于操作，二是从事故的直接因素来看，无疑是正确的，且对交通安全宣传教育具有积极意义。

造成上述现象的直接原因，是交通管理部门往往因为确定和追究事故责任者的需要而过分强调人的因素，而且在调查交通事故时，有时会轻易地或惯性地将事故的原因归于驾驶人。从交通系统各要素中，人为主动因素这一点而论，也无可厚非。但从深层次分析，这种方法割裂了人、车、路、交通环境构成的动态系统中4个因素之间存在的相互联系，对于事故的潜在诱因——由车辆、道路、交通环境对驾驶人所造成的间接影响却没有充分考虑在内，特别对车辆和道路条件因素在交通安全中的作用认识不足。

现代交通要求有性能较好的车辆与之相匹配。我国道路交通流组成与国外不同，大车所占比例较大，且车辆构成复杂，各车型之间性能差距较大。虽然近几十年来我国的汽车工业有了较大发展，车辆性能有了较大提高，但是与国外相比，总体性能仍然偏低，特别是车辆超载现象仍在一定范围内存在,这就造成了车的因素对交通安全影响较大。主要表现在以下几个方面。

(1) 有些车辆后备功率小,动力性能低。在长距离、长时间、满负荷工况下汽车极易出现发动机过热、拉缸等现象,容易诱发交通事故。

(2) 有些车辆可靠性差。道路持续高速运行要求汽车的主要总成匹配合理,国产载货汽车的主要总成品种少、技术性能落后、可靠性差,造成整车性能差、安全可靠性差,从而造成当载货汽车持续高速行驶时,故障明显增多,直接诱发交通事故。

(3) 有些车辆制动性能差。由于载货车辆制动性能差,常出现因车辆制动距离过长、跑偏等引发的车辆甩尾、追尾、碰撞等重大交通事故。为了有效控制交通安全,必须切实加强国产汽车的主被动安全性。

(4) 有些车辆操纵稳定性差。高速行驶时汽车的操纵稳定性主要包括:直线行驶的方向稳定性、快速变换车道特性、侧向风稳定性等。目前,国产载货汽车高速行驶时"发摆""发飘"等现象时有发生,其主要原因是国产载货汽车底盘技术性能以及车身造型设计落后。

(5) 有些车辆乘坐舒适性差。乘坐舒适性差主要原因是国产载货汽车缺乏人机工程学设计。有些交通事故的直接原因虽不是车辆本身,但是与车辆有关。比如车辆驾驶作业空间的人机工程学设计上的缺陷,导致驾驶人感知作业疲劳、判断决策作业疲劳以及动作疲劳,从而引发道路交通事故。车辆不安全状态会引发人的不安全行为,比如驾驶作业空间人机工程学设计上的缺陷等。

(6) 有些车辆轮胎质量不能与高速安全行驶合理匹配。轮胎的性能和质量对汽车的安全高速行驶、加速制动、操纵稳定性、经济舒适等各项性能指标起着重要作用。国产汽车高速适应性差,不能适应高速行驶的要求,易出现爆胎现象,直接诱发交通事故。如在高速公路上行驶的车辆,应选用适用高速运行的发热低、坚固耐磨、滚动阻力小、抗侧滑能力强的子午线轮胎和无内胎轮胎。但目前我国相当一部分客货运输车辆都使用普通斜交轮胎,这种轮胎由于线层数多、胎体厚、发热快、散热慢,在高速行驶时胎体温度上升快,一旦上升到极限温度就会发生爆胎,再加上轮胎的维护跟不上,爆胎的概率就更大了。同时,车辆超载时,轮胎负荷过大,导致胎内气压增大,破坏力强,更容易爆胎。

另外,随着农村道路通行条件的改善,农民群众生活水平的提高,摩托车、三轮汽车、小四轮货车等低速车辆作为农民群众出行代步工具和生产工具越来越普及。据报道,截至2006年年底,公安机关和农机部门管理的三轮汽车、低速载货汽车、拖拉机共1 452万余辆,占全国机动车保有量的18.80%以上。另据保守估计,在农村公路上至少还有1 000万辆无牌无证车辆。由于农村购买力低,一些非法拼装车、城市报废车大量流入农村,这些机动车安全性能得不到任何保证。总体来看,农村地区机动车的安全性能较差。这样的机动车犹如一颗"流动的炸弹",待一定条件具备时就会诱发"爆炸"。同时,由于农村短途客运发展滞后,农民往往只能搭乘三轮车、拖拉机或摩托车等交通工具,这也在一定程度上使得货车违法载客有了一定的市场,也使得发生群死、群伤等恶性交通事故的可能性增加。

3. 道路建设的安全防护设施相对不足

我国道路交通发展取得了很大成绩,但道路建设仍滞后于交通需求。交通工程设施不足,交通出行者的交通安全意识和法规意识淡薄,机动车安全性能不足,造成了我国交通事故受伤和死亡人数多。从公路设施看，尽管经过近年来的大规模建设，公路总体技术状况有了很大改善，但三、四级及四级以下等级公路里程仍在总通车里程中约占90%。这些公路大多受当时资金、技术水平和自然条件等因素的限制，路况差，混合交通严重，安全设施不足。特别是一些早期建成的山区公路"先天不足"，安全防护设施不到位，群死群伤的特大交通事故在一些地势险峻路段时有发生。这种状况，显然难以满足公众的安全期望和全面建设小康社会的要求。

通过对事故多发段和容易造成群死群伤事故路段的调查分析发现，二级及二级以下公路上的交通事故是我国道路交通事故的主体。群死群伤的特大事故在山区公路上发生的概率比平原区要高得多、严重得多，其中急弯、陡坡、连续下坡、视距不良和路侧险要五种类型的路段发生事故概率尤其大。

影响道路交通事故的道路因素主要有道路几何线形要素、路面状况、车道宽度、交通安全设施等，分别介绍如下。

1）线形不良

如山区高速公路S形曲线对行车具有潜在的危险性，汽车在弯道上行驶时，受到离心力的作用，常需在平曲线路段设置超高。其作用是为了使汽车在平曲线上行驶时能获得一个指向内侧的横向分力，用以克服离心力，减少横向力，从而保证汽车行驶的稳定性及乘客的舒适性。S形曲线是由两个反向圆曲线用两个回旋曲线连接的平面线形。两个反向曲线均应设置超高，而且因为这两条曲线是反向的，所以两条曲线各自的超高是不同向的。如果连接两个反向圆曲线间的回旋曲线长度不足，驾驶人没有足够的时间操纵方向盘使车辆顺势转向，由于第二个圆曲线的超高方向与第一个圆曲线超高方向相反，这将会出现"反向超高"现象，高速行驶的车辆不仅受到离心力，同时还受到一个与离心力同向的横向分力的作用，在这种情况下，速度过快的车辆极易发生侧翻或冲出路外。

2）连续长大下坡

为了维持一个相对安全的下坡速度，在下长大下坡时，货车驾驶员必须持续地对货车实施制动。长时间连续制动使得货车制动器温度迅速升高，产生热衰退现象，导致制动效能降低，严重时完全丧失制动。因此，连续长大下坡路段往往是事故多发段。这在当前货车普遍超载的情况下，连续长大下坡路段事故多发状况尤其让社会关注。

3）路面状况不良

影响车辆高速行车安全的主要因素有路面的强度稳定性、平整度和抗滑性能等。这也是行车安全、舒适应具备的条件。路面平整度主要是车辆对路面质量的要求，路面的抗滑性能则是交通安全的要求，抗滑性差常会诱发交通事故。

4）护栏端头设置不合理

护栏端头指的是护栏在起终点处所做的一种特殊处理结构，汽车与护栏端头碰撞是极其危险的事故，因为汽车与护栏端头类似于正面碰撞，危害程度要远远大于汽车与路侧护栏的刮擦碰撞。在碰撞速度很高的情况下，波形护栏端头将直接插入汽车前部薄弱的车厢内部，或与前端较低的小轿车碰撞后护栏端头抬起，顺着发动机盖滑行插破小轿车的前挡风玻璃，直接将车内乘员致伤或致死。因此，护栏端头的设计应使其具有以下独特的性能：

（1）与失控车辆正面碰撞时具有很好的吸能效果；

（2）端头护栏板不会穿透乘客车厢，危及乘客安全；

（3）端头侧板应具有很好的导向性能，使失控车辆不会在端头处突然停住；

（4）护栏端头结构连接牢固，整体性好。

但是，目前我国道路上安装的护栏端头普遍不具备上述性能。

5）农村公路安全设施不完善

目前在农村公路建设过程中普遍存在重通车里程、轻道路安全设施的问题。限于经费等原因，各地更愿意把有限的农村公路建设资金投入到道路本身的基础设施建设之中，尽可能增加农村公路的通车里程，对安全因素考虑不够，路建成以后往往忽视了道路安全设施的设置，甚至一些农村公路没有任何交通安全设施。县乡道路交通环境复杂，路面急弯、易滑、岔口多、行车视距不良等路段较多。一些道路修建时设计不合理，路桥不配套，弯道转弯半径小，再加上没有相应的交通安全设施，往往易诱发交通事故。农村公路通车以后，由于行车条件大为改善，行车速度也将大幅提高，一些安全问题将逐渐显现出来，而交通安全设施是行车安全的重要保障。在一些急弯、陡坡、连续下坡、视距不良和路侧险要路段必须要设有一定量的标志、标线、诱导标和防撞护栏等交通安全设施，才能有效保证这些危险地区的交通安全。从一定程度上说，农村道路交通安全设施不足已经成为导致农村公路事故多发的重要原因。

4. 交通安全管理体制和运行机制存在缺陷

交通安全是一项综合性社会管理工作，只有举全社会之力，依据制定的国家交通安全战略，制定各部门的阶段性重点工作目标和考核完善计划，不断地从国家安全战略的高度和宏观政策层次着手，强化道路交通安全治理，确保法律法规的完备性和持续稳定的资金，经过长期、综合性的全社会协同努力，才可能遏制道路交通事故。欧洲、北美及日本、韩国等发达国家治理交通事故的历程充分论证了这一点。

我国现阶段道路交通安全管理，一是交通管理的职能划分过细，不同职能分散在不同部门，缺乏一个统一、权威的综合管理机构；二是同一职能由不同部门共同管理，导致机构重叠协调难度大。利益多的环节多部门重复管理，利益少的环节存在管理盲区。而涉及多部门的决策则缺乏统一的指挥，缺乏有效的执行和监督体系，进而导致各部门、各地区缺乏统一的认识和行动，甚至在具体问题上互相推诿乃至相互掣肘。我国涉及交通管理的部门包揽了宣传、公安、司法、计划、交通、建设、工商、农机、财政、卫生、教育、安全监督、保险等17个之多的政府部门，彰显了我国道路交通安全管理的复杂现状。

我国现阶段道路交通安全管理体制的弊端，即政出多门、条块分割，反映在道路交通管理方面的问题包括：

（1）技术管理缺陷，如对交通工具的设计、结构上存在的问题管理不善，对驾驶作业空间人机工程学设计上的缺陷、道路缺少必要的交通安全设施、路面设计不足等问题未给予足够的重视。

（2）人员管理缺陷，如对驾驶人的选拔、教育、培训机制上存在缺陷，难以保障驾驶人具有良好的身体素质、较高的驾驶素质以及良好的职业道德、交通道德；对于行人缺乏必要的道路交通行车安全教育。

（3）交通安全管理和控制、安全监察和检查以及交通事故防范措施存在缺陷等。

目前参与高速公路管理的部门主要有公安部门（交警部门）、交通部门（路政管理）、交通控股集团（道路管理公司）。公安部门负责道路交通安全管理；交通部门的路政机构就代表政府行使路产、路权等行政管理职能；道路管理公司是企业，企业追求的目标是利益最大化。表面上看，高速公路交通安全管理的职责很明确，即由公安部门负责，但实际上公安部门的交通安全管理与道路管理公司追求利润最大化的目标存在很大矛盾。从道路管理公司的角度出发，希望通过高速公路的车辆越多越好，越快越好，只要不造成桥梁、枢纽等构造物垮塌。虽然超限车辆会对道路造成损害，缩短道路、构造物的使用寿命，道路管理公司不会阻拦超限车辆的通过，因为采用计重收费以后会给道路管理公司一定的补偿。现行《中华人民共和国道路交通安全法》《中华人民共和国公路法》《道路运输条例》等主要针对道路使用者，对道路管理公司的安全管理责任则缺乏明确的规定。实际上道路管理公司不仅应当承担道路交通安全的责任，也具备道路交通安全的管理手段，高速公路一般都配有完善的交通安全设施、道路监控设施，道路管理公司对高速公路存在的交通安全隐患是了解准确的。但是由于安全管理责任的缺位以及追求利润最大化的诱因，在有交通安全隐患时，道路管理公司一般缺乏采取措施、消除隐患的积极性。只有在交通事故发生后，才由交警进行事故的认定。这种"事后惩治"的交通安全管理模式，将交通安全的风险全部转嫁到驾驶人员身上，不仅有失公平，也无助于高速公路安全水平的改善和提高。

另外，农村公路交通安全管理的职责交叉和缺位也是农村公路事故多发的重要原因之一。在农村从事机动车驾驶工作的从业人员中，相当一部分人没有经过正规培训，有些甚至是在"实践"中练出来的，这些驾驶人有的连最基本的交通法律法规都不懂，根本没有交通安全的意识；无证驾驶的情况普遍存在，即使有了驾驶执照，交通安全的意识也十分淡薄，导致农村公路超速超载、酒后驾车、逆向行驶、越线行驶、违章超车等交通违法违章现象十分突出，加剧了农村公路行车秩序的混乱。

5. 道路交通应急处理和救护水平偏低

1）我国道路交通突发事件应急处置现状

2006年出台的《国务院关于全面加强应急管理工作的意见》明确指出"加快国务院应急平台建设，完善有关专业应急平台功能，推进地方人民政府综合应急平台建设，形成连接各地区和各专业应急指挥机构、统一高效的应急平台体系"。目前，我国已经积累了一定的应急机制的经验，在公共卫生、安全生产、社会稳定、自然灾害四大重点领域基本构建了突发事件应急机制和管理结构；但就大多数部门而言，固有的分散管理机制并没有大的突破，横向联动效果不是很明显，造成应急处置能力低下。对于道路交通突发事件的应急处置也不例外，主要体现在以下几个方面。

（1）管理体系条块分离

目前，国家现行的道路行政管理体制是条块结合，在不同的系统和部门"条"和"块"结合的紧密程度各不相同。部门和部门之间的横向合作、联系和沟通缺乏有力的制度保障。各部门应急资源分散在有关职能部门中，各应急处置力量各自为战，在人力资源、经费投入、物资装备、信息系统、指挥系统等方面都进行封闭式的建设，没有将各方面的力量有机地统筹和整合起来。

（2）联动机制还存在问题

目前各部门都制定了各类道路应急预案，但这些预案从国家到地方十分雷同，没有体现出各自的功能特性。在应急处置方面，各部门之间的职责划分，具体的工作沟通机制规定都不是很明确，没有一套成熟的体系来指导，实施起来存在着一些问题和困难。一些地区对于事故的应急处置还缺少与当地的相关部门（包括医院、公安消防等）建立的联动机制。其结果是在实践中不同程度地表现出"不联不动，联而不动，联而慢动，联而乱动"等现象。

（3）应急预案的针对性较差

不同部门、不同地区的道路应急管理实际需求存在很多差异，应急平台的核心是应用系统，其应与需求分析紧密结合，才能在应急管理中发挥效用。例如，东南沿海地区的应急系统必须要考虑台风等事件对道路交通带来影响的应急需要，而西北地区则不需要，相反地要重点考虑大雪、严寒等带来的道路交通事件应急。但目前各地应急预案的针对性普遍不强。

（4）重即时管理，轻前防后思

我国突发事件应急处置的一个普遍现象就是"重中间，轻两头"，即过分重视事件发生后的即时应急管理，而忽视事前预防和事后的反思，不进行积累和总结。

（5）重临时组织，轻常设机构

我国各级政府普遍缺乏专门的、常设的、权威的道路突发事件应急管理部门和专业人员，缺乏一个将政府各个相关部门组织起来共同行动、共同面对突发事件和解决事件的协调机构；缺乏专业技术人员和应急运行规则，跨部门协调能力严重不足；缺乏常设机构，致使道路应急管理政出多门，投资分散，指挥混乱，联动困难，道路应急管理的预防、预警和预控机制很不健全。

（6）事故检测方式有局限性

我国目前对于道路交通事故的检测大多是基于路旁的紧急电话、路人电话报警和路政、交警的巡逻。这是很常规的方式，但仅仅依靠这几种方式是不完善的。如果路旁没有人去报警，加上巡逻也有时间间隔，在这种情况下若发生重大交通事故的话，就难免会造成事故处理的延误，从而造成重大的人员伤亡和财产损失等严重后果。

（7）重领导经验，轻专家理论

当前道路应急决策者结构单一、知识片面，缺乏综合型、复合型、高技能的突发事件决策人才。对于突发事件的应急处理，主要是凭借领导者个人的素质和经验，我国各行业专家参与政府决策的机制还不健全，专家的参与带有很大的随意性，易受人为因素的影响。

（8）重文字表述，轻物质保障

由于认识上的差距，加上投入的不足，不少地方对道路交通突发事件的应急处理还只限于纸上的预案。有些部门对突发事件的发生抱有侥幸心理，对制定的预案不宣传、不培训、不预演，而且相当一部分预案缺乏实施的物质基础和系统保障。

2）我国道路交通救援现状

2002年1月，公安部、卫生部联合下发了《关于建立交通事故快速抢救机制的通知》，明确要求各地建立交通事故快速抢救机制，实行"110""120"和"122"急救信息联动和反馈制度，切实提高交通事故现场急救能力。部分省、直辖市也设立了道路交通救援委员会，并且在县市成立了相应的委员会，指导其交通事故紧急救援工作。上述形式的交通事故救援对控制我国交通事故损害有一定的积极意义，但从总体来说，我国交通事故救援工作还只是处于起步阶段，救援工作还存在以下问题。

（1）救援力量分散，救援职能交叉

道路交通事故紧急救援工作，涉及诸多的业务部门，如交通警察部门、医务部门、消防部门、特殊物品处置部门等。这些救援力量往往缺乏协调和统一的工作机制，造成资源的分散，在临时组织救援力量时，存在责任不明、机制不顺等问题，影响了救援力量作为统一整体作用的发挥。

（2）重伤员抢救，轻交通管制

我国道路交通事故的救援工作，大多数只注重伤员的医护救援工作，而轻视交通基础设施的维护、现场交通秩序的疏导和事故前方路段的交通诱导等工作，产生甚至加剧由交通事故造成的交通拥堵问题，并时常导致二次事故的伴生。

（3）反应迟缓，装备落后

在我国交通事故救援工作中，由于救援信息网络化建设的落后和部分参与救援的人员对事故现场的不熟悉，导致救援车辆不能及时出发和选择最佳的救援路径，延误了事故的救援时间，以致救援效率不高。

另外，由于救援力量的分散和救援经费的缺乏，我国道路交通事故紧急救援装备数量和技术也较为落后，尤其是在广大乡村地区，相当一部分乡镇卫生院没有救护车，部分县级医院的救护车也不完善。一旦发生重大交通事故，这些地区只好从其他地方调集救援设备（如车辆拆破器），严重延误了宝贵的救援时间。而更快捷的直升机救援体系的建立有待时日。

道路交通应急处理和救护水平偏低，其结果是死亡率和致残率上升，使事故后果加重。因此，救援体系建设工作强化"黄金72小时"救护制是关键，即对机动车驾驶人接受必要的治疗急救知识培训，掌握在交通，事故现场对受伤人员的初步救护技能，并且从法律上规定对途经事故现场的车辆驾驶人都有责任和义务对事故伤害者进行救助并发送呼救信号。总之，提高道路交通事故的快速反应、救援能力和科学决策水平，使我国的交通急救事业更快地走向完善和成熟，是全社会的期盼。

1.3.5 我国道路交通安全面临的机遇

虽然我国道路交通安全面临着巨大的挑战，但也面临着新的机遇。

党和政府高度重视道路交通安全工作。十六大以来，党和政府提出了建设社会主义和谐社会的宏伟目标，对包括道路交通事故在内的安全生产工作格外重视。2003年提出了道路交通安全目标，建立了全国道路交通安全工作部际联席会议制度，切实加强了对全国道路交通安全工作的组织领导，并协调、整合各部门力量，形成了道路交通安全工作政府统一领导，有关部门各司其职、齐抓共管、综合治理、标本兼治的工作格局；2004年《中华人民共和国道路交通安全法》正式施行，为维护道路交通秩序，预防和减少交通事故，保护公民、法人和其他组织的财产安全及其他合法权益，提高通行效率，提供了有力的法律保障。

道路交通安全整体环境正迅速改善。我国公路通行条件正逐步改善，高等级公路里程稳步提高；随着我国汽车工业的进一步发展，机动车安全性能正进一步得到改善；随着道路交通安全宣传教育工程的深入推进，交通参与者的交通安全意识正逐步增强。道路交通安全整体环境的改善为交通安全水平的提高奠定了基础。

道路交通安全研究正迅速开展。我国道路交通安全研究从无到有，取得了巨大的发展。

许多交通安全研究成果已应用于我国道路交通安全改善实际工作中,并取得了显著的效果。道路交通安全研究成果快速转化为生产力,为持续改善我国道路交通安全形势提供了可能。

1.4 交通安全的内容与方向

1.4.1 交通安全技术行政管理研究

交通安全技术行政管理研究包括交通安全管理机制、政策、勤务和技术行政信息系统建立等。

(1) 交通安全管理机制研究。研究内容包括条块关系、机动能力、通讯手段、警力配备、技术装备、队伍素质训练及机构设置等。

(2) 交通安全管理政策研究。研究内容包括法系、立法与执法、技术政策、规范与标准等。

(3) 交通安全管理勤务研究。研究内容包括安全管理勤务模式、岗位规范、行为规范、装备标准等。

(4) 交通安全技术行政管理信息系统研究。研究内容包括方式、方法、格式、采集、处理:统计、存储、检索以及反馈制度等。

1.4.2 交通安全技术研究

交通安全技术研究强调的是综合性,包括人、车、路、环境等诸方面的安全技术问题,一般均通过事故分析与事故对策进行研究。

1. 人的研究

包括对交通参与者的人体、心理、生理等各方面从防护的角度去研究,通过事故成因及事故特征分布分析,进行模拟,再现技术的应用,寻求规律性的参数与结论。

2. 车的研究

包括驾驶、碰撞、故障、仿真等,这些均要建立在事故成因分析的基础上,而所有实验设计及实验装置,以及有关测定方法和技术手段均属特殊条件和特殊要求制约下的应用技术研究。

3. 路的研究

包括路的适应性方面的几何条件、采光条件、安全防护、道路等级与功能划分、路面(粗糙)条件、附属工程条件等。对公路、城市道路以及快速路(高速路)应分别进行系统研究。

4. 环境研究

包括气候、降水、地形、地理、人文、街道化程度、路况、车类、车种混入率、交通干扰、专业运输、文化及职业特征等对交通安全的影响。

5. 事故分析与事故对策的研究

事故分析包括事故成因、事故特征分布、事故分析技术等，事故对策包括事故勘察技术、事故处理方法、事故对策技术研究等。

6. 交通安全实验研究

包括各种模拟和仿真的特种装置、试验设计、实验观测、数据采集和处理、实验技术、模拟人等。

1.4.3 道路交通安全设施研究

研究内容包括道路安全设施、车辆安全设施、驾驶员安全设施、行人安全设施、残疾人交通安全设施、交通安全设施环境、交通安全训练设施、交通安全救援设施、交通安全救护设施等。

1. 道路安全设施研究

道路安全设施分为永久性设施和临时性设施两类。永久性道路安全设施包括维护正常道路功能使用的各类防护设施，其中有防落石、防崩塌、防碰撞、防驶出、防进入、防超速、防超长、防超宽、限制、指路、诱导、禁止等一切路上永久性工程设施的设计、形式、材料、技术研究。

在道路安全设施的布置与规划实施阶段中又存在着很强的系统性，这个系统性不仅存在于安全设施整体布局方案之中，还存在于人、车、路、环境这个整体中，表现在设施的有效性与可靠性方面，这些将决定设施方案设计的可选择性。总之，它是由技术经济评价来决定可行性的。

临时性设施则是针对临时需要如施工便线、临时故障、临时的停车安全防护等设计的。也有的是为了逐步过渡到规划的永久性安全设施的需要而设置的安全设施。

无论是永久性安全设施还是临时性安全设施，均存在一种安全设施的过渡性设施系列，满足预令、准备、禁令、解除全过程的需求。

道路交通安全设施的有效性，面广、量大且最有显著成效的当属标线、标志方面。标线与标志可以使交通事故大幅度地下降，应研究标志和标线自身的技术寿命与技术效果问题。

2. 车辆安全设施研究

车辆安全设施一般均是针对车辆故障预防，或是保险、应急而研制的一种用户自己选择的车辆辅助装置，它是针对行驶中的紧急情况、车辆的突发故障保险、特殊地区和场合的需求等而设计的。

3. 驾驶员与行人、残疾人交通安全设施研究

这类研究是对驾驶员、行人、残疾人等各种不同的交通参与者提供的一种交通过程中的

安全服务，具有使用选择性和选择自由性，均不属强制性设施。

4. 交通安全设施环境研究

它研究安全设施系统所构成交通环境的整体安全性及其综合评价工作。它将涉及研究方法、规范、标准、规则，以及交通参与者——人体要素的交通安全适应性、心理要素的交通安全适应性、生理要素的交通安全适应性。

5. 交通安全训练研究

对驾驶员的培训从学科、素质训练及缺陷校正的方面研究，对交通参与者终生交通意识教育和安全宣传研究方面，从各种技术上和方法上加以研究。

6. 交通安全救援与救护技术研究

它包括交通安全救援与救护的方法、技术及装备，对解决"假死"救护和"高速路事故"救援更为重要。

本书主要介绍人、车、道路、环境与交通安全的关系等基本理论及交通事故特征与原因分析、交通事故调查与分析技术、交通事故处理、交通事故预防等技术性方法与技能。

本章习题

1. 简述交通事故的分类。
2. 简述交通事故的特点。
3. 世界道路交通安全发展趋势对我国有哪些启示？
4. 交通安全研究的主要内容有哪些？

2 交通参与者与交通安全

交通安全与所有参与交通的人都有直接关系,在汽车的行驶过程中,驾驶人员的感知、判断和操纵三项中任何一项行为出现失误,均可能引起交通事故。本章主要介绍驾驶员及行人的交通特征与交通行为。

2.1 驾驶员特征与交通安全

2.1.1 驾驶员的视觉特性

1. 概 述

在人的众多感知通道中,视觉是人获取外界交通信息的第一信道。无论是静态信息还是动态信息,有80%以上的交通信息是驾驶员靠视觉获取的。观察迟缓或观察失误,都是产生交通事故的重要因素。

汽车行驶中,驾驶员的视觉判断能力与车速有关。车速变化时,驾驶员对于车外环境的判别能力也将发生变化。视觉的判断能力在行驶中与静止时完全不同,车辆高速行驶时,驾驶员因注视远方,视野变窄。实验表明:速度为 40 km/h 时,视野角度低于 100°;速度为 70 km/h 时,视野角度低于 65°;速度为 100 km/h 时,视野角度低于 40°。因此,对于设计行驶速度较高的道路,特别是高速公路,道路两旁必须要有隔离措施,而且车行道旁不许行人或自行车通行,以免发生危险。

2. 视 力

视力也叫视敏度,是指分辨细小的或遥远的物体或物体的细微部分的能力。视敏度的基本特征就在于辨别两物体之间距离的长短。视力分为静视力、动视力和夜间视力3种。

1)静视力

静视力是指在人和视标都不动的状态下检查的视力。在报考驾驶员时都要进行视力检查,一般认为 1.0 正常视力。视力共分 12 级,用 0.1~1.0 代表,每级差 0.1,此外还有 1.2 和 1.5 两级。

我国通用 E 字形视力表检查驾驶员的两眼视力。视力的国际测定方法是以能识别的最小两点所形成的视角为标准,目前采用由 1909 年第 11 次国际眼科学会制定的缺口环(C 字形环)作为测定视力标准的仪器。这个缺口环,其底色为白色,环为黑色,环的外径为 7.5 mm,

环宽和缺口均为 1.5 mm。在距离为 5 m 的情况下能辨认出此缺口，则视力为 1.0，此时对于缺口的视角为 1′；若视角为 2′ 时能看清缺口，则视力为 0.5；视角为 5′ 时能看清缺口，则视力为 0.2；以此类推。我国规定，对于驾驶员的视力要求是两眼均为 0.7 以上（可戴眼镜）；日本规定对于领取普通驾驶执照的驾驶员要求两眼视力在 0.7 以上；大型车辆及 3.5 t 以下的小型车辆和 40 km/h 以上的机器脚踏车的驾驶员，则要求其两眼视力均在 0.8 以上（包括矫正视力）。在美国，各州的视力标准不一样，一般要求最低视力为 0.5（不包括矫正视力）。

2）动视力

动视力是指人和视标处于运动（其中的一方运动或两方都运动）时检查的视力。汽车驾驶员在行车过程中的视力为动视力。驾驶员的动视力随车辆行驶速度的变化而变化，速度提高，动视力降低。一般来说，动视力比静视力低 10%~20%，特殊情况下比静视力低 30%~40%。例如，以 60 km/h 的速度行驶的车辆，驾驶员可看清距离车辆 240 m 处的交通标志；可是当速度提高到 80 km/h 时，则连 160 m 处的交通标志都看不清了。

驾驶员的动视力还随客观刺激显露时间的长短而变化，当目标急速移动时，视力会下降。在照明亮度为 20 lx 条件下，当目标显露时间长达 1/10 s 时，视力为 1.0；当目标显露的时间为 1/25 s 时，视力下降为 0.5。一般来讲，目标作垂直方向移动引起的视力下降比作水平方向移动所引起的视力下降要大得多。

3）静视力与动视力的关系

静视力好是动视力好的前提，但静视力好的人不一定动视力都好。许多研究都表明，驾驶员的动视力与交通事故有密切关系，一项对 365 名驾驶员动视力与静视力相关性的研究结果表明：静视力为 1.0 的 276 人中，动视力小于等于 0.5 的有 170 人，占总人数的 61%。因此，对于报考驾驶员的人，不仅要检查静视力，还应检查其动视力，而且要定期检查。动视力还与年龄有关：年龄越大，动视力与静视力之差就越大。

4）夜间视力

夜间视力与光线亮度有关，亮度加大可以增强夜间视力，在照度为 0.1~1 000 lx 的范围内，两者几乎成线性的关系。由于夜晚照度低引起的视力下降叫做夜近视，通过研究发现：夜间的交通事故往往与夜间光线不足、视力下降有直接关系。

对于驾驶员来说，一天中最危险的时期是黄昏，因为黄昏时光线较暗，不开灯看不清楚，而当打开前照灯时，其亮度与周围环境亮度相差不大，因而也不易看清周围的车辆和行人，往往会因观察失误而发生事故。研究表明：日落前公路上的照度达数千 lx，日落后 30 min 降到 100 lx，而日落后 50 min 只有 1 lx，汽车开近光灯可增至 80 lx。

夜间汽车打开前照灯运行时，汽车驾驶员注意以下几种情况。

（1）夜间视力与物体大小的关系

在白天，大的物体即使在远处也可以确认；但在夜间，离汽车前照灯的距离越远，照度越低，因此远处大的物体也不易看清。

（2）夜间视力与物体对比度的关系

在夜间对比度大的物体比对比度小的物体容易确认。当对比度大时，认知距离与确认距离之差较大，此时驾驶员有较充分的时间应付各种事件，行车比较安全；对比度小时，认知距离与确认距离相差甚微，这时行车是不安全的。由此可见，夜间行车时物体的对比度显得特别重要。对驾驶员夜间行车可能遇到危险的地方要设置对比度大的警告标志，就是这个缘故。

（3）夜间视力与物体颜色的关系

交通环境中的众多信息，例如：交通信号、交通标志、标线及汽车内部的仪表灯、警告灯、车外的转向灯、示宽灯和制动灯等是靠色彩来表达和传递的，加之汽车车身的色彩也是交通景观的一个重要组成部分，由此看来色彩与交通有着密切的关系，所以色彩对车辆驾驶员来讲无疑也是很重要的。通过夜间与白天各种气候条件下不同颜色的识认性对比可知，在同样的气候条件下，同样一种颜色，夜间的识认性较白天差得多。夜间行车时，驾驶员对于物体的视认能力，是因物体的颜色不同而不同。红色、白色及黄色是最容易辨认的，绿色次之，而蓝色则是最不容易辨认的。

（4）夜间驾驶员对路面的观察

车灯直射路面时，凸出处显得明亮，凹陷处很黑，驾驶员在行车中可根据路面明暗来避让凹坑。但由于灯光晃动，有时判断不准，若远处发现的黑影在车辆驶近时消失，可能是小凹坑；若黑影仍然存在，可能凹坑较大、较深。月夜路面为灰白色，积水的地方白色，而且反光、发亮；无月亮的夜晚，路面为深灰色。若行驶中前面突然发黑，则是公路的转弯处。

（5）夜间行车驾驶员对行人的辨认

实验发现，在夜间，行人衣服对驾驶员辨认距离影响很大。有些国家规定，夜间在道路上作业的人员必须穿黄色反光衣服，以确保安全。另外，如果驾驶员受到对面来车前照灯的影响，对行人的辨认能力将降低，降低的程度与对方来车的前照灯的光轴方向、对方车辆及行人的相对位置等因素有关。

3. 视 野

一般来说，人的头部不动，两眼所能看到的范围称为视野。当人处于静止状态，头部不动，眼球转动所看到的范围称为静视野，一般有180°左右。在这180°中，只有60°范围是两眼同时看到的，称为复合视野，人的注意力都集中在复合视野中。

交通心理学研究结果表明，当人处于运动状态时，注视的焦点要前移，复合视野的范围要变窄，称为动视野。运动速度越快，动视野范围越小，以至于发生"隧道视"：视野由60°收拢到注视点周围，只有3°～5°。

由于运动速度提高，动视力下降，可视认时间缩短，同时动视野变窄，使标志处在复合视野以外，很难引起驾驶员注意。故高速公路的交通标志要比城市道路的标志大许多，驾驶员在很远的距离外即可辨认；而城市道路上考虑到速度与视力、视野的关系，故要规定限速标准。

在交通管理中考虑到车速越快视野下降越多这一特点，一般重要的信息，都用相应的标志设置在车道上方，或用路面标记加以标志，如指路标志、限速标志、车道标志等。

4. 适应与眩光

1）适 应

在实际道路交通中，驾驶员行车时遇到的环境光照度是变化的。当光照度发生变化时，驾驶员的眼睛要通过一系列生理过程进行适应，这种适应能力主要靠瞳孔大小的变化及视网膜感光细胞对光线的敏感程度的变化实现。适应需要经过一段时间，不可能在一瞬间完成，所以当外界光线突然发生变化时，人眼便会出现短时间的视觉障碍，这就是人眼的适应过程。

光线突然由亮变暗时的适应过程称为"暗适应",反之称为"明适应"。"明适应"过程较快,不过数秒至一分钟,但暗适应却慢得多。暗适应对行车安全影响较大,在进入隧道最初的几秒钟内,驾驶员可能感到视觉障碍,为了适应人眼的特征,隧道入口处应加强照明,汽车进入隧道后必须打开前照灯。

2) 眩　光

眩光就是常说的晃眼,是由视野中极高的亮度或视野中心与背景间较大的亮度差引起的。眩光使人感到刺眼,引起眼睛酸痛、流泪,使视力下降,也可以使眼睛对明暗的突然变化不能适应。

眩光一般分为两种,即生理眩光和心理眩光。生理眩光是由于强光入射眼球内,不仅在视网膜上形成很强的亮点,而且在角膜和网膜之间的介质中发生散射,形成一种光幕,致使驾驶员视觉感受到亮度对比度大大降低,因而造成视觉伤害,降低视觉功能;心理眩光则是由于视野内经常出现亮度光源的刺激,使视觉产生不舒适和疲劳感。

影响眩光的因素包括光源的发光强度、光源外观的大小、光源与驾驶员眼睛的相对位置、光源周围的亮度、驾驶员眼部照度、驾驶员眼睛的明暗适应性。夜间行车,驾驶员很容易发生眩光现象,而使视力下降。据实验研究表明,眩光可使静视力下降至0.4,如恢复到1.1则需要20秒;使动视力下降至0.3,经40秒可使视力恢复到0.6左右。但实际上,对向车前照灯光并不一定正射在视网膜中央,同时驾驶员可以转动眼球避开强光,这样造成眩光的程度会有所减弱。一般情况下,眩光可使视力下降25%,而恢复视力的时间约需要30～40 s。

眩光严重影响行车安全。据我国和其他一些国家的交通事故统计表明,夜间的交通事故率比白天大1～1.5倍。据日本研究,戴防眩眼镜或服用防眩药物有相当效果。同时,应当教育驾驶员充分认识到使对方产生眩光将会危及自身,要注意提高自己的职业道德修养。驾驶员应做到:第一,严格遵守交通法规,夜间会车时距对面来车150 m以内,不准使用远光灯,而要用近光灯甚至小光灯。第二,尽量避免直视明亮光线,会车时如遇对向车使用远光灯,尽量使自己的视线远离对方车远光灯的明亮光线。第三,驾驶员在夜间行车时要适当降低速度,特别是在会车时应慢速行驶。

2.1.2　驾驶员听觉特性

听觉是辨别外界声源特性的感觉。虽然视觉是人类获取交通信息的第一信息通道,但是由于存在各种视觉盲区,使人无法仅靠视觉就感知周围发生的一切情况,需要辅之以其他感觉。因为声音是以声源为中心呈波形向球面周围传播的,在小范围空间中很少存在盲区,因此听觉成为获取视觉盲区信息的重要信道。度量声音的大小单位用分贝,即dB。

人的听觉对外界信息的筛选能力很差,听力正常时,只有声源声比环境声高出3分贝时,才能正确辨别声源的位置和属性。若单耳听力下降则无法正常确定声源的位置;若双耳听力下降,则在有环境声的条件下无法辨别声源。

从目前汽车构造来看,高档汽车的透射声很小,车内保持相对安静。但是对于车外噪声的变化,车内很难感受到,使驾驶员依靠听力接受外界信息的功能和作用下降。低档汽车的透射声虽然很大,但由于车内环境的本底噪声很高,对车外透射进来的声源声起了屏蔽作用,也使驾驶员难于感知他车存在。

视觉可以使人感知到视野范围内发生的情况，而听觉则可以使人感知到周围发生的情况。因为声音呈球面传播，与光线直线传播不同，一般的建筑拐角也很难阻挡声音的传播，因此，听力可以弥补人视觉盲区的不足。

人对听力的认识是有偏差的，很多人认为听力不好同样可以开车。其实，听力不好除了隔断了人获取外界信息的一条通道以外，还会引起人的判断错误，从而导致事故。

2.1.3 驾驶员的信息处理

驾驶员驾驶车辆在道路上正常行驶时，需要不断地认知情况，确定措施并实施操作，认知情况—确定措施—实施操作这一过程，实质就是获取信息和处理信息的过程。驾驶员的信息处理过程如图 2.1 所示。

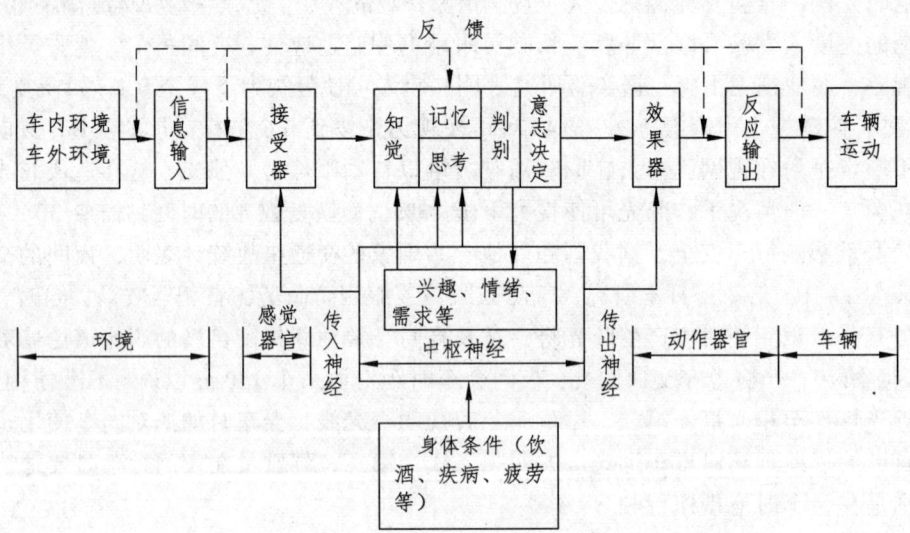

图 2.1 驾驶员的信息处理过程

2.1.4 驾驶员的反应特性

反应特性主要由反应时间来表征，反应时间是指从刺激到反应之间的时距。

人的反应时间与交通安全有密切关系。由于反应时间是人体本身固有的特性，不可能通过某种技术手段来改变，我们只能通过对反应时间的研究来认识其特点，以便尽量减少反应时间对交通安全的影响。

1. 简单反应与复杂反应

反应有简单反应和复杂反应之分。简单反应是给予驾驶员以单一的刺激，要求驾驶员作出反应。这种反应，除该刺激信号外，驾驶员的注意力不为另外的目标所占据，生理上的条件反射往往都是简单反应，因为它不经过大脑的分析、判断和选择。当驾驶员对外界某种刺激信息作出反应时,看起来好像是很快地产生动作,而实际上有一个过程,需要一定的时间。一般说来,简单反应时间较短。在实验室条件下,从眼到手这种反应是简单反应,如要求按响喇叭,通常需要 0.15~0.25 s;从眼到脚的反应,如要求踩下制动踏板,约需 0.5 s。

复杂反应是给驾驶员多种刺激,要求驾驶员作出不同的反应。例如,驾驶员在超车过程中,既要知道自己车辆的行驶速度,又要估计到前面被超越车辆的速度和让行超越路面的情况,操作上便有选择地准备超越时间。若超越时间长,至中途时,还要观察被超越车辆前面有无障碍或骑车、走路的人和物是否多占了有效路面,被超越车辆的驾驶员是否可以靠拢道路中心线或驶过道路中心线避让情况等,待确保安全时,再决定加速超车或停止超车。因此,超越车辆的驾驶员必须有选择余地和预知准备的余地,懂得道路行驶规律,才能在复杂道路环境中安全行驶。复杂反应的复杂程度取决于交通量的大小、汽车和车流中的另外一些车辆的速度、行驶路线及道路环境情况的变化等多种因素。

2. 影响驾驶员反应的因素

由于驾驶员的反应对车辆的安全行驶有很重要的作用,因此有必要分析哪些因素会影响驾驶员的反应,以便尽量减少反应时间对行车安全的影响,在车辆、道路及交通环境的设计方面,采取有利于提高驾驶员反应速度的措施。一般情况下,影响驾驶员反应的因素分为客观刺激物和驾驶员自身的特性两个方面,下面分别加以分析。

1) 刺激与反应

(1) 刺激对象不同,反应时间不同。反应最快的是触觉,其次是听觉,再次是视觉,反应最慢的是嗅觉。作为道路交通信息来说,利用接触刺激和声音刺激,都有一些困难,因此现在大部分用光线作为刺激物,如各种交通信号、交通标志和路面标线等。另外,刺激部位不同,反应时间不同,手的反应速度比脚快。

(2) 同种刺激,强度越大,反应时间越短。这因为刺激物作用于感觉器官的能量越大,则在神经系统中进行的过程越快。所以,如果以光线作为刺激物,则应提高它的亮度;如果以声音作为刺激物,则应提高它的响度。这些都有利于缩短驾驶员的反应时间。

(3) 刺激信号数目的增加会使反应时间增长。如红色信号和有声信号同时作用,驾驶员的反应时间会比只用红色信号作用的反应时间增加 1~2 倍以上。

(4) 刺激信号显露的时间不同,反应时间也不同。在一定范围内,反应时间随刺激信号显露时间的增加而减少。实验数据表明,光刺激持续的时间越长,反应时间越短,但当光刺激时间超过 24 ms 时,反应时间不再减少。

(5) 反应时间与刺激信号的空间位置、尺寸大小等空间特性有关。在一定限度内,驾驶员看刺激信号的视角越小,反应时间越长,反之则短。同时,刺激信号的空间特性对反应时间的影响还表现在,双眼视觉反应比单眼反应时间显著缩短,双耳听觉反应时间也比单耳反应时间短等。

2) 年龄和性别与反应

反应时间与人的年龄和性别都有关系。一般来讲,在 30 岁以前,反应时间随年龄的增加而缩短,30 岁以后则逐渐增加;同龄的男性比同龄的女性反应时间要短。

对驾驶员进行一般情况和紧急情况下的驾驶反应测试表明,在一般情况下驾驶,年龄大者(不超过 45 岁)得分高,事故少;在紧急情况下驾驶,年龄在 22~25 岁者得分高,事故少，年龄大者成绩差。22~25岁的男驾驶员，反应时间短，22岁的青年，教习22 h，可获得驾驶执照；45岁的男性，需要35 h方可获得执照；45岁以上的男驾驶员，身体素质、神经感觉和精力等均有衰退，驾驶机能下降。

一般而言，男性为外倾型（心理活动表现外在、开朗、活泼、善交际），积极而富有正义感和意志决定能力；女性为内倾型（深沉、文静、反应迟缓、顺应困难），直观、情绪不定；男性驾驶员反应时间短，女性驾驶员则长；达到领执照标准的时间，女性驾驶员比男性长26%。遇到紧急情况时差别较大，例如在遇到正面冲撞之前的一刹那，多数男性驾驶员想方设法摆脱，而女驾驶员则恐慌、手足无措。在培训驾驶员时，应适当延长女学员的训练时间，在安排任务时，应给女驾驶员操纵轻便车。这样，有利于保证交通安全。

3）情绪和注意与反应

反应快慢不仅与年龄有关，而且与驾驶员在行车途中思想集中程度、当时的情绪及驾驶技术水平等有着密切的关系。积极的情绪可以提高和增强人的活力，当驾驶员在喜悦、惬意、舒畅的状态下，反应速度快，大脑灵敏度较高，判断准，操作失误少；而在烦恼，气愤和抑郁的状态下，反应迟钝，大脑灵敏度低，判断容易失误，出错多，特别是在应激的状态下对驾驶员的影响更大；

驾驶员在行车中若注意力分散，如谈话、接听电话、吸烟、考虑与驾驶无关的事情等都会使反应时间成倍增加。当遇到突发性的险情时，易出现惊慌失措，手忙脚乱的现象，甚至发生交通事故。

4）车速与反应

汽车速度越快，驾驶员的反应时间越长，车速慢时反应时间则短。从人的生理角度来看，车速越快，驾驶员的视野越窄，看不清视野以外的情况，情绪和中枢神经系统都处于相对紧张状态，导致反应时间变长。据测试，驾驶员在正常情况下，车速为40 km/h时，反应时间为0.6 s左右；当车速增加到80 km/h时，反应时间增加到1.3 s左右。

随着车辆运行速度的提高，驾驶员的脉搏和眼动都加快，感知和反应变慢，对各种信息的感受刺激迟钝，在会车和超车中往往会出现对车速估计过低，且容易对距离估计失误，尤其在越过障碍和在盲区路段行驶中对突发情况还未作出反应，事故就发生了。这种情况在肇事现场中就属车辆先将行人、物撞倒，然后再出现制动痕迹，肇事接触点在路面上的投影点，必然落在制动痕迹的前面。事实上，很多事故都是因为驾驶员盲目开快车、遇到紧急情况反应来不及所致。

5）驾驶疲劳与反应

疲劳会使驾驶员的驾驶机能失调、下降，给安全行车带来不利影响。

驾驶员的疲劳主要是神经系统和感觉器官的疲劳。由于驾驶员在行车中要连续用脑来观察、判断和处理情况，脑部比其他器官需要更多的氧，长时间驾驶车辆，脑部会感到供氧不充分而产生疲劳，开始出现意识水平下降、感觉迟钝等症状，继续工作下去、感觉进一步钝化、注意力下降、注意范围缩小。这些症状是中枢神经系统在疲劳时出现的保护性反应，好像机械设备中的安全阀发生故障一样。在这种状态下驾驶汽车容易出现观察、判断和动作上的失误，发生事故的可能性增加。

6）饮酒与反应

饮酒影响人的中枢神经系统，导致感觉模糊、判断失误、反应不当，进而危及行车安全。

饮酒使人的色彩感觉功能降低,视觉受到影响;饮酒还对人的思考判断能力有影响、饮酒使人的记忆力、注意力降低;还容易导致人的情绪变得不稳定、触觉感受性降低。这些都会使驾驶员的反应迟缓,发生事故的可能性增加。

2.1.5 驾驶员的心理特征

并不是所有的人都具备与驾驶工作相适应的心理条件。在驾驶员中,总有一些人比其他人更易发生交通事故。为此,对人体的心理特征作出综合评价具有非常重要的意义。

1. 感觉与知觉

感觉是客观事物的个别属性作用于人的感觉器官时,在头脑中引起的反应。感觉是最简单的心理过程,是形成各种复杂心理过程的基础。

与驾驶行为有关的最重要的感觉有视觉、听觉、平衡觉、运动觉等。视觉和听觉是眼、耳的功能。平衡觉是由人体位置的变化和运动速度的变化所引起的,人体在进行直线运动或旋转运动时,其速度的加快或减慢从体位的变化,都会引起前庭器官中感觉器的兴奋而产生平衡觉。运动觉是由于机械力作用于身体肌肉、筋腱和关节中的感觉器而产生兴奋的结果。

产生感觉必须具备两个条件:一是客观外界事物的刺激,并且要有足够的强度,能为主体所接受;二是主观的感觉能力,为了能更好地感知交通信息,保证行车安全,就必须提高驾驶员对各种信息的感受能力。

知觉是在感觉的基础上,对事物各种属性的综合反应。在实际生活中,人们都是以知觉的形式来直接反映客观事物的。

知觉可分为空间知觉、时间知觉、运动知觉等类型。

1)空间知觉

空间知觉包括对对象的大小、形状、距离、体积和方位等的知觉,是多种感觉器官协调作用的结果。驾驶员的空间知觉是非常重要的一种知觉,行车、超车、会车都要依靠空间知觉。正确的空间知觉是驾驶员在驾驶实践中逐渐形成的。

2)时间知觉

时间知觉是对客观事物运动和变化的延续和顺序性的反应。人们总是通过某些衡量时间的标准来反映时间,这些标准可能是自然界的周期性现象,如太阳的升落、昼夜的交替、季节的变化等;也可能是机体内部一些有节律的生理活动,如心跳、呼吸等;也可能是一些物体有规律的运动,如钟摆等。由于受心理状态的影响,人们的时间知觉具有相对性。

3)运动知觉

运动知觉是人对物体在空间位移上的知觉,通过学习和实践运动知觉可以提高。驾驶员在估计车速时,是根据先前行驶的速度来估算当时速度的,当加速时,驾驶员则会低估自己的速度,而在减速时则又会高估自己的速度。速度估算的准确性是随工作年龄而增加的,同时,年老驾驶员趋于低估速度而年轻驾驶员则趋于高估速度。在一般条件下,人感觉速度的极限,水平线性加速度为 $12\sim20$ cm/s^2,垂直线性加速度为 $4\sim12$ cm/s^2,角加速度为 0.2 °/s^2。

2. 注意

注意就是人们心理活动对一定事物对象的指向和集中。注意具有两个特征，一是对象的指向性；二是意识的集中性。车辆在行驶的过程中，驾驶员心理活动有选择地指向和集中于一定的道路交通信息，经过大脑的识别、判断、抉择，然后采取正确的驾驶操作，保障行车安全。所以，注意能力是影响行车安全的重要心理因素。

1）注意的指向性

指向，就是在每一瞬间把心理活动有选择地指向一定的对象，同时离开其余的对象。汽车在弯道上行驶时，经验丰富的驾驶员主要注意两点，一是无论是在何种情况下，始终保持正确的行驶路线；二是鸣号、减速。鸣号是警告对向驶来车辆的驾驶员和路边骑车、走路的人注意或让行；减速是为了降低车辆的离心力，以免车辆和物体向右侧滑或被甩出路面。

2）意识的集中性

集中，就是把我们的心理活动贯注于某一事物对象，表现为全神贯注、聚精会神、凝视和倾听等。被注意到的事物，就被感知得比较清晰、完整、正确；未被注意到的事物，就被感知得比较模糊。当然，别的事物仍循着物理学的规律对我们感觉器官施加影响，但我们的活动不会转向它们，仅仅把它们作为注意的边缘。此时由于注意的集中性，我们可以消耗较少的精力，使心理活动取得较大的效能。注意中心和注意边缘是经常转换的，正是由于注意能不断地转换，才能使行人和驾驶员对新的情况作出必要的反应。

3）注意的分配

驾驶员还应当有很好的分配注意的能力，以便同时接受几个信号、完成几个动作。在动态情况下，由于车辆的高速行驶，为了能迅速、及时、清晰、深刻地获得汽车运行的一切必要信息，需要随时调整注意的水平。经验表明，人的感受性不能长时间地保持固定的状态，而是在间歇地加强和减弱。如在空旷宽畅的道路上和在市区拥挤的道路上行车时，驾驶员投入的注意量是不同的，他是根据道路状况和内部的动机提高或降低注意水平。当环境需要减少时，分配的注意量也减少。注意力的灵活程度对驾驶员来说很重要，依靠注意力的灵活性，驾驶员能把注意力从一个目标转移到另一个目标，从各种现象的总体中，分辨出最本质、首要的现象。有时也要求降低注意力的水平以避免疲劳。

驾驶员在单一环境中行车，其紧张程度就会降低，注意力衰减幅度很大，从而增加了发生事故的可能性。因此需要驾驶员高度重视调节注意力分配以达到安全行车的目的。

3. 情绪与情感

情绪和情感是人对客观事物是否符合自己的需要而产生的态度，如人的喜、怒、哀、乐就是各种形式的情绪和情感。已形成的情感往往制约着情绪的变化，而人的情感又总能在各种变化的情绪中得到表现。

1）驾驶情绪与交通安全

人的情绪可以根据其发生的速度、强度和延续时间的长短，分为激情、应激和心境三种状态。

（1）驾驶员的激情与交通安全。激情是一种猛烈而短暂的、爆发式的情绪状态，如狂喜、愤怒、恐怖、绝望等。处于激情状态下的人，其心理活动特点是：认识范围变得狭窄，理智分析能力受到抑制，意识控制作用大大减弱，往往不能约束自己的行为、不能正确评价自己行为的意义和后果。驾驶员在激情状态下，由于自制力显著降低，极易产生不正确的反应，作出错误的行为，导致事故发生。所以驾驶员必须尽量控制自己的情绪，掌握一些避免或延缓激情爆发的方法，如自我暗示、转移注意等。

（2）应激与交通安全。应激是在出乎意料的紧急情况下所引起的情绪状态。驾驶员在行车途中，突然发现有人横穿道路；或汽车正在急转弯时突然闯出一辆没有鸣号的汽车等。在这些突然出现的情况面前，驾驶员有时呆若木鸡，作不出避让动作，有时会作出错误的反应，因此，在应激状态下，驾驶员必须头脑清醒、判断迅速、行为果断，才能处理好意外发生的情况。同时，驾驶员还应具有较高的安全行车意识、良好的驾驶习惯，以及努力提高自己的驾驶技术。这样，才能在紧急情况下，迅速作出正确反应，避免或减少事故的发生。

（3）驾驶员的心境与交通安全。心境是一种微弱持久的情绪状态，对人的活动有很大影响。驾驶员在良好的心境下，判断敏捷，操纵准确，能轻松愉快地处理好行驶中遇到的各种复杂情况；而在厌烦、消沉、压抑的心境下，会表现得粗鲁易怒，容易开赌气车，这对安全驾驶是非常不利的。驾驶员应当努力培养积极的心境，克服消极的心理，驾驶时始终保持良好的心境。

2）情　感

情感可分为道德感、理智感和美感。

（1）道德感是一个人对人们的行为和对自己本人行为的情绪态度。道德感在人们的共同活动中发生、发展，并受该社会实际占统治地位的道德标准所决定。道德感的特点是具有积极作用，是完成工作，作出高尚行为的内部动机。

（2）理智感是人在认识事物和某种追求是否得到满足时所产生的情感。驾驶员在完成驾驶任务的活动中会引起一系列深刻的情感体验，例如寻找驾驶规律，认识在各种路面上驾驶的规律，总结出安全行驶的方法、措施等，往往会产生喜悦的情感，这种情感会推动他进一步思考、总结规律，从而更有效地完成任务，保证交通安全。

（3）美感是根据美的需要，按照个人所掌握的社会上美的标准，对客观事物进行评价时所产生的体验。驾驶员应该对给他提供交通方便的人产生尊敬感，主动为别人让车、让路。

4. 性　格

性格是人对客观现实的态度，其行为方式上表现为习惯化、稳定化的心理特征，如刚强、懦弱、英勇、粗暴等。驾驶员由于性格不同，对安全行车的态度和行为方式也不同。

人的性格可以划分为多种类型。驾驶员的性格类型是按照个体心理活动的倾向性来划分的，有外倾型和内倾型两种。外倾型性格的驾驶员性格开朗、活泼且善于交际，在行车过程中自我控制能力、协调性差，自我中心意识强；内倾型驾驶员则相反，一般表现为镇静、反应缓慢、喜欢独处、重视安全教育、行车中不冒险。

驾驶员要确保安全驾驶，必须了解自己性格类型的特点，自觉地对自己的性格进行自我调节和优化组合，从而培养良好的性格。

2.2 其他交通参与者特征与交通安全

2.2.1 行人特征

1. 行人的交通特性

行人的交通特性是由行人的心理特征决定的,主要表现为以下特点。

(1)行人决定是否开始横穿道路的主要依据是自己与驶近的汽车间的距离。根据国外的调查,如果车速为 30~39 km/h,行人开始横穿道路时,与驶近的汽车平均距离为 45 m;当车速为 40~49 km/h 时,平均距离为 50 m。

行人横穿道路时的平均步行速度与年龄和性别有关。在一般情况下,13~19 岁行人的平均步行速度为 2.7 m/s,20~49 岁为 1.8 m/s,50 岁以上为 1.5 m/s。从整体来看,男性平均为 1.57 m/s,女性平均为 1.53 m/s。

(2)行人结伴而行时,在从众心理支配下、往往互相以对方为依赖,忽视交通安全而导致事故。行人在横穿道路时,有 70%~80% 是个人单独步行,其余 20%~30% 是 2~3 人结伴步行。调查表明,3 人以上结伴步行比 1 个人或 2 人同行的事故危险性大,由成人带领儿童或由同一单位的熟人构成的步行组合比其他步行组合危险性大。

(3)多数行人横过道路时,只注意一个方向的交通车辆,往往使自己闯入了驾驶员的行驶空间而导致交通事故。有时由于缺乏经验,顾此失彼,往往只顾躲第一辆车而忽视了后边还有第二辆车,或者不注意双向来往车而使自己处于两车流相会的夹缝中,这些都极易导致行人事故。

(4)行人的自由度大,与车辆行驶速度差距很大,在行人走捷径心理的支配下,往往会突然闯入驾驶员的行驶空间,特别是上、下班怕迟到和着急回家或有急事的行人,表现得更为突出。

(5)部分行人对汽车性能不甚了解,在"自我为中心"的心理支配下,错误地认为汽车是由人掌握的,所以汽车不敢撞人,也不会撞人;听到喇叭声或看到车辆临近也不避让,不知汽车常常会失控而导致行人事故。此外,有的行人心不在焉,注意力分散或思想高度集中在其他事件上,边走边低头沉思,对过往车辆的行驶声、喇叭声听而不闻,对周围复杂的交通环境视而不见,极易造成行人事故。

2. 不同行人的行为特征

1)儿童行人的行为特征

经研究,儿童作为行人,其行为特征表现为以下几个方面。

(1)儿童穿越道路时,不懂得观察和确认是否安全。在没有确认安全的情况下横穿道路是儿童行为的一大特征。成人在穿越道路时,注意观察和确认穿越时的安全并不困难,但儿童却很难做到,需要随着年龄和智力的增长逐渐学习。研究表明,1~4 岁的儿童中,经常有 60% 以上的人在没有证实安全的情况下就横穿道路,5~8 岁的儿童有 30% 左右具有以上特征。一般儿童到9~12岁，才能基本上达到和成人一样，能够对道路交通情况进行很好的观察和判断。

（2）儿童常常跑步穿越道路。在穿越道路时，儿童的心理负担比成人大，往往急于到达道路的另一侧而跑步穿越，这是很危险的。因为驾驶员很难预料步行中的儿童会在什么时候突然跑起来，如果机动车驾驶员对此没有思想准备，就可能来不及避让而发生交通事故。

（3）有成人带领时，儿童对成人有依赖性，认为有成人保护可任意行动。如果成人忽视了对儿童的照管，则容易造成交通事故。儿童和大人一起横穿道路时，违反交通法规的比例明显增加，由大人带领横穿道路不走人行横道和违反交通信号的比例较儿童单独行走时要高。

（4）儿童身体矮小，眼睛距地面高度低，视野比成人狭窄，对交通状况的观察受到限制。另一方面，儿童的目标小，不易引起机动车辆驾驶员的注意，特别儿童前面有大人或有障碍物时，儿童难以看见交通状况，驾驶员也难以发现儿童，这对儿童的交通安全是不利的。

（5）儿童经常在道路上玩耍。儿童和成年人使用道路的形式有时不同。成年人都是为了达到道路的另一边时才会去穿越道路，而儿童却是经常把道路当做可玩耍的地方，特别是在较偏僻的道路上，儿童更是毫无顾忌。经调查分析，美国被机动车撞死的5~10岁儿童有8.6%是在道路上玩耍时被撞的。

2）老年行人的行为特征

（1）老年人生理机能衰退，感觉和行为都显得迟钝，发现和躲避车辆的能力下降。

（2）对机动车辆速度和距离判断的误差大，有时因判断不清而与机动车辆争道抢行。

（3）交通安全意识低，往往认为老年人应受到照顾，汽车应该停下来让老年人先走。

（4）老年人喜欢穿深颜色的衣服，在夜间或傍晚时，不易被发现。

（5）老年人在横穿道路时，会发生突然折回的现象。这种情况很危险，常使驾驶员措手不及而造成交通事故。

据统计，老年人死于交通事故的，大多发生在横穿道路的时候；虽然老年人有以上的缺点，但老年人比较谨慎，乱穿道路的行为不多。日本的一项分析表明，55岁以上的老年人，在人行横道上等待穿越的时间平均为29 s，比13~19岁少年等待时间长4 s，并且等待时比较耐心。

3）青壮年行人的行为特征

青壮年人精力充沛、感觉敏锐、洞察力强、反应速度快、应变能力强，对交通法规也比较熟悉，一般不易发生行人交通事故。但是青壮年人的社会工作和家庭负担较重，出行时间多，行走距离长，这就增加了发生交通事故的客观因素。特别是有些青年人，好胜心强，经常不甘示弱，常与汽车争高低，如对汽车鸣笛置之不理、对过往车辆视而不见，经常任意穿越道路。因此，这些人发生交通事故多在横穿道路和交通拥挤的时候，尤其在强行拦车，强行搭车、偷扒汽车时发生的交通事故最多。据统计，青壮年在车祸中的死亡率，占交通事故总死亡人数的30%以上。

4）女性行人的行为特征

（1）女性行人一般较男性细心，观察周围交通环境比较仔细，规范行为的意识比较强，能自觉遵守交通规则。女性的这一心理特征比较有利于女性行人自身安全。

（2）女性行人的反应，一般较男性慢，行动比较迟缓。女性的这一心理特点，造成她们穿行道路的时间较长，事故发生的机会增多，故对其步行安全很不利。

（3）女性行人情绪一般不如男性稳定，应变能力较差，属于非稳定型的交通参与者。女性行人在正常情况下，比较细心，也有耐心，能自觉遵守交通法规；但在危险紧急情况下，往往恐慌失措，手忙脚乱；有时中途停顿，进退两难；有时盲目乱跑，不知所措。女性行人的这一心理特征很容易导致自身受到伤害。

（4）女性行人喜欢穿比较艳丽的服饰，她们极易被驾驶员发现，从而避免不必要的行人交通事故。女性行人的这一心理特征，有利于自身安全。

以上列举了儿童行人、老年行人、青壮年人行人和女性行人的行为特征，可以看出各自都有自己的不同特点。然而，即使同一年龄、同一性别的人因其个体差异的存在、往往也表现出不同的行为特征。个体差异表现为人的个性心理特征，主要包括行人的目的、动机、兴趣、能力、气质和性格等方面，是个人的许多显著的心理，生理特性的综合，是人们先天具有的和后天获得的特性的综合。

2.2.2 骑乘者特征

1. 骑乘者的交通心理特征

1）胆怯心理

骑车人惧怕机动车，从而在骑行过程中产生胆怯心理。因为骑车人一无驾驶室，二无头盔，属于交通弱者，所以在骑车过程中离机动车越近，机动车的速度越快，骑车人就越害怕。同时，有些骑乘者在骑行过程中，处于一种不稳定的蛇形运动状态。停车易倒，致使产生一种惧怕的心理状态，造成精神高度紧张，越恐慌越摇晃，最后出现倒向机动车的可怕场面。胆怯心理多发生于初骑者、老人、妇女及少年。

2）侥幸心理

侥幸心理出现的场合比较多，如从小巷、支路转向大街时，不是慢行、看清楚道路交通情况再后骑出来，而是突然窜出；往往边骑车边看热闹，分散注意；夏天喜阴避晒，甚至逆行。

3）排他心理

排他心理表现的地方比较多，如明知必须遵守的规定也不遵守、不执行，或者骑行过程中带人、带重物、双手离把、扶肩并行、互相追逐、高速下坡等。

4）超越心理

自行车轻巧、灵活、方便、省力，这对人们在一定时间赶到目的地极为有利，所以除了老年人和妇女，一般骑车人都有骑车抢时间、争先恐后的心理，特别是男青年，遇到前自行车速度慢就超车抢道。

5）单干心理

自行车是一人骑行的车辆，往往骑车人产生单干心理，表现的场合也很多，如多辆自行车在一条路上行驶，骑车人来回穿插，从慢车道穿到快车道，从车多处穿到车少处，尤其是在无交通警察管理的交叉路口表现尤为突出。

2. 不同骑乘者的行为特征

1）男性骑乘者的行为特征

对自行车交通事故的研究表明，男性骑乘者事故率高于女性，且男青年事故率最高。男青年骑自行车的心理特征主要有：排他性心理，逞强心理，表现为骑车时，喜欢高速度，来势凶猛，互不相让；出风头心理，表现为骑车撒把，搭肩并行。

2）女性骑乘者的行为特征

女性骑车人的心理特征一般分为两类：第一类为胆怯型：胆小，害怕出事故，表现为骑车不稳。遇机动车易恐慌，躲躲闪闪，当遇到复杂情况时容易惊慌失措，处理不当；第二类为冒险型：心理状态是无所谓，表现为骑车时与机动车抢道，互不相让。

3）儿童骑乘者的行为特征

儿童骑车的心理特征是无意识。其行为表现为：

（1）行动冒失，因为骑车的经历短，骑车时不知道避让行人和机动车辆。

（2）骑自行车追逐玩耍，由于骑自行车对少儿的诱惑力很大，兴趣很浓，所以注意力集中于骑车，而忽视其他机动车。

（3）缺乏交通安全常识，不懂交通法规，临危采取措施不当。

4）老年骑乘者的行为特征

老年人由于生理原因，反应迟钝。容易受到惊吓，遇机动车时惊慌失措，精神过度紧张，处理不当容易发生事故。

2.3 交通参与者行为与交通安全

2.3.1 交通参与者醉酒行为

酒精影响人的中枢神经系统，导致感觉模糊、判断失误、反应不当，从而危及行车安全。当人体血液内酒精含量过高，达到醉酒状态时，这种影响作用就更为明显，主要表现在以下几个方面。

（1）醉酒使人的色彩感觉功能降低，视觉受到影响。驾驶员80%左右的信息是靠视觉获得的，而在这80%左右的信息中，绝大部分都是有颜色的。当色彩感觉降低后，就不能迅速、准确地把握环境中的动态信息，使感觉输入阶段的失误增加。

（2）醉酒对人的思考、判断能力有影响。有人让驾驶员饮酒后驾驶汽车做穿杆试验，结果发现平时优秀的驾驶员在试验时也不能正确判断车宽和杆距的关系，穿杆连连失败。当血液中酒精浓度达到0.94%时，判断力会降低25%。

（3）醉酒使人记忆力降低，对外界事物不容易留下深刻印象，即使以前留下印象的事物也因酒精的影响而难以回忆起来；

（4）醉酒使注意力水平降低。据实验研究结果，当酒精进入人体内后，使人的注意力易偏向于某一方面而忽略对外界情况的全面观察，注意力的支配能力大大下降。行车过程中，注意力如果不能合理分配和及时转移，必然会影响对迅速多变的交通环境的观察，以致可能丢掉十分有用的道路信息，使道路交通事故发生的概率增大。

（5）醉酒使人的情绪变得不稳定。往往不能控制自己的语言和行为。这是因为酒精对人的中枢神经系统的麻醉作用，使大脑皮层的抑制功能减低，一些非理智的、不正常的兴奋得不到控制，因而表现出感情冲动、胡言乱语、行为反常。在驾驶车辆时，则可表现为胆大妄为、不知危险，出现超速行驶、强行超车等违章行为，极易发生道路交通事故。

（6）醉酒使人的触觉感受性降低，即触觉的感觉阈值提高了。汽车行驶时，驾驶员不能及时发现故障，增加了危险性。

德国一项研究表明，血液中酒精含量与交通事故之间存在着一定的关系，如表2.1所示。

表2.1 血液中酒精含量与交通事故之间的关系

血液中酒精含量/%	交通事故/%			血液中酒精含量/%	交通事故/%		
	死亡	受伤	财产损失		死亡	受伤	财产损失
0.00	1.00	1.00	1.00	0.08	4.42	3.33	1.77
0.01	1.20	1.16	1.24	0.09	5.32	3.87	1.90
0.02	1.45	1.35	1.15	0.10	6.40	4.50	2.04
0.03	1.75	1.57	1.24	0.11	7.71	5.23	2.19
0.04	2.10	1.83	1.33	0.12	9.29	6.08	2.35
0.05	2.53	2.12	1.43	0.13	11.18	7.07	2.52
0.06	3.05	2.47	1.53	0.14	13.46	8.21	2.71
0.07	3.65	2.87	1.65	0.15	16.21	9.55	2.91

用人驾驶模拟器研究驾驶员饮酒后的驾驶操作情况，发现当血液中酒精浓度为0.08%时，操作失误增加16%；血液中酒精浓度进一步增加时，驾驶员连转向盘都控制不了，判断力明显下降；当血液中酒精的含量超过0.1%时，驾驶能力下降15%，尤其在夜晚，车辆发生事故的机会显著增加。

2.3.2 驾驶员疲劳驾驶行为

疲劳是许多重大道路交通事故的根源。由交通事故统计资料可知，驾驶员由于疲劳降低了反应速度，是造成死亡事故的重要原因之一。

1. 疲劳及其产生原因

驾驶疲劳是指驾驶员长时间连续驾驶所产生的疲劳。驾驶员长时间在速度快、噪声大、驾驶姿势单调、注意力高度集中、身体肌肉处于紧张的状态下行驶，在条件恶劣的道路状况和环境下行驶，或者长时间得不到及时的恢复和调节，驾驶员的身体就会发生生理机能和心理机能下降的现象，这种现象就是驾驶疲劳。如果疲劳过甚或休息不充分，日久则可能发生疲劳的积累，这时工作能力的降低便多少带有持久性特征。

引起驾驶疲劳的原因是多方面的，有生活上的原因（如睡眠、生活环境等）；工作上的原因（如车内环境、车外环境、运行条件等）；社会原因（如人际关系、工作态度、工资制度等）。其中，睡眠不足，驾驶时间过长和社会心理因素对驾驶疲劳的影响最大。

1）睡眠与驾驶疲劳

睡眠不足是引起驾驶疲劳的重要因素。在睡眠严重不足的情况下，要求驾驶员在几分钟内集中注意力是可以办到的，而要求集中注意力半小时以上就很难办到了。此外，睡眠时间不当或睡眠质量不高也会引起疲劳；人在白天的觉醒水平高，深夜到凌晨则觉醒水平低，人的这种昼夜节律是难以改变的。

2）驾驶时间与疲劳

长途或长时间驾驶是造成驾驶疲劳的主要原因之一。驾驶和乘车的疲劳感可按身体症状、精神症状和神经感觉分成五个阶段。0~2 h 为适应新驾驶工作的努力期；2~4 h 是驾驶的顺利期；6~10 h 为出现疲劳期；10 h 以后为疲劳的加重期，其神经感觉症状明显加强；14 h 以后为过度劳累期，身体及神经感觉症状急剧加重。

3）驾驶员身体条件与疲劳

驾驶疲劳与驾驶员的年龄、性别、身体健康状况、驾驶熟习程度等有着密切的关系。一般年轻驾驶员容易感到疲劳，但也容易消除疲劳；而老年驾驶员疲劳的自我感觉较年轻人差，但消除疲劳的能力较弱；在同样条件下，女驾驶员较男驾驶员易疲劳；技术熟练的中年驾驶员驾驶时感到很轻松，观察与动作准确，不易疲劳，而新驾驶员驾驶时精神紧张，多余动作多，易疲劳。

4）车内外环境与疲劳

驾驶室内的温度、湿度、噪声、振动、照明、粉尘、汽油味、乘坐的姿势与座垫的舒适性等，都会对大脑皮层有一定的刺激，超过一定的限度都会导致驾驶员过早疲劳。一般驾驶室的温度控制在 17 ℃ 以下较适宜；噪声如果超过 90 dB，会使人头晕、心情急躁，超过 120 dB 会使人晕眩、呕吐、恐惧、视觉模糊和暂时性的耳聋。车内环境对疲劳的影响很大，所以现代汽车均在积极改善驾驶室的环境；车外环境也会对驾驶员的疲劳产生影响，如果道路是长直路段且景观单调，交通混乱、拥挤、山路险峻等，易使驾驶员过早地疲劳。

2. 驾驶疲劳对安全行车的影响

疲劳会使驾驶员的驾驶机能失调、下降，给安全行车带来不利影响。

表 2.2 中数据为不同年龄的驾驶员反应能力在一天内的波动情况，说明了长时间开车出现疲劳后会使感觉迟钝，反应时间延长，失误率增加。对复杂刺激（同时存在红色和声音刺激）的反应时间也增加了，有的甚至增长 2 倍以上。

表 2.2　不同年龄的驾驶员疲劳前后的反应时间

年龄/岁	疲劳前的反应时间/s	疲劳后的反应时间/s
18~22	0.48~0.56	0.60~0.63
22~45	0.58~0.75	0.53~0.82
45~60	0.78~0.80	0.64~0.89

疲劳后，动作准确性下降，有时发生反常反应（对较强的刺激出现弱反应，对较弱的刺激出现强反应）；动作的协调性也受到破坏，以致反应不及时，有的动作过分急促，有的动作又过分迟缓，有时做出的动作并不错，但不合时机，在制动、转向方面，表现得最为明显。

同时，疲劳后，判断错误和驾驶错误都远比平时增多。判断错误多为对道路的畅通情况、对潜在事故的可能性及应对方法考虑不周到；驾驶错误多为掌握转向盘、制动、换挡不当，严重者可发生手足发抖、脚步不稳、动作失调、肌肉痉挛，对驾驶产生严重影响。不同疲劳状态对驾驶行为的影响如表 2.3 所示。

表 2.3　不同疲劳状态下的驾驶行为

状态 行为	正常状态	疲劳状态	瞌睡状态
控制车速	加速、减速动作敏捷	加速、减速操作时间较长，速度较慢	操作速度变换很慢或干脆不变
行为方向控制	能迅速、正确地作出判断，并不断地调节操作动作	不能及时迅速地做出调节性操作动作，甚至产生错误动作	停止操作
身体动作	操作姿势正常，无多余动作	较多的身体动作。如揉搓颈或头、伸懒腰、吸烟、眨眼	睡眠、身体摇晃

2.3.3　驾驶员超速行驶行为

所谓超速行驶，是指车辆的行驶速度超过一定道路条件所允许的行车速度，而不应简单地理解为高速行驶。例如，20 km/h 的速度可能适宜在城市道路上行驶，而 80 km/h 的速度可能适宜在高速公路上行驶，然而在拥挤的城市道路上，10 km/h 的速度也可能太快。在不同的道路条件下，驾驶员作出的决策是不同的。在汽车性能和道路条件改善的情况下，人们总是倾向于高速行驶，车辆超速行驶的违章行为非常普遍，当到达弯道或遇到意外情况需要减速的时候，往往无法立刻降低车速，事故因此而发生。

车速的快慢对事故发生的可能性及其严重性有着直接的影响，超速行驶所带来的危害是多方面的，归纳起来主要有以下几点。

（1）超速行驶使车辆发生机械故障的可能性大大增加，直接影响驾驶员操作的稳定性，很容易造成爆胎、制动失灵等机械故障。

（2）超速行驶过程中，如遇紧急情况，驾驶员往往措手不及，容易造成碰撞、翻车等事故，而且由于冲击破坏力大，多为恶性。

（3）超速行驶使驾驶员视力降低、视野变窄、判断力变差，一旦遇到紧急情况，采取措施的时间减少，使发生事故的可能性大大增加，而且会加重交通事故造成的后果。

（4）超速行驶时，驾驶员精神紧张，心理和生理能量消耗量大，极易疲劳。

（5）超速行驶使驾驶员对相对运动速度的变化估计不足，从而造成措施迟缓，影响整个驾驶操作的及时性和准确性。

（6）超速行驶使车辆的制动距离增长，车速每增加 1 倍，制动距离约增加 4 倍，特别是在重载和潮湿路面上，制动距离更长，一旦前车突然减速，极易造成追尾事故。

（7）在弯道上行驶时，车速越高，横向离心力越大，从而使操作难度增加，稍有不慎，车辆就会驶入别的车道或发生车辆倾斜，极易造成道路交通事故。

2.3.4 交通参与者交通行为的管理

1. 酒后驾车行为管理法规

由于酒精对人体心理和生理的影响特别大，因此，国家法规严禁酒后驾车。

交通警察在执法中对酒后驾车违法行为的查验，执行国家质量监督检验检疫局2004年5月31日发布的国家标准《车辆驾驶人员血液、呼气酒精含量阈值与检验》（GB19522—2004），车辆驾驶人员每百毫升血液中的酒精含量大于或等于20 mg、小于80 mg为饮酒驾车，每百毫升血液中的酒精含量大于或等于80 mg为醉酒驾车。

《中华全国道路交通安全法》第二十二条规定："饮酒、服用国家管制的精神药品或者麻醉药品，或者患有妨碍安全驾驶机动车的疾病，或者过度疲劳影响安全驾驶的，不得驾驶机动车。"

《中华全国道路交通安全法》第九十一条规定："饮酒后驾驶机动车的，处暂扣一个月以上三个月以下机动车驾驶证，并处二百元以上五百元以下罚款；醉酒后驾驶机动车的，由公安机关交通管理部门约束至酒醒，处十五日以下拘留和暂扣三个月以上六个月以下机动车驾驶证，并处五百元以上二千元以下罚款。""饮酒后驾驶营运机动车的，处暂扣三个月机动车驾驶证，并处五百元罚款；醉酒后驾驶营运机动车的，由公安机关交通管理部门约束至酒醒，处十五日以下拘留和暂扣六个月机动车驾驶证，并处二千元罚款。""一年内有前两款规定醉酒后驾驶机动车的行为，被处罚两次以上的，吊销机动车驾驶证，五年内不得驾驶营运机动车。"

最高人民法院《关于审理交通肇事刑事案件具体应用法律若干问题的解释》规定："酒后驾车肇事致1人重伤，负全部责任或者主要责任的，将以交通肇事罪处罚。"

2. 连续驾驶时间限制

为防止驾驶员因过度疲劳造成交通事故，每一次连续行车的时间不能太长，每天的工作时间也不可过长。日本学者随车调查长途载货汽车驾驶员的疲劳情况后认为，驾驶员每天行车时间不宜超过10 h，每次连续驾驶2 h后应稍事休息，累计行车时间未超过5 h之前，要安排一次1 h左右的休息，1天之内总累计行车时间以不超过8 h为宜，这样可以使驾驶员始终在精力充沛的状态下驾驶车辆。若出现判断不够准确、不时瞌睡的现象，必须强迫驾驶员停车休息。

在安排运输任务时，必须考虑驾驶员的身体承受能力，尽量做到劳逸结合。长途运输必须安排正副两个驾驶员交替驾驶；对于驾驶重载车、大型载货车、拖挂车的驾驶员及女驾驶员，连续驾驶时间应再缩短；年纪大的驾驶员，恢复精力比青年人慢，所以疲劳后休息时间可略长。

当前，世界各国都十分重视研制防止驾驶员疲劳或瞌睡的电子设备，但这些都是治标的方法。要想从根本上减少驾驶疲劳，应该努力提高驾驶员的身心素质、加强科学管理，从汽车设计上努力改善驾驶室的环境，不断改善道路条件，加强交通工程设施建设等。

3. 限制车速管理对策

合理地限制车速是确保道路安全、高效运营必不可少的措施,确定车速限制值的方法有很多,各国的确定方法通常考虑下列因素:85%位车速、交通法规、安全状况、道路两侧土地开发的程度、停车和行人、交通量和车辆组成、设计速度、公众意见、曲线的安全速度、可见度限制、路面特性和道路宽度、路肩类型和宽度、交叉口数量、现有的交通控制设施及平均车速等。

其中,85%位车速法通常被用来确定车速限制值。研究表明,85%位车速处于事故率最低的车速范围。平均车速加上1倍的车速标准差大约等于85%位车速,若车辆以高于平均车速2倍标准差的速度行驶,则事故率将明显提高。

研究表明,改变车速限制值对车辆速度只有微小的影响,将车速限制值提高16.1 km/h,85%位车速只提高了3.2 km/h。驾驶员是通过对道路和周围环境的判断来选择车速的,而不是通过限速标志。另一研究结果表明,对小型车采取较高的车速限制值,对大型车采取较低的车速限制值,并不会导致车速方差增大。例如,美国某些州将小型车的车速限制值提高了16.1 km/h,大型车的车速限制值则不变,其结果是小型车的车速提高了1.6~6.4 km/h,大型车的车速则没有变化,而车速的方差却有所降低;另外,在采用不同车速限制值的州,小型车碰撞大型车的事故居多,而在采用统一车速限制值的州,大型车碰撞小型车的事故居多,这说明对小型车和大型车采用不同的车速限制值可以降低事故的严重性。由于限制车速可以提高安全性,各国一般都根据本国的实际情况对道路上行驶的车辆进行最高车速限制。

本章习题

1. 驾驶员的哪些不良习惯对交通安全有影响?
2. 简述驾驶员的信息处理过程。
3. 试分别阐述儿童和老人的交通行为特征。
4. 试说明超速行驶与交通事故的关系及对策。
5. 驾驶员的心理特性有哪些?

3 道路与交通安全

道路是汽车交通的基础设施和车辆行驶的载体,尽管由于道路缺陷直接造成的交通事故所占比率不高,但是不良的道路条件是相当一部分交通事故的直接或间接原因。影响交通安全的道路因素包括道路线形、横断面、路面、道路交叉及交通设施。

3.1 道路线形与交通安全

道路线形是直线和曲线连接而成的三维空间形状。线形作为道路的骨架,其平、纵、横线形是永久性的设计要素。中线在水平面上的投影称为路线的平面。沿着中线竖直地剖切,再行展开后为纵断面。中线各点的法向切面为横断面。合理的线形,对交通流安全畅通具有极其重要的作用。

道路线形设计应根据道路等级及其功能,正确运用技术指标,保持线形连续、均衡,确保行驶安全、舒适;各技术指标的设置与平、纵线形组合恰当,平面顺适,纵面均衡;各构造物的选型和布置合理、实用、经济。

在我国《公路工程技术标准》(JTG B01—2003)中规定了各级公路的设计速度及主要技术指标,如表3.1、表3.2所示。

表3.1 各级公路设计速度

公路等级	高速公路			一级公路			二级公路		三级公路		四级公路
设计速度/(km/h)	120	100	80	100	80	60	80	60	40	30	20

注:高速公路特殊困难的局部路段,因新建工程可能诱发工程地质病害时,经论证,该局部路段的设计速度可采用60 km/h,但长度不宜大于15 km,或仅限于相邻两互通式立体交叉之间,与其相邻路段的设计速度不应大于80 km/h。

表3.2 主要技术指标汇总

	设计速度/(km/h)	120	100	80	60	40	30	20
	车道宽度/m	3.75	3.75	3.75	3.5	3.5	3.25	3
圆曲线最小半径/m	一般值	1 000	700	400	200	100	65	30
	极限值	650	400	250	125	60	30	15
	不设超高最小半径 路拱≤2.0%	5 500	4 000	2 500	1 500	600	350	150
	路拱>2.0%	7 500	5 250	3 350	1 900	800	450	200

续表 3.2

最大纵坡/%		3	4	5	6	7	8	9
最小坡长/m		300	250	200	150	120	100	60
凸形竖曲线半径/m	一般值	17 000	10 000	4 500	2 000	700	400	200
	极限值	11 000	6 500	3 000	1 400	450	250	100
凹形竖曲线半径/m	一般值	6 000	4 500	3 000	1 500	700	400	200
	极限值	4 000	3 000	2 000	1 000	450	250	100
竖曲线最小长度/m		100	85	70	50	35	25	20

注：高速公路为八车道，当设置左侧硬路肩时，内侧车道宽度可采用 3.50 m；四级公路为单车道时车道宽度为 3.50 m。

3.1.1 平面线形

平面线形可分为直线、圆曲线、缓和曲线三种线形，如图 3.1 所示。平面线形设计就是按照地形、地物和沿线环境条件，对三种线形进行合理的组合，达到行车安全、舒适、美观和工程造价经济的目的。

根据 2002 年美国死亡分析报告系统（FARS）的统计，在美国公路上有 42 815 人在 38 309 次死亡事故中死亡。而其中 25% 的死亡事故发生在平曲线上，主要是两车道乡村公路上，并且，平曲线路段的事故发生概率是直线段的三倍。而平曲线相关的死亡事故中的 76% 是单辆车事故，主要是车辆脱离道路、撞到固定物体或翻车。

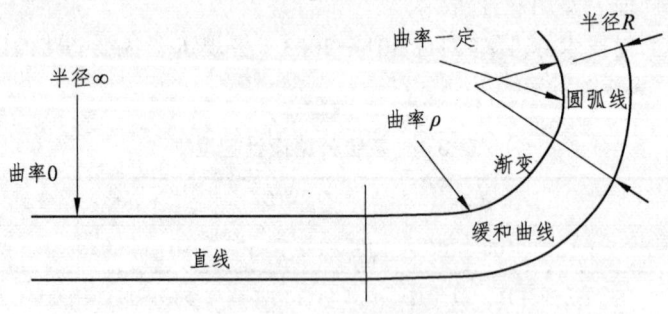

图 3.1 平面线形要素

1. 直　线

直线是道路线形的基本要素之一，具有测设简单，行车方向明确，路线短捷等优点。但过长的直线由于景观单调，对驾驶员缺乏刺激，容易对驾驶员产生催眠作用，使驾驶员感到单调，从而分散注意力、增加疲劳感、降低反应能力，易造成交通事故；同时直线长度也不宜过短。在选用直线线形时，其最大与最小长度应有所限制。

我国规定最小直线长度为：当设计速度≥60 km/h 时，同向曲线间最小直线长度（以 m 计）以不小于行车速度（以 km/h 计）的 6 倍为宜；反向曲线间最小直线长度（以 m 计）以不小于行车速度（以 km/h 计）的 2 倍为宜。有关研究资料介绍国外关于直线最大长度的规定:日本和德国规定为不超过20倍设计车速,西班牙规定不超过80%的设计速度的90 s行程。而我国《公路工程技术标准》(JTG B01—2003)中未作明确规定。

对于城市道路,其设计速度较低且交通控制设施间距较短,车辆行驶过程中停车次数较多,因而城市道路采用通视良好的直线线形,对行车安全有利。

2. 圆曲线

圆曲线也是常选用的一种线形,其现场勘测比较简单。一定的曲率半径可以给驾驶员适当的紧张感。《公路路线设计规范》(JTGD20—2006)规定,各级公路不论转角大小,均应设置圆曲线。

圆曲线半径根据设计速度按式(3.1)计算。

$$R = \frac{v^2}{127(i+f)} \tag{3.1}$$

式中 R——圆曲线半径,m;
v——设计速度,km/h;
i——路面超高横坡度,%;
f——横向摩擦系数。

式(3.1)中,在指定设计速度v的情况下,最小半径的绝对值取决于$(i+f)$值。i值如果过大,弯道上的车辆会有沿着路面最大合成坡度向下滑动的危险。根据国内外的经验,最大i值因考虑气候、地形、乘客舒适度及经济性等因素,根据道路等级一般采用6%~10%。f值的大小影响到车辆行驶的稳定性、乘客的舒适感、燃料和轮胎的消耗。f值过大,会导致交通事故,根据设计速度等级最大f值一般采用0.10~0.17。

图3.2给出了美国公路事故次数与平曲线半径的关系。当平曲线半径较小时,交通安全状况较差;随着平曲线半径的增大,交通安全状况趋于良好。通常都希望平曲线的半径越大越好,但关键在于应使线形能适合地形的变化,同时能够圆滑地将前后线形连接起来,以保持线形的连续性。

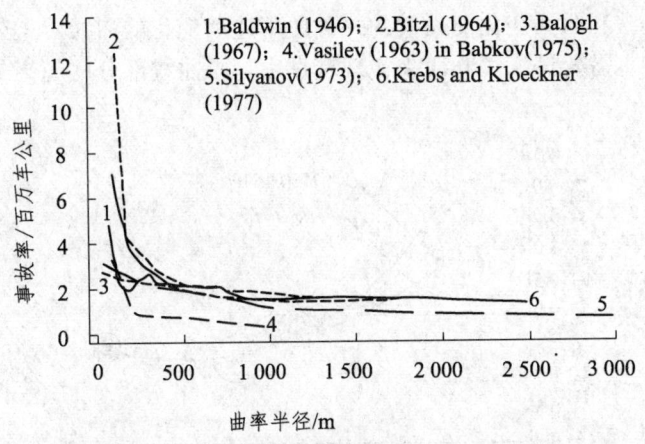

图3.2 美国公路事故次数与平曲线半径

因此,在选用圆曲线半径时,在与地形等条件相适应的前提下,应尽量采用大半径。《公路路线设计规范》(JTG D20—2006)规定圆曲线最大半径不宜超过10 000 m。如不得已用最小半径时,应考虑驾驶员对周围地形情况能否自然地接受。

表3.3 某高速公路不通平曲线半径下的平均亿车事故率

平曲线半径/m	470	500	550	700	1 000	1 100	1 200	1 500	2 000	2 500
亿车事故率/(次/亿车)	401.36	442.81	582.62	253.74	103.0	82.58	98.40	81.17	102.58	81.05
平曲线半径/m	3 000	3 500	4 000	5 000	5 500	6 000	7 000	8 000	9 800	9 900
亿车事故率/(次/亿车)	67.41	52.5	48.73	41.33	25.98	28.85	27.45	20.8	18.49	13.20

图3.3为我国某高速公路平曲线半径与平均亿车事故率的散点图。从图中可以看出,随着平曲线半径的增大,事故率逐渐降低。

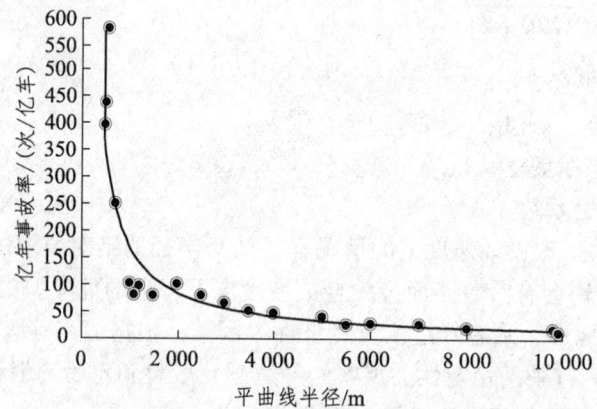

图3.3 我国某高速公路亿车事故率与平曲线半径的关系

3. 缓和曲线

当直线与圆曲线连接,车辆由直线进入曲线时,由于曲率的变化,驾驶员会由于突然受到离心力的影响而产生不舒适感和危险感。缓和曲线是设置在直线与圆曲线之间或圆曲线与圆曲线之间的为了缓和曲率变化而设置的一种曲率连续变化的曲线。此外,平曲线段还存在超高和加宽问题,也需要设置缓和段来实现其过度。平曲线部分的超高或加宽的过渡都应在缓和曲线段内进行。

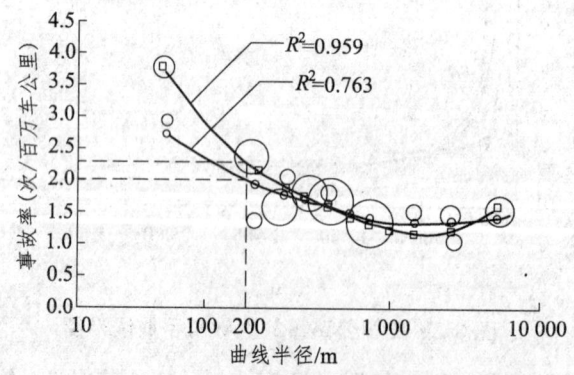

图3.4 美国双车道公路设置缓和曲线前后交通事故率的变化

图 3.4 为美国双车道公路的交通事故率在不同曲线半径设置缓和曲线前后的变化情况。由图中可见,当曲线半径小于 200 m 时,在直线与圆曲线之间添加缓和曲线,道路安全性会大大提高,交通事故率会大幅降低;而对于曲线半径大于 200 m 的路段,缓和曲线的设置与否,对道路交通安全的影响并不明显。

《公路路线设计规范》(JTG D20—2006)规定缓和曲线按回旋线设计。当汽车从直线进入圆曲线时,驾驶员按一定速度转动转向盘,按一定车速行驶时则行驶轨迹曲率按曲线长度逐渐变化,轨迹顺滑且刚好符合回旋线,因而回旋线是适合汽车行驶的良好曲线形式。

设 R 为平曲线半径,则其倒数称为曲率。回旋线就是曲率按曲线长度成相同比例增大的曲线,其关系如式(3.2)所示。

$$\frac{1}{R} = CL \tag{3.2}$$

式中 C——常数;
L——曲线长度,m。

我国《公路路线设计规范》(JTG D20—2006)按设计速度,对回旋线的最小长度规定如表 3.4 所示。考虑到驾驶员的视觉条件,设置回旋线时,应取大于表 3.4 的数值。

表 3.4 回旋线最小长度

设计速度/(km/h)	120	100	80	60	50	40	30	20
回旋线长度/m	100	85	70	50	40	35	25	20

4. 超高

汽车在弯道上行进时,会受离心力的作用,向圆弧外侧推移。该离心力的大小,与行车速度的平方成正比,与平曲线的半径成反比。所以,车辆在较小半径的弯道上,开得越快,车身受离心力推向弯道外侧的危险就越大。为抵消车辆在平曲线路段上行驶所产生的离心力,在道路设计时,将平曲线段的路面横坡做成向内倾斜的单坡横断面,以抵挡离心力的作用,即道路超高,如图 3.5 所示。道路超高规定在 2% ~ 10%。

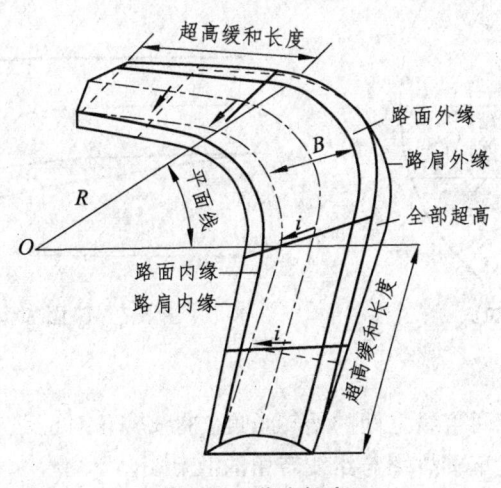

图 3.5 道路超高

可用式（3.3）来考虑横向力平衡。

$$f_g = \frac{v^2}{R} - gi \tag{3.3}$$

式中，f_g 是作用于汽车的横向加速度。若这个值大，会产生横向摆动，给乘客不舒适的感觉，所以，尽量把超高 i 取大一些。相反，当汽车以低于设计速度的速度在曲线段行驶时，会在重力作用下，沿横断面斜坡向内侧滑动。因此，保险起见要保证车辆在弯道部分停车时不发生向内侧滑移，甚至翻车，超高的设置又不能太大。在曲线部分，除曲率半径非常大和有特殊原因等情况外，都要根据道路的类别和所在地区的寒冷积雪程度，以及设计速度、曲率半径、路面类型、自然条件和车辆组成等设置适当的超高。

5. 加 宽

汽车在弯道上行驶时，所有车轮沿着不同半径轨迹行驶，后轴内测车轮所行驶曲线半径较小，前轴外侧车轮所行驶曲线半径较大。因此，在弯道上行驶的汽车所占有宽度较直线段大。所以，弯道上的路面应当加宽。如图3.6所示，R 为平曲线半径，i 为汽车前挡板至后轴的距离，单车道路面所需要增加的宽度 W 由式（3.4）计算。

$$W = \frac{L^2}{2R} \tag{3.4}$$

如果是双车道路面，则式（3.4）中求得的 W 值加倍，再加上与车速有关的经验数值公式，即双车道拐弯处路面所需增加的宽度由式（3.5）计算。

$$W_{双} = \frac{L^2}{R} + \frac{V}{10\sqrt{R}} \tag{3.5}$$

式中，加宽值 W 是加在弯道的内侧边沿，并按抛物线处理，如图3.7所示。这样既符合汽车的行驶轨迹，有利于车辆平顺行驶，又改善了路容。

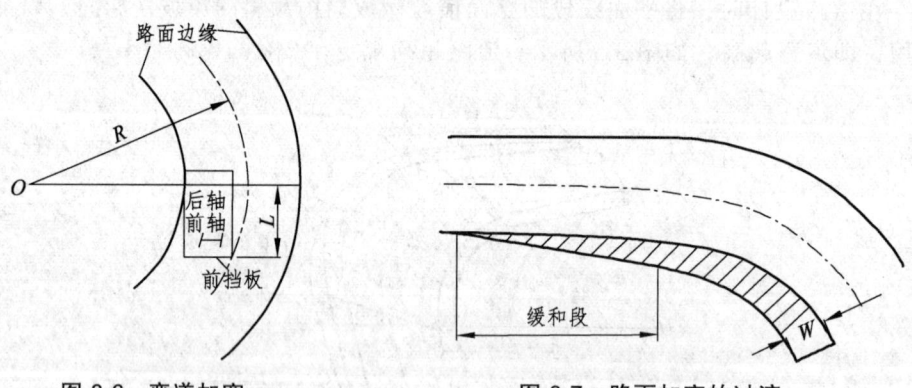

图 3.6 弯道加宽　　　　图 3.7 路面加宽的过渡

6. 曲线转角

曲线转角为连接曲线两直线之间的偏转角度。曲线转角对道路交通安全也有影响。图3.8所示为我国某高速公路亿车事故率与路线转角的散点图。

从图 3.8 中可以看出，当曲线转角在 0°～45° 变化时，亿车事故率与转角的关系近似呈抛物线形,即事故率随着转角的增大在逐渐降低,当转角增大到某一数值时事故率降到最低值(即抛物线的极值点),此时随着转角的继续增大,事故率又开始上升,变化规律明显。

由图3.8可以看出,当路线转角小于或等于7°(即为小偏角)时,事故率明显高于表3.5中30个样本点的平均值(即平均亿车事故率83.37次/亿车),这一统计结果证实了小偏角曲线容易导致驾驶员产生急弯错觉、不利于行车安全这一传统观点。正因为如此,《公路路线设计规范》(JTG D20—2006)规定当路线转交等于或小于7°时,应设置较长的平曲线。

图3.8表明,当转角值在15°~25°时,事故率最低,交通安全状况最好。驾驶员在正常行车状态下,坐直、头正、目视前方,此时驾驶员的视点一般均集中在 10 cm×16 cm(高×宽)的矩形范围内。曲线转角在20°左右时,驾驶员看到的曲线恰好落于上述矩形范围内,从而使驾驶员在不需要移动视线或转动头部的情况下即可充分了解道路及交通情况,同时也提高了行车舒适性,减少了行车疲劳和紧张感。

表3.5 某高速公路不同路段线转角下的亿车事故率

平曲线半径 1 000~1 100 m	转角	4°08′	6°17′	17°54′	24°43′	30°50′	31°02′	34°14′	39°55′	45°00′	86°09′
	亿车事故率	112.52	93.1	30.52	21.34	66.92	114.63	122.45	110.13	120.78	193.76
平曲线半径 2 500 m	转角	12°17′	13°52′	14°20′	14°28′	15°53′	22°24′	24°00′	28°20′	36°04′	36°09′
	亿车事故率	63.26	61.97	62.47	68.13	6.47	22.5	30.91	75.44	243.5	119.88
平曲线半径 3 000 m	转角	6°41′	7°41′	10°11′	11°27′	11°59′	18°01′	18°04′	22°53′	24°14′	28°21′
	亿车事故率	126.24	125.29	72.33	93.1	87.41	44.48	37.55	39.85	25.98	52.45

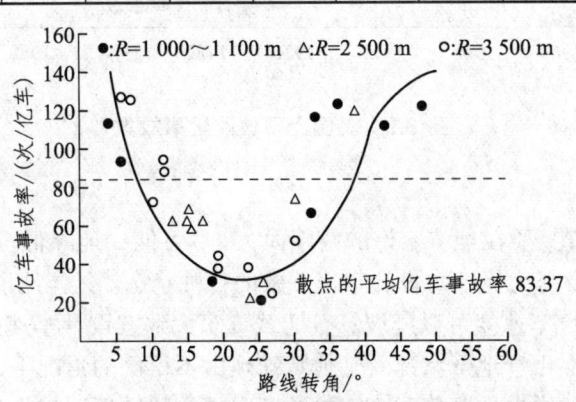

图3.8 某高速公路亿车事故率与路线转角的关系

事故率与路线转角之间关系的统计结果表明,在路线设计中合理确定路线转角对保证行车安全具有重要意义。

3.1.2 纵断线形

纵断线形主要指表示道路前进方向上坡、下坡的纵向坡度和在两个坡段的转折处插入的竖曲线两类。

道路原则上按在同一设计车速路段保持同一行驶状态来进行设计。纵向坡度和别的线形因素不同,受车辆和行驶性能的影响较大,对任何车辆都按确保设计车速来设计是不经济的。同时,爬坡能力明显不同的车辆混合在一起时,不采用适当的纵向坡度和在路段设置爬坡车道的话,就会成为道路通行能力低和发生交通事故的主要原因。车辆行驶过程中往往需要紧急刹车。由于下坡行驶的制动距离要比上坡行驶的长,因此下坡事故数要比上坡事故数多;上下坡行车条件的差别,在较小纵坡条件下就有所反映。

图 3.9 为美国 Elzer Mountain 地区 7.2 km 长的山区上下坡路段事故数,在采取安全保障措施之前,下坡事故数要比上坡事故数大很多。1969 年双向增加车道后,上下坡事故数均有所减少,尤其是下坡事故数下降显著;1972 年设置限制车速的交通标志牌后,下坡事故数又有大幅度下降,上坡事故数也有所下降;1973 年增设自动雷达车速控制系统后,总体交通事故数下降。在 20 世纪 70 年代末,下坡交通事故数相对稳定下来,并且在绝对数值和相对趋势上基本与上坡保持一致。由此可见,在纵坡路段采取增加车道、设置安全标志等交通改善措施对于促进道路交通安全非常有必要。

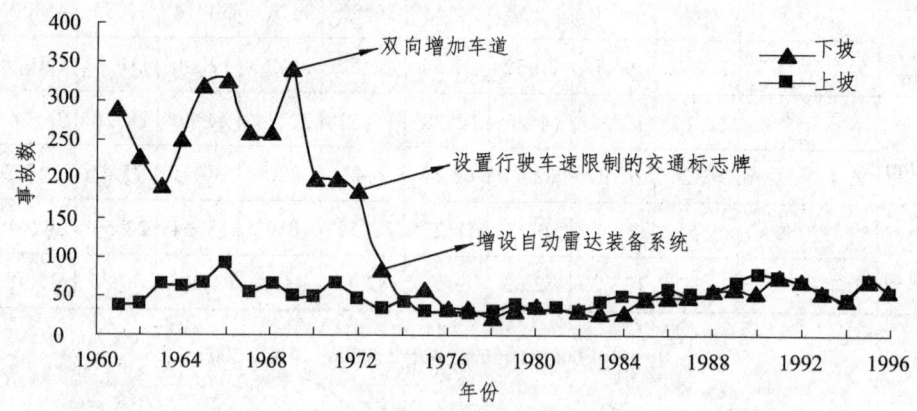

图 3.9 美国上下坡路段事故数

1. 最大纵坡

纵向坡度的标准值,要在经济容许的范围内,按尽可能少地降低车辆速度的原则来确定,与其他路段一样,需要努力保证与设计车速一致的行驶状态。具体地说,纵向坡度的一般值,按小客车大致以平均行车速度可以爬坡;普通载货车大致按设计车速的 1/2 速度能够爬坡的原则来确定。但是,在由于地形状况及其他特殊理由不得已的情况下,可把在爬坡的终点能够保证上述行驶速度的纵向坡度值和确定的长度,作为特殊情况来处理。

我国《公路工程技术标准》(JTG B01—2003)对各级公路的最大纵坡所作的规定如表 3.6 所列。

表 3.6 最大纵坡

计算行车速度/(km/h)	120	100	80	60	40	30	20
最大纵坡/%	3	4	5	6	7	8	9

高速公路受地形条件或其他特殊情况限制时,经技术经济认证合理,最大纵坡可增加 1%。

2. 纵坡长度

在翻山越岭连续上坡的路段，机动车在较长的坡道上行驶，发动机容易过热，引起故障。在连续下坡时，车速越来越快，不安全，特别在雨天或有冰雪时，更有滑溜的危险。表3.7为不同坡度的坡长限制值。

表3.7 纵坡长度限制值

纵坡坡度 i/%	坡长限制/m	纵坡坡度 i/%	坡长限制/m
$5<i\leqslant 6$	800	$7<i\leqslant 8$	300
$6<i\leqslant 7$	500	$8<i\leqslant 9$	200

我国《公路工程技术标准》（JTG B01—2003）对各级公路纵坡的最小坡长规定如表3.8所示。

表3.8 最小坡长

计算行车速度/(km/h)	120	100	80	60	40	30	20
最小坡长/m	300	250	200	150	120	100	60

高速公路、一级公路当连续陡坡由几个不同坡度值的坡段组合而成时，应对纵坡长度受限制的路段采用平均坡度法进行验算。

3. 竖曲线

汽车在纵坡发生转折的地方行驶时，为了缓冲汽车在转为凹曲线时的冲击，在凸曲线的地方要保证一定的视距，必须在两个坡段之间插入一段曲线，这成为竖曲线，通常采用二次抛物线。

表示竖曲线大小的指标，有长度、半径和曲率。竖曲线的曲率根据曲线长度和纵向坡度的变化量来决定。严格地说，二次抛物线的曲率在曲线各点上不相同，但作为竖曲线应用的范围内其差别很小，所以实际应用中，不妨看作曲率一定的圆弧曲线。

竖曲线的半径，可用式（3.6）近似求得。

$$R=\frac{100L}{|i_1-i_2|} \tag{3.6}$$

式中 R——竖曲线半径，m；

L——竖曲线长度，m；

i_1，i_2——纵坡转折处左右坡度值。

表3.9给出了我国《公路工程技术标准》（JTG B01—2003）规定的竖曲线最小半径和最小长度。

一般说来，凸曲线的交通事故率要比水平路段高，小半径凸曲线的事故率要比经过改善设计后的竖曲线路段事故率高很多。竖曲线的频繁变换会影响行车视距，严重降低道路安全性能，尤其在凸曲线路段，视距受限会大大增加交通事故率，如在凸曲线后面存在一个急弯，由于凸曲线遮挡视线，驾驶员来不及反应。极易造成交通事故。

表 3.9 竖曲线最小半径和最小长度

计算行车速度/(km/h)		120	100	80	60	40	30	20
凸形竖曲线半径/m	一般值	17 000	10 000	4 500	2 000	700	400	200
	极限值	11 000	6 500	3 000	1 400	450	250	100
凹形竖曲线半径/m	一般值	6 000	4 500	3 000	1 500	700	400	200
	极限值	4 000	3 000	2 000	1 000	450	250	100
竖曲线最小长度/m		100	85	70	50	35	25	20

在白天或夜晚照明充足的情况下，凹曲线的视距并不是影响交通安全的关键因素，但是在夜晚没有照明的道路上，凹曲线必须考虑视距问题，因为道路线形的水平曲率会使车头灯光不能沿路线线形的前进方向，仅能侧向照射路面，这种情况即使将凹曲线展平也不会有明显改善。

3.1.3 视 距

视距是驾驶员在道路上能够清楚看到的前方道路某处的距离，是道路几何设计的重要因素。有一足够的视距，对于行车安全、行驶速度以及通过能力都有很大的影响。视距之所以成为问题，是由于驾驶员发现前方有障碍物就要在其前而停住车（停车视距），或者前方来车需要错开行驶（错车视距），以及在两车道的道路上，要超越其他车辆，就要跨越到另一车道上行驶（超车视距）等情况存在。

图 3.10 为美国事故率与行车视距的关系曲线，图中事故率随视距的增加而降低。当视距小于 100 m 时，事故率随视距减小而显著增加；当视距大于 200 m 时，事故率随视距增加而缓慢降低；当视距大于 600 m 时，事故率基本不再变化。

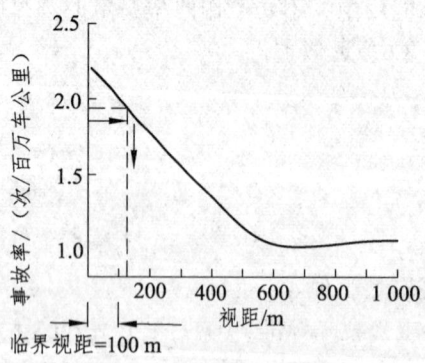

图 3.10 美国事故率与视距的关系

1. 停车视距

驾驶员在行驶过程中，看到同一车道上的障碍物时，从开始刹车至到达障碍物前安全停车的最短距离，称为停车视距。停车视距由三部分距离组成，即驾驶员在反应时间内车辆行驶的距离（l_1）、开始刹车至停车的制动距离（$l_制$）和安全距离（l_0），如图 3.11 所示。

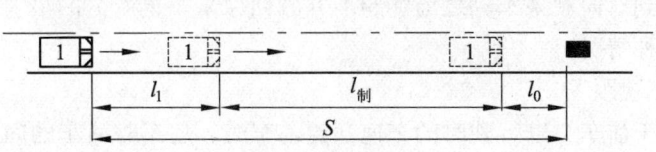

图 3.11 停车视距

我国《公路工程技术标准》（JTG B01—2003）规定的停车视距如表 3.10 所示。

表 3.10 各级公路停车视距

公路等级	高速公路			一级公路			二级公路		三级公路		四级公路
计算行车速度/（km/h）	120	100	80	100	80	60	80	60	40	30	20
停车视距/m	210	160	110	160	110	75	110	75	40	30	20

2. 会车视距

两辆汽车在同一条车道上相向行驶，发现时来不及或无法错车，只能双方采取制动措施，使车辆在相撞之前安全停车的最短距离，称为会车视距。会车视距一般为停车视距的两倍。会车视距由两相向行驶车辆的驾驶员反应距离（l_1、l_2）、制动距离（$l_{制1}$、$l_{制2}$）、安全距离（l_0）组成，如图 3.12 所示。

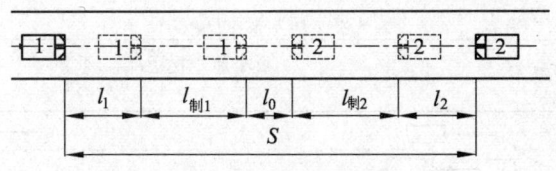

图 3.12 会车视距

3. 错车视距

汽车在行驶中同迎面车辆在同一条车道上行驶，而从来车左边绕至另一车道并与对面来车平面上保持安全距离时，两车所行驶的最短距离，称为错车视距。在公路等级较低的单车道上行驶或不分上下行的城市道路上行驶时，对错车视距有严格的要求。错车视距由反应距离、绕行距离、来车在绕行时间内所行驶的距离和安全距离组成，如图 3.13 所示。错车视距包括第一辆车的反应距离（l_1）及让车绕行距离（l_2）、第二辆车在此时间内行驶的距离（l_3、l_4）和安全距离（l_0）。

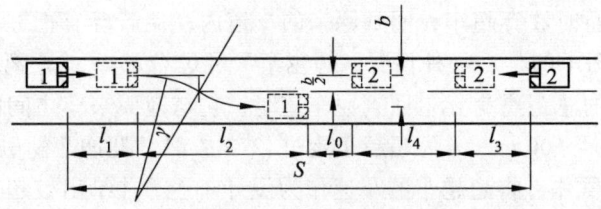

图 3.13 错车视距

4. 超车视距

汽车绕道到相邻车道超车时，驾驶员在开始离开原行车路线能看到相邻车道上对向驶来的汽车，以便在碰到对向驶来车辆之前能超前并驶回原来车道所需的最短距离，称为超车视距。超车视距有两种情况：

1）不等速超车视距

当后车速度高于前车，以行驶时的车速超越前车时，超车时两车的间距 l_2 等于两车制动距离之差，即 $l_{制1} - l_{制2}$，加上汽车 1 的反应距离 l_1，如图 3.14 所示。

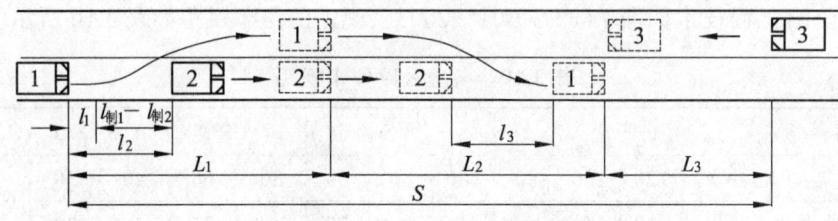

图 3.14 不等速超车视距

2）等速超车视距

后车尾随前车行驶，即车速相同，判断认为有超车可能时，加速转入对向车道进行超越。超车视距由四部分组成，即后车加速进入对向车道所行驶的距离 d_1；后车进入对向车道进行超车至超过前车又回到原车道上行驶的距离 d_2；超车完成后与对向来车的距离 d_3；在超车过程中对向来车行驶的即距离 d_4，如图 3.15 所示。

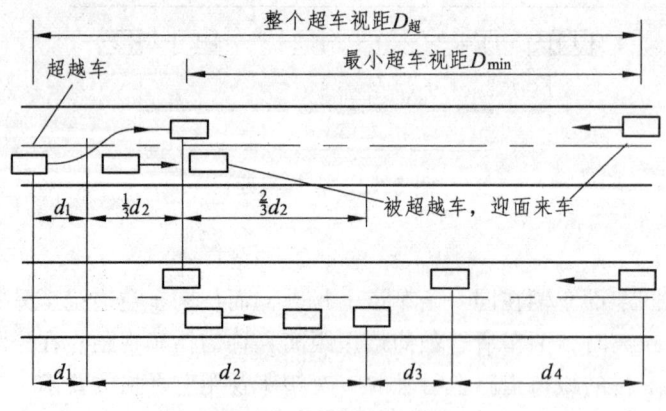

图 3.15 加速超车视距

图 3.15 表明，超越车从开始加速到进入对面车道，这段时间所走过的距离为 d_1。在对面车道内行驶 $(1/3)d_2$ 距离时，发现迎面来车，会车视距为 $D_{超min}$。经判断，若继续超越，可能与迎面来车相撞，就暂时放弃超车，回到原来的车道内；倘若确有把握不会碰撞，就继续行进，直到完成超车。图示的是后一种情况，超越车又经过 $(2/3)d_2$ 的距离，结束超车。即超越车在对面车道上行驶的总距离为 d_2。回到原车道时，它与迎面来车之间的距离为 d_3。为了安全，一般规定 d_3 在 30~100 m，d_4 为超越车走过 $(2/3)d_2$ 时，迎面车所驶过的距离。

表 3.11 是上述各式中，将超越车的车速作为设计车速，并给出被超越车的速度及有关其他数据所得出的全超车视距和最小超车视距。

表 3.11　超车视距

计算速度（超越车速度）/(km/h)	100	80	60	50	40	30	20
被超越车速度/(km/h)	80	65	45	37.5	30	20	15
全超越视距 $D_{超}$/m	700	550	350	250	200	150	100
最小超越视距 $D_{超min}$/m	500	350	250	200	150	100	70

3.2　道路结构物与交通安全

3.2.1　横断面及车道数

道路横断面指沿道路宽度方向，垂直于道路中心线的断面。城市道路横断面的组成包括道路建筑红线范围内的各种人工结构物，如行车道、人行道、分隔带、绿化带等。横断面设计对于满足交通需要，保证交通运输的通畅和安全，适应各项设施的要求，及时排除地面积水，以及合理安排地上杆线和地下管线，都具有十分重要的意义。横断面形式分为一块板、两块板、三块板和四块板。

根据我国北方某城市 76 条道路的事故调查资料，该市城市道路对应不同横断面形式的事故率如表 3.12 所示。

表 3.12　某市城市道路不同横断面形式的事故率

横断面形式	事故数/次	事故率/(次/亿车公里)	道路数/条	平均事故率/(次/亿车公里)
一块板	1 191	10 011	61	164
二块板	111	520	4	130
三块板	273	1 341	10	134
四块板	220	415	4	104

交通事故发生状况也因车道数不同而变化。图 3.16 为美国道路种类与交通量及事故次数

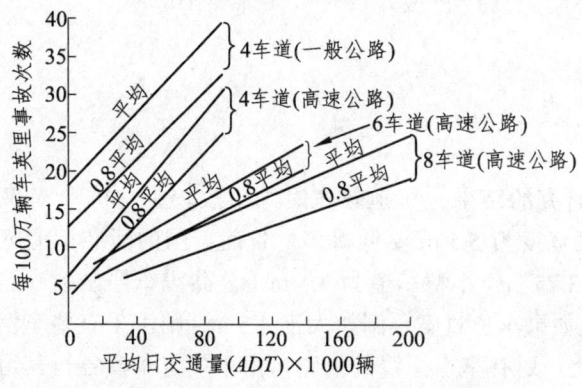

图 3.16　美国道路种类与交通量及事故次数的关系

关系的统计结果。由图可知，事故次数随着日平均交通量的增加而增加，同时可看出，交通事故次数与车道数有关系，相同的平均日交通量条件下，8车道公路比6车道公路事故率低，6车道公路比4车道公路事故率低。

城市道路交通量大，交通组成复杂，因此交通事故的规律性不如公路上明显。但从宏观分析可知，车道数越多，通行能力越大，行车越畅通安全。根据某市城市道路的事故调查资料，得到该市城市道路对应不同车道数的事故率，如表3.13所示。

表3.13 某市城市道路不同车道数的事故率

车道数类型	事故数/次	事故率/(次/亿车公里)	道路数/条	平均事故率/(次/亿车公里)	不同车道数事故率/(次/亿车公里)
双车道	169	1 584	18	88	88
4车道	511	2 075	25	83	
4车道有中央分隔带	4	150	2	75	86
4车道有机非分隔带	59	404	4	101	
6车道	357	1 078	11	98	
6车道有中央分隔带	20	76	1	76	83
6车道有机非分隔带	214	450	6	75	
8车道	109	273	3	91	
8车道有中央分隔带	75	162	2	81	81
8车道既有中央分隔带又有机非分隔带	220	284	4	71	

分析表3.14中的数据可见，事故率随车道数的增加而降低。双车道一块板形式事故率最高。当车道数为4车道时，增加中央分隔带将对向车流分离，事故率明显降低；增加机非分隔带后，虽然可以将机动车与非机动车分离，但对向车流问题没有得到解决，在我国机动车与非机动车的事故一般较轻，而对向车辆发生的交通事故往往相对更为严重。当车道数为6车道时，增加中央分隔带或增加机非分隔带后，事故率均有所降低，但两者之间的区别并不明显。当车道数为8车道时，4块板形式比两块板形式更加安全。总体来说，8车道事故率最低，安全状况最好。

3.2.2 行车道宽度

根据美国和英国研究的结果，车道较宽时则事故较少。机动车双车道路面如宽度大于6 m，其事故率较路面宽度为5.5 m要低得多。目前美国的标准车道宽度规定为3.65 m，我国则规定大型车道为3.75 m，小型车道为3.5 m（公共汽车停靠站或路口渠化段车道宽度可分别为3.0~3.2 m。但如果车道过宽，例如大于4.5 m，则由于有些车辆试图利用富余的宽度超车，反而会增加事故。划有车道标线的公路，由于规定车辆各行其道，其事故率降低。

一些调查研究表明，车道宽度变宽，交通事故减少。日本的道路宽度与交通事故次数关系如表 3.14 所示。由表可知，随着道路宽度的增加，昼夜事故次数减少，但由于道路宽度增加、车速高、车流增大，所以平均每公里事故发生次数增加，特别在相当于干线道路等 13 m 以上宽度的道路上，事故发生的可能性更高。除此以外，交通事故也与道路性质相关，也因路肩、中央分隔带、路面状况而异。

表 3.14　日本道路宽度与昼夜间交通事故次数

昼夜 道路宽度	昼	构成率	夜	构成率	合计	构成率	每千米交通事故 发生次数
3.5 m 以下	20 733	4.7	4 342	2.1	25 075	3.9	0.1
3.5 m 以上	78 881	18.0	21 958	10.7	100 839	15.7	0.1
5.5 m 以上	217 775	49.8	103 347	50.2	321 122	49.9	1.8

3.2.3　路肩与分车带

路肩是指行车道外缘到路基边缘，具有一定宽度的带状部分。路肩的作用主要是：增加路幅的富余宽度；保护和支撑路面结构；供临时停车使用；为公路其他设施提供设置场地；汇集路面排水。

分车带是道路行车上纵向分离不同类型、不同车速或不同行驶方向车辆的设施，以保证行车速度和行车安全。分车带对解决机动车与机动车和机动车与非机动车的分离，提高道路通行能力，保证交通安全具有十分重要的意义。

分车带按其在横断面上的不同位置和功能，分为中央分车带及两侧分车带。

1. 中央分车带

中央分车带指高速公路，一级公路及城市二、四块板断面道路中间设置的分隔上下行驶交通的设施，包括两条左侧路缘带和中央分车带。

中央分车带的作用：分隔上下行车流；杜绝车辆随意掉头；减少夜间对向行车眩光；显示车道位置，诱导视线；为其他设施提供场地。

我国《公路工程技术标准》（JTG B01—2003）规定，高速公路、一级公路整体式断面必须设置中间带，不同设计速度对应中间带宽度如表 3.15 所示。

表 3.15　中间带宽度

设计速度/（km/h）		120	100	80	60
中央分隔带宽度/m	一般值	3.00	2.00	2.00	2.00
	最小值	2.00	2.00	1.00	1.00
左侧路缘带宽度/m	一般值	0.75	0.75	0.50	0.50
	最小值	0.75	0.50	0.50	0.50
中间带宽度/m	一般值	4.50	3.50	3.00	3.00
	最小值	3.50	3.00	2.00	2.00

分离式断面中央分车带宽度宜大于 4.50 m。此时中央分车带宽度可随地形变化而灵活运用，不必等宽，且两侧行车道亦不必等高，而应与地形、景观相配合；中央分车带应做成向中央倾斜的凹形；行车道左侧设置左侧路缘带。当行车道与中央分隔带均用水泥混凝土修筑时，分隔带应用彩色路面以示区别。城市道路采用狭窄分隔带时，常在其上嵌以路钮与猫眼。

中央分车带的宽度一般情况下应保持等宽度。当宽度发生变化时，应设置过渡段。中央分车带过渡段设在回旋线范围内为宜，其长度应与回旋线长度相等；中央分车带宽度较宽时，过渡段设在半径较大的圆曲线范围内为宜。

2. 两侧分车带

两侧分车带是布置在横断面两侧的分车带，其作用与中央分车带相同，只是布置的位置不同。两侧分车带常用于城市道路的横断面设计中，它可以分隔快车道与慢车道、机动车道与非机动车道、车行道与人行道等。

3.2.4 路基高度与坡度

高路基对于行车安全十分不利，一旦车辆发生意外，很容易造成严重的交通事故。表3.16 为我国某省公路翻车事故统计，可知在公路（尤其是高等级公路）上，由于路基较高，容易发生翻车事故。翻车事故所造成的死亡率高于道路交通事故的平均死亡率，因此事故比较严重。

表 3.16 某省公路翻车事故统计分析

公路等级	事故次数	受伤人数	死亡人数	死亡率/%	事故总数	事故形态种类	平均死亡率/%
高速公路	187	49	13	21.0	1 984	11	
一级公路	49	44	14	24.1	3 661	11	
二级公路	150	137	39	22.2	5 881	11	19.58
三级公路	200	157	52	24.9	5 972	11	
四级公路	52	47	26	35.6	1 690	10	
等外路	56	66	24	26.7	1 877	10	

路基边坡过陡也是导致事故急剧增加的另一因素。车辆在坡度大的陡路基上发生意外时，事故类型接近于坠车。如果减小坡度，是使路基边坡变缓，发生事故的车辆可以沿缓坡行驶一段距离，减小冲撞程度，从而减轻事故的严重性。如果采用矮路基或缓边坡，失去控制的车辆一般不会驶出路外而翻车，事故的严重性将大大降低。

在我国公路项目的论证评审即施工过程中，矮路基方案会因为地下水的影响、排水不畅、软基问题、线性组合及横向通道致使纵断面起伏问题等常常被否定。事实上，如果对高路基带来的安全问题、护栏造价、计价土石方增加、土地（取土场和弃土堆）浪费、环境破坏等一系列问题，与采取矮路基所需处理技术可能增加的造价和施工问题加以综合对比的话，上述做法并不一定可取。当然，避免设置高路基并不是绝对的，在防洪、通道设置即立交引道等情况下，有必要合理地设置高路基。

3.2.5 交通设施

1. 交通标志与交通标线

交通标志包括设置于路旁或车行道上方的道路标志即嵌画于路面上的路面标线。所谓交通标志就是将交通指示、交通警告、交通禁令和交通指路等交通管理和控制法规用文字、图形或符号形象化地表示出来，设置于路侧或道路上方的交通管理设施。

交通标志分为主标志和辅助标志两大类，是道路交通的向导。主标志分为指示标志、警告标志、禁令标志、指路标志、旅游区标志和道路施工安全标志六种；而辅助标志是附设在主标志下，起辅助说明作用的标志。指示标志是指示车辆、行人行进的标志；警告标志是警告车辆、行人注意危险地点的标志；禁令标志是禁止或限制车辆、行人交通行为的标志；指路标志是传递道路方向、地点、距离信息的标志；旅游区标志是提供旅游景点方向、距离的标志；道路施工安全标志是通告道路施工区通行的标志。道路上设置齐全的交通标志，能够有效地保护路桥，保障交通秩序，提高运输效率和减少交通事故，它是道路沿线设施不可缺少的组成部分。

道路交通标线与交通标志具有相同的作用，它是将交通的指示、警告、禁令和指路等用画线、符号、文字等标示或嵌画在路面、缘石和路边的建筑物上，这也是交通管理必不可少的一种设施。道路交通标线按设置方式可分为纵向标线、横向标线和其他标线；按功能可分为指示标线、禁止标线和警告标线；按形态可分为线条、字符标记、突起路标和路边线轮廓标。

2. 道路安全净空

安全净空以规定的汽车装载高度为标准。交通法规规定，大货车载物高度自地面起不得超过 4 m，那么道路安全净空必须超过 4 m。在城市中，道路上空的跨空物体比较多，如电线、电缆、桥梁、树木枝叶等，随着自然演变，有的接近于安全净空，有的已侵入到安全净空内，特别是自然生长物（如树枝）更为突出。驾驶员对安全净空的认识只是心理估计，一般是不可能在驾驶时去丈量的，因而被认为是安全的地方，有时就发生与高位物体相撞的车祸。

建筑物的跨空高度，有历史的原因，也有演变的原因。历史的原因指工程设计与当时的历史背景相关联，比如铁路跨空桥梁，在某条铁路设计时，当时的道路交通情况与现代交通情况是不相同的。演变的原因指自然条件的影响加涵洞，受雨水冲击或风吹沙侵，污垢泥沙抬高了地面，使安全净空缩小；又如道路反复维修填补，也抬高了路面。

3. 护 栏

（1）路中护栏。

路中护栏在行车道部分作为分隔车流、引导车辆行驶、保证行车安全之用。当中央分车带较窄时，也有设置于中央分车带内以阻止车辆闯入对向行车道的安全设施。路中护栏应能满足防撞（即车辆碰撞）、防跨（即行人跨越）的功能，通常采用较高的栏式缘石形式、混凝土隔离墩式或金属材料栅栏式。

（2）栏杆。

栏杆是桥上的安全设施，要求坚固，并适当注意美观。栏杆高一般为（0.8～1.2 m，间距为 1.6～2.7 m，城市桥梁和大桥的栏杆应适当进行艺术处理，以增加美观。栏杆和扶手常用钢筋混凝土或钢管、花岗岩石料制成。

（3）行人护栏。

行人护栏指为保护行人安全，在人行道与车行道之间设置的隔离栏杆。一般在人行道的右侧边上安装高出地面 90 cm 左右的栏杆，它可以控制行人任意横穿道路，也可以防止行人走上车行道或车辆失灵而闯入人行道。因行人护栏主要是为了控制行人任意横穿道路，所以在结构上不考虑车辆碰撞问题，一般多用管或网材等制成。

（4）栏式缘石。

栏式缘石形体较高，正面较陡，用来禁止或阻止车辆驶出路面，缘石高度一般为 15～25 cm，栏式缘石用于街道或桥梁两侧，起护栏作用，也可围绕桥台或护墙设置，起保护作用。在较窄的中央分车带四周也可采用，以阻止汽车驶入中央分车带内。

（5）护柱。

护柱指为在急坡、陡坡、悬崖、桥头、高路基处及过水路面，靠近道路边缘设置的安全设施，以诱导驾驶员的视线，引起其警惕。护柱一般用木、石或钢筋混凝土制成，间距为 2～3 m，高出地面 80 cm，外表涂以红白相间的颜色。

（6）墙式护栏。

在地形险峻路段的路肩挡土墙顶或岩石路基边缘上设置的整体式安全墙，是用片（块）石（干）砌或混凝土浇筑而成的安全设施，其作用是引起驾驶员警惕，防止车辆驶出路肩。若墙身为间断式，则称为墩式护栏或护栏墩；若墙顶有柱，则称横式护栏柱。

4. 路 障

路障是设置在道路上的障碍物，以阻止或控制车辆交通。按性质分，有临时性路障和永久性路障；按形式分，有移动式路障和固定式路障；按构造材料分，有木制、钢制和水泥混凝土预制块等。路障设计在与干路交叉的支路上，对防止非机动车突然驶入干路与干路机动车相撞效果明显，但路障的宽度和厚度要适宜。

5. 道路照明

随着夜运量的日益增加，为保持夜间交通的通常，提高道路服务水平，为驾驶人员和行人创造能及时、准确地发现各种障碍物的道路交通条件，以减少和防止交通事故的发生，道路照明必须满足交通的要求，具有明视的功能、正常的显色，并要保持相对稳定性。

道路照明质量是在人的视觉要求条件下确定其相应的技术标准。路段、交叉路口、场站、桥隧等道路工程设施以及所有的交通管理设施和服务设施，在夜间或光线不足的情况下，都需要借助道路照明来对交通起作用。交通管制的信号和标志也离不开光和色彩，因此道路照明在交通系统中，起着便于各种信息进行传递的作用。为了保证司机和行人在运动中反应和判断不会失误，必须保证其视野范围内有足够的亮度。

6. 道路绿化

道路绿化指路侧带、中间分车带、两侧分车带、立体交叉路口、环形交叉路口、停车场以及道路用地范围内的边角空地等处的绿化。进行道路绿化时，应处理好与道路照明、交通设施、地上杆线、地下管线等的关系，要综合考虑、协调配合。根据具体位置，可考虑乔木、灌木、草皮、花卉等综合种植。道路绿化应服从交通阻止的要求，起到保持驾驶员良好视距和诱导视线的作用。

3.2.6 路　面

1. 路面种类

路面按力学特性分为柔性和刚性两类。

各种沥青路面与碎石都属于柔性路面。它是一种与载荷保持紧密接触且将载荷分布于土基上，并借助粒料嵌锁、摩阻和结合料的黏结等作用而获得稳定的路面。它具有一定的抗剪和抗弯能力，在重复荷载作用下容许有一定的变形。柔性路面是以路面的回弹弯沉值作为强度指标，利用弯沉仪测量路面表面在标准试验车后轮的垂直静载作用下轮隙回弹弯沉值，用来评定路面强度。

水泥混凝土路面属于刚性路面，它具有较大的刚性与抗弯能力，能直接承受与分布车辆载荷到路基的路面结构。承载能力取决于路面本身的强度。如铺设适当的基层可为刚性路面提供良好的支承条件。

2. 路面与交通安全

道路除应有强度足够的路面结构外，从人体观点看，为安全舒适地行驶汽车，还有路面行车质量，就是路对驾驶员的便利程度。例如，汽车驾驶操纵是否自如，乘客是否舒适，行驶费用高低，以及轮胎与路面间产生的抗滑性能等。

现代汽车减震系统的改进，因路面凸凹不平引起的振动与冲击已有所缓解，路面行车质量已明显提高，但是随着汽车性能不断地提高，高速公路上的汽车经常以 100 km/h 的速度行驶，为了获得良好的舒适性与安全性，对路面的平整度、抗滑性的要求越来越高。

路面平整度主要是车辆对路面质量的要求，路面抗滑性则是交通安全的迫切要求。抗滑性差常导致交通事故。尽管现代路面技术不断提高，但由于路面附着性变差产生的事故率仍高。如英国调查表明因路滑造成的事故占全年事故次数的 24%，日本抽样调查显示因路滑造成的事故占全年事故次数的 25%。

总之，路面的平整度和抗滑性对人身安危、社会、经济影响大，应予以重视。

3. 路面平整度

路面坎坷不平，即路面平整度差，则行车阻力大，车辆颠簸振动，机件、轮胎磨损就会加快，行车安全性和舒适性就会降低，甚至造成交通事故。例如，汽车在凸路行驶，由于行驶中出现垂直向上的离心力，会与汽车垂直向下的重力部分全部抵消，地面对车辆垂直反力大大减小甚至变为零，汽车出现失重现象，转向操纵失灵，容易引起交通事故。若凸形高度太大会对汽车底部突出部件造成损害。汽车通过凹形地段,由于垂直向下的离心力很大,加上汽车的重力,使汽车钢板、轮胎的承受力加大。凹形竖曲线很小时,极易损坏钢板弹簧或轮胎的机件,从而发生故障,导致交通事故。

1)平整度标准

平整度是路面表面的平整程度,是路面质量的重要指标之一,它直接影响到行车平稳性、乘客舒适性、路面寿命、轮胎磨损和运输成本。

我国沥青路面平整度采用连续式路面平整度仪或 3 m 直尺控制施工质量,其数据如表 3.17 所示。用 3 m 或 4 m 直尺量测路面平整度是当前各国仍沿用的简易方法。表 3.17 的允许偏差实际上为验收或养护路面而定,并非从汽车行驶的路面行车质量与理论的推导值。

我国水泥混凝土路面平整度,规定用 3 m 直尺连续量测三次,取最大三点的平均值控制施工质量。高速公路和一级公路的允许偏差为 3 mm,其他公路为 5 mm。

表 3.17 施工中沥青路面面层平拉度控制标准

沥青路面种类	允许偏差		检查频率				检查方法	
	平整度仪 b/mm	3 m 直尺 h/mm	范围/m	数量			平整度仪	3 m 直尺
				平整度仪	3 m 直尺			
沥青混凝土沥青碎石	≤2.5	≤5	100	连续	公路	10 杆	(1)2 车道测 1 条轨迹 (2)4 车道测 2 条轨迹	连续或随机抽样
上拌下贯贯入	≤3.5	≤8			城市道路	路宽 <9 5 杆		
表面处治	≤4.5	≤10				9~15 10 杆		
						>15 15 杆		

2)路面粗糙度

路面粗糙度可用车辆纵向紧急制动距离、纵向摩擦系数和横向摩擦系数来表示,目前,常用摆动式摩擦系数测定仪测定路面的摩擦系数。

3)路面构造深度

路面构造深度是用于评定路面表面的宏观粗糙度、路面表面的排水性能及抗滑性能的指标。路面构造深度越小表明路面越光滑,且在一般情况下,摩擦系数变小,丧失渗水、排水的功能,容易产生汽车滑水现象,造成严重的交通事故,因而路面必须保持一定的粗糙度。目前国内新推广的等粒径石子沥青路面(SMA 路面)可以在一定程度上解决小雨时路面与车轮的排水问题,从而减少交通事故。

4. 路面抗滑性

当道路表面的抗滑能力小于要求的最小限度时(纵向摩擦系数,水泥混凝土路面为 0.5~0.7,沥青混凝土路面为 0.4~0.6,沥青表面处治及低级路面为 0.2~0.4,干燥路面数值取高限,潮湿时取低限),车辆行驶中稍一制动就可能产生侧滑而失去控制。特别是道路表面潮湿或覆盖冰雪时,发生侧滑的危险性增大,在弯道、坡路和环形交叉处,尤其容易发生滑情事故。路面的表面结构对抗滑能力也有一定的影响,如果路面骨料在车辆行驶下已磨得非常光滑,道路抗滑能力降低,即使在干燥路面上,也会出现滑溜现象。另外,渣油路面不仅淋湿后会很滑，气温高时，路面变软，也会很滑，在这种情况下，可采用压力预涂沥青石屑、路面打槽、设置合适的排水系统、限制车速、设置警告标志等方法保障交通安全。

1）路面摩擦系数

路面摩擦系数又称为路面摩擦系数或路面抗滑系数。汽车在水平路面上行驶或制动时，路面对轮胎滑移的阻力与轮载的比值称为路面摩擦系数，按式（3.7）计算。

$$f = \frac{F}{P} \tag{3.7}$$

式中　f——路面摩擦系数；
　　　F——路面对轮胎滑移的阻力；
　　　P——车轮的荷载。

按摩擦阻力的作用方向分为纵向、横向摩擦系数。摩擦系数的大小取决于路面类型、道路表面的粗糙程度、路面干湿状态、轮胎性能及其磨损情况等，并与轮载的大小成反比，与接触面积无关。

路面摩擦系数是衡量路面抗滑性的重要指标。为保证汽车安全行驶，路面必须有较大的摩擦系数。我国采用一定车速下的纵向摩擦系数或制动距离作为路面抗滑能力的指标。

考察事故原因，单纯因路滑造成的仅占一定比率，加大路面的摩擦系数虽可减少事故与损害程度，却不能根除事故。反之，如摩擦系数过大，则行驶阻力大、耗油量大、车速降低且舒适性差。因此，路面防滑也要综合地从安全、迅速、经济上考虑。

我国用摆式仪测定摩擦系数，它可以测定路面干燥或湿润条件下的纵向、横向的摩擦系数。沥青路面抗滑标准如表3.18所示。

表3.18　沥青路面抗滑标准

公路等级 \ 路段分类	一般公路			环境不良路段		
	摩擦系数	构造深度/m	石料磨光值	摩擦系数	构造深度/m	石料磨光值
高速公路、一级公路	52~55	0.6~0.8	42~45	57~60	0.6~0.8（1.0~1.2）	47~50
二级公路	47~50	0.4~0.6	37~40	52~55	0.3~0.5（1.0~1.2）	40~45
三级公路、四级公路	45	0.2~0.4	35	50	0.2~0.4（1.0~1.2）	40

表3.18中的环境不良路段指高速公路的立交、加速与减速车道；其他各级公路指交叉路口急弯、陡坡或集镇附近。表列数值对低级公路或年降雨量为500 m的地区可用低值，反之用高值。年降雨量为100 m的干旱地区可不考虑抗滑要求。括号内数值是易形成薄冰路段。

轮胎与路面间的摩擦系数随车速增高而减小。最大摩擦系数出现在汽车车轮与路面的滑移率为15%的时候。干燥路面上车速增高，摩擦系数稍减小，潮湿路面上随着车速增高，摩擦系数明显地减小。

2）路面摩擦系数、构造深度的变化

路面抗滑性能对交通事故有很大的影响。在研究中发现，公路开通初期路面摩擦系数较大，由此引发的事故极少。但使用一段时间后，路面由于磨损，摩擦系数下降较多，由此引发了的事故也逐渐增多。特别是在弯道、坡道处，常发生严重交通事故，这种路面雨天事故率明显升高。提高这些路面的摩擦系数，有利于减少交通事故。

5. 路面病害对交通安全的影响

（1）泛油。

由于油石比过大，矿料用量不足，在气温高时就会形成泛油，轻则形成软粘面，重则形成"油海"。油粘在轮胎上，降低了行车速度，增加了行驶阻力。雨天，多余的沥青降低了路面防滑性能，影响行车安全。

（2）油包、油垄。

由于石料级配不当，油量过大，使得路面在车辆水平力作用下推移变形。车辆制动或起动时摩擦力较匀速行驶时要大，故这种病害多发生在路口、停靠站的路面上，油包、油垄严重影响行车的舒适性，同时也加快了机件的磨损。

（3）裂缝。

由于施土不良、路基沉陷，造成路面整体性不好；或沥青材料老化、沥青质量低、油石比过小等原因，路面出现龟裂、网裂或纵横裂缝，影响路面的平整度，干扰车辆正常行驶。

（4）麻面。

主要是由于施工不良、路基沉陷，造成路面整体性不好；或沥青材料老化、沥青质量低、油石比过小等原因、路面出现龟裂、网裂或纵横裂缝，影响路面的平整度，干扰车辆正常行驶。

（5）滑溜。

石料磨光、磨损或泛油形成表面滑溜，危及行车安全，对交通影响很大。

3.2.7 交叉口

道路与道路相交的部位称为交叉口，交叉口把各个不同方向道路联结起来，形成网络。由于相交道路上的车辆和行人均需汇集交叉口后才能转向其他的道路，这是车辆与车辆之间、车辆和横过道路的行人之间相互干扰，降低行车速度，造成交通阻滞，容易产生交通事故。

1. 平面交叉

交叉口由于交通量大、冲突点多及视线盲区大，所发生的交通事故也多。在平面交叉口处，由于多个方向的交通量大幅增加，而且各方向行驶的车辆存在许多可能导致事故发生的潜在冲突点，在平面交叉口处，观察相道路时视线因建筑物遮挡等原因而受到影响，形成视线盲区；同样相交道路上的车辆视线也受到阻碍，因此行车视距严重不足，这些原因都可能导致交通事故的增加。

1）交叉路口的道路条数

平面交叉的相交道路宜为 4 条，不宜超过 5~6 条。因交通流的冲突点、合流点、分流点会随道路条数增加而显著增加。如表 3.19 所示的四路交叉,有冲突点 16 个,合流、分流点各 8 个,计 32 个。在未设交通信号或无交通警察指挥的交叉口,车辆相撞的危险性大。

表 3.19　交叉路口道路条数与冲突、合流、分流点数

交叉道路条数	冲突点	合流点	分流点	合　计
三路交叉	3	3	3	9
四路交叉	16	8	8	32
五路交叉	49	15	15	79
六路交叉	124	24	24	172

产生冲突点最多的是左转弯车辆,如四路交叉口,如无左转车则冲突点可从 16 个减到 4 个。因此,为保证交叉口安全、畅通,应尽可能设置左转弯车道,同时,交通信号灯设左转相位。左转车道如不与直行车道兼用,可减少左转弯事故,并增加交叉口的通行能力。在设计小时交通量 200 辆/h 以下,且左转弯率在 20% 以下的情况下可不设。

2)平面交叉口的间隔

交叉口之间的距离受左转弯车道长度,交织长度和驾驶员注视限度所制约,尚无通用的计算式。作为参考,表 3.20 所示是英国城市道路平面交叉口间隔的指标。

表 3.20　英国城市道路交叉口间隔

道路分类	主干线道路	干线道路	地区分流道路	当地分流路
交叉口间隔/m	550	275	210	90

3)平面交叉路口的交角

平交路口的交叉角应近于直角,主干线应近于直线,平面与纵断线形应缓和。错位交叉、斜向交叉等变形交叉应改善交叉状况,采取设置渠化岛等措施,增大相交道路车流方向的交角,以利车辆安全行驶、提高通行能力。

4)平交路口的渠化

渠化交通的主要作用是保证车辆行驶的安全,渠化的方法如下:① 利用分车线或分隔带、交通岛等,将道路上不同行驶方向和行驶速度的车辆以及交叉口左转、右转和直行方向的车辆按规定的车道行驶,使行人和司机均容易辩明相互行驶的方向,以利于有秩序地通过;② 利用交通岛的布置,限制车辆的行驶方向,使斜交对冲的车流变为直角或同方向的锐角交织;③ 利用交通岛的布置,限制车道宽度、控制车速,防止超车,并在其上设置交通标志,以及作为行人过街时避车用的安全岛;④ 利用交通岛的布置,可以防止车辆在交叉口转错车道;⑤ 在交通量较大、车速较高的交叉口利用交通岛组织渠化交通时,还需要考虑设置变速车道和候驶车道,以利于左转弯车辆转向行驶和等候的需要;⑥ 在交叉口布置交通岛时,应使行车自然而方便。一般采用比较集中的大岛。

5)交通控制

一般来说,当交叉口交通量发展到接近停车或让路标志交叉口所能处理的能力时,应对

交叉口采取信号控制；城市分主、次干道时，停车线应设在次干道上以便让路；交叉口交通阻塞，可用施行单向交通等办法来解决，但附近的交叉口可能受到左、右转弯车增多的不利影响，应慎重考虑。

如果交叉口是区域控制系统的一部分，那么交叉路口控制要服从区域控制系统的要求。交通标志应与区域内其他标志控制方式相一致。

6）辨认距离

为辨认平交路口的驶入口处，应在一定距离设置交通信号灯或标志，其最短距离如表3.21所示。

表3.21 平面交叉口的辨认距离

辨认距离/m	设计车速/(km/h)		20	30	40	50	60	80
	信号交叉口	一般公路	60	100	140	180	240	350
		城市道路	40	70	100	130	170	—
	无信号交叉口		20	35	55	75	105	—

7）右转车道与变速车道

右转车道是平交路口右转车流量大时，为保证直行车流通畅而设的附加车道。它能提高交叉口的通行能力，其长度由减速或加速段和直行段所组成；加速车道是在高速公路上为保证汽车驶入高速车流前能安全加速，且不干扰其他车辆而设，减速车道是为汽车驶离高速公路驶向另外公路而设，这两种车道又称为变速路段或变速区间，有利于合流、分流并减少事故。

2. 立体交叉

尽管设置立体交叉的目的是尽可能提高交通安全性及各交通流的运行效率，但是立交范围内出现的关于驾驶员、车辆、道路、交通和环境条件的任何突变都会造成交通安全隐患。使道路上原本未经干扰的交通流在立交范围内产生突变的原因有：驾驶员需要进行必要的决策、车辆组成发生变化、道路几何线形变化、车速变化以及行驶条件和环境的变化。

表3.22列出了某高速公路立体交叉各组成部分、收费站及连接道路上的交通事故的分布情况。

表3.22 某高速公路立体交叉各组成部分上的事故分布

组成部分	驶出匝道			驶入匝道			加减速车道	驶出匝道与干道分岔口	其他
	左转匝道	右转匝道	合计	左转匝道	右转匝道	合计			
事故次数	23	20	43	4	2	6	42	37	3
占总数百分比/%	17.6	15.2	32.8	3.1	1.5	4.6	32.1	28.2	2.3

由表3.22可见，驶出匝道的事故明显多于驶入匝道，其原因主要是进入匝道前后车速不同所致，高速公路干道上的行车速度一般高于收费站进口至驶入匝道的连接道路上的行车速

度。对驶出匝道而言，事故多发的原因除个别为匝道构筑条件不当（如超高不足、摩擦系数过低）外，多数是由于在减速车道上没有充分减速，因车速高于匝道的限制车速而在离心力的作用下发生翻车事故。至于高速公路的左转驶出匝道事故略多于右转驶出匝道的原因则主要取决于线形条件上的差异，左转匝道的转角及起终点高差较大，其总体线形指标一般低于右转匝道。

图 3.17 示出了该高速公路上立体交叉各组成部分、收费站及连接道路上的交通事故的事故形态分布特点。

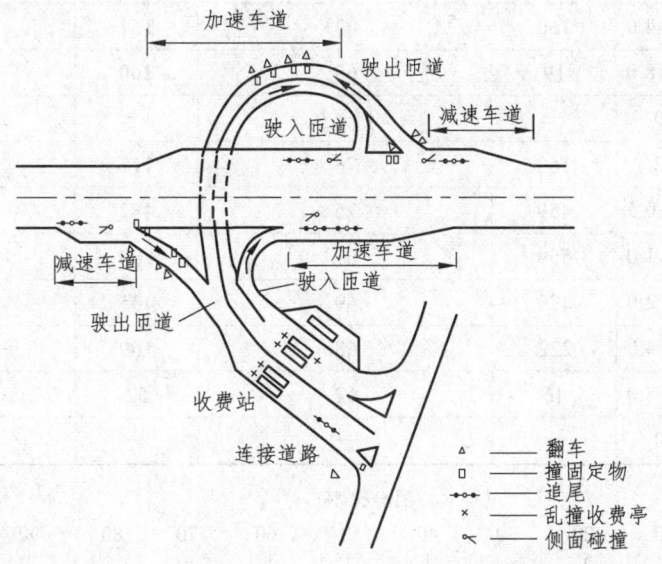

图 3.17　某高速公路立体交叉、收费站及连接道路事故形态分布

表 3.23 列出美国道路交通事故与立体交叉出入口匝道的关系，从表中可以看出，无论城市道路还是公路，事故率都随着立体交叉进出口匝道间距的减少而增加，而且驶出匝道的交通事故明显多于驶入匝道，这一点与上述沈大高速公路的研究结果相同。由于城市道路交通流量大、车辆类型多，加上又有非机动车和行人的干扰，交通运行情况复杂，因此城市道路立体交叉的交通事故明显多于公路立体交叉，而且当出入口匝道间距从 0.2 km 增加到 8 km 时，对于公路立体交叉而言，出口一侧的交通事故率会降低 20%，入口一侧降低 100%；对于城市道路立体交叉而言，出口一侧的交通事故率会降低 90%，入口一侧降低 60%。

立体交叉公路发生交通事故的可能性与匝道的交通量及其与主线交通量之比有密切关系。发生在匝道上的交通事故主要有：追尾碰撞、擦边碰撞、碰撞固定物体、失控、倾斜和碰撞行人，其中 82% 的交通事故是追尾碰撞，图 3.18 为美国匝道发生的不同类型交通事故的比例。

我国各城市主要平面交叉日超负荷现象日趋严重，有的路口高峰时堵塞时间长达半小时，排队长度可达 1 km，时间与经济损失较大，近年各大城市修建了各类型的立交，对缓解交通拥塞与减少交通肇事起了良好作用，但尚未满足经济与交通发展的需要。

表 3.23 交通事故与立体交叉出入口匝道的关系

道路种类	出、入口匝道间距 d /km	出口		入口	
		事故数/次	事故率/(次/百万车公里)	事故数/次	事故率/(次/百万车公里)
城市道路	$d < 0.2$	722	131	426	122
	$0.2 \leq d < 0.5$	1 209	127	1 156	125
	$0.5 \leq d < 1.0$	786	110	655	105
	$1.0 \leq d < 2.0$	280	75	278	84
	$2.0 \leq d < 4.0$	160	63	151	59
	$4.0 \leq d < 8.0$	19	69	200	78
	$d \geq 8.0$	—	—	—	—
公 路	$d < 0.2$	160	76	117	80
	$0.2 \leq d < 0.5$	459	75	482	82
	$0.5 \leq d < 1.0$	559	69	560	72
	$1.0 \leq d < 2.0$	479	69	435	64
	$2.0 \leq d < 4.0$	222	68	169	51
	$4.0 \leq d < 8.0$	46	62	52	40
	$d \geq 8.0$	—	—	—	—

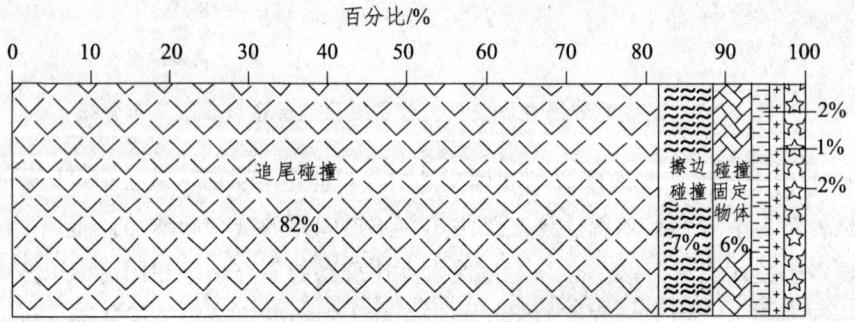

图 3.18 美国立体交叉匝道的事故类型比例

3.3 交通流状态与交通安全

3.3.1 交通量

道路上交通量的大小对交通事故的发生有着直接的影响。交通量与交通流饱和度直接相关,而交通流饱和度影响交通事故的频率和严重程度。因此交通事故与交通量的大小有密切关系。一般认为,交通量越小,事故率越低;交通量越大,事故率越高。但实际情况并不完

全符合这种规律,图3.19所示为交通事故率与饱和度的关系。从图中可以看出,交通量对事故率的影响分为以下几种情况:

(1)A点表示交通量很小时,车辆之间的间距较大,驾驶员基本不受同向行驶车辆的干扰,可以根据个人习惯选择行车速度。绝大多数驾驶员都能保持符合车辆动力性、经济性、制动性和安全性的行驶车速,只有当个别驾驶员忽视行驶安全而冒险高速行车,遇到视距不足、车道狭窄或其他紧急情况时,来不及采取措施才会发生交通事故。

(2)A至B段表示当道路上的交通量逐渐增加时,驾驶员不再单凭个人习惯驾车,必须同时考虑与其他车辆的关系,由于对向来车增多,使驾驶员的驾驶行为更加谨慎,因而交通事故相对数量有所下降。

(3)B至C段表示当道路上的交通量继续增大时,在道路上行驶的车辆大部分尾随前车行驶,形成稳定流。在这种情况下,超车变得比较困难,因而与超车有关的事故也有所增加。

(4)C至D段表示当交通量进一步增大,形成不稳定流。此时,超车的危险越来越大,交通事故相对数量也随交通量的增加而增大。

(5)D至E段表示当交通量增加到使车辆间距已大大减小,不能够超车时,交通流密度增大,形成饱和交通流。由于饱和交通流的平均车速低,因此事故相对数量也降低。

(6)E至F段表示如果交通量进一步增加,则产生交通阻塞。这时,车辆只能尾随前车缓慢行驶,在道路的服务水平大幅度下降的同时,交通事故也大为减少。

要详细调查交通量对事故率的影响程度难度很大,因为交通事故发生时的交通量一般难以准确把握,但年平均日交通量 AADT 与事故率之间存在一定的联系。当分析 AADT 与事故率的关系时,必须考虑一种情况,即交通量大的路段通常具有良好的道路设计(包括宽阔的路面、平缓的平面线形、较缓的纵坡等),而对于交通量小的路段来说,这些几何要素相对差一些,这对于研究年平均日交通量 AADT 与事故率之间的关系具有重要影响。由英国的事故调查数据可知,对于日交通量超过 10 000 辆/d 的道路,导致死亡的交通事故率随交通量的增加而降低,但导致受伤的交通事故率随交通量的增加而增加;同时发现,对于单个车辆事故,事故率随交通量的增加而降低;对于多车辆事故,事故率随交通量的增加而增加。

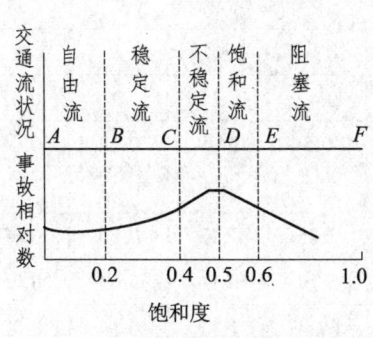

图3.19 交通事故与交通饱和度的关系

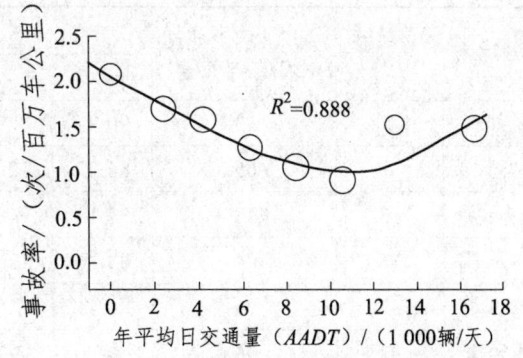

图3.20 事故率与年平均日交通量 AADT 的关系

图3.20所示为美国双车道公路的事故率与年平均日交通量 AADT 的关系,由图可知,事故率与 AADT 呈现 U 形曲线关系。当 AADT 从零增加到 10 000~12 000 辆/d 时,事故率降低;

当 AADT 从 10 000~12 000 辆/d 继续增加时，事故率开始增加。

某高速公路 3 年的交通事故次数与月平均日交通量的关系如图 3.21 所示，从图中可以看出，该高速公路尽管 3 年的交通事故次数增长速度有所不同，但在月平均日交通量低于 10 000 辆/d 的情况下，事故次数具有随交通量增长而增加的趋势。

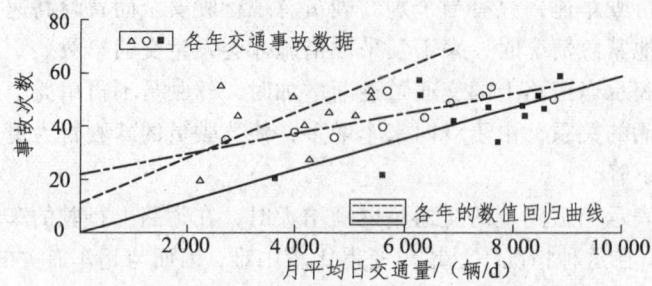

图 3.21　某高速公路事故次数与月平均日交通量

3.3.2　交通组成

我国道路交通组成比较复杂，混合交通是我国交通的一个最显著的特点。混合交通的存在，致使交通流运行复杂化。尤其在城市道路中，交通信号多，机动车、非机动车及行人互相影响，车辆很难以最佳状态行驶，交通事故时有发生。因此混合交通的交通组成对道路交通安全的影响很大。鉴于城市道路交通组成较公路交通组成复杂，这里仅对城市道路交通组成与交通事故率的关系进行说明。

城市道路的交通组成非常复杂，包括客车、货车和摩托车等，按照车辆的大小差异又可将其分为大、中、小等车型。对城市道路交通事故数据的分析结果表明：大型车、货车和摩托车是城市道路中干扰交通流、影响交通安全的主要因素。表 3.24 是我国北方某城市年道路路段交通组成与事故率之间的关系。

表 3.24　某市年道路路段交通组成与事故率关系

路段名称	事故次数/次	事故率/（次/亿车公里）	道路交通组成/%						
			小客车	中客车	大客车	小货车	中货车	大货车	摩托车
霁虹街	7	43	90.97	8.36	0	0.47	0.18	0	0.02
尚志大街	30	65	86.22	12.91	0	0.5	0.09	0.22	0.06
石头道街	13	78	87.13	9.89	0.01	2.53	0.4	0.04	0
和平路	16	84	83.36	12.63	0	2.65	1.13	0.16	0.07
中山路	57	94	86.41	7.54	0	5.79	0.16	0.04	0.06
通达街	22	96	84.5	7.71	0	6.24	1.37	0.16	0.02
教化街	13	76	84.58	5.66	0.01	7.56	1.88	0.22	0.09
新阳路	59	96	76.61	11.88	0.4	10.23	0.72	0.05	0.11
东直路	45	66	76.64	12.19	0	8.97	1.6	0.45	0.15

续表 3.24

路段名称	事故次数/次	事故率/(次/亿车公里)	道路交通组成/%						
			小客车	中客车	大客车	小货车	中货车	大货车	摩托车
学府路	103	107	78.29	6.39	3.65	7.84	2.87	0.76	0.2
和兴路	45	113	76.48	8.22	0	7.63	4.89	2.05	0.73
红旗大街	149	107	78.31	5.53	0.02	11.35	3.67	0.97	0.15
田地街	16	106	75.77	6.03	0	15.14	2.58	0.23	0.25
康安路	8	140	72.84	8.42	0.22	13	3.78	1.3	0.44
宽城街	16	111	72.52	6.41	0	15.6	4.88	0.5	0.09
南直路	23	117	65.89	7.76	0.81	12.92	7.81	4.17	0.64
先锋路	25	270	46.84	3.17	0	26.1	16.39	6.76	0.74

城市道路交通流中小型车居多，连续的小型车交通流在行驶过程中稳定性强，而且视距条件好，因此事故率较低；当交通组成中大型车比例增加时，干扰原来有序的交通流，影响紧随其后行驶的小型车的视距，容易导致交通率故的发生。

类似地，城市道路交通流中客车居多，当交通组成中货车比例增加时，由于客、货车的动力性能存在差异，导致车速分布更为离散，车速方差变大，也容易导致交通事故的发生。

本章习题

1. 简述平面线形设计中如何保证道路交通安全。
2. 简述路面病害对道路交通安全的影响。
3. 交叉口交通安全设计需要考虑哪些因素？
4. 影响道路交通安全的交通条件有哪些？

4 车辆与交通安全

汽车是道路交通过程中的客体,汽车技术状况是驾驶员行车安全的物质基础,直接影响行车的安全性,影响行车安全的车辆技术性能涉及制动系、转向系、传动系、行驶系、照明和信号装置等。汽车技术性能的不断完善,可预防或弥补驾驶员操作上的失误,从而减少交通事故。即使发生事故,也有可能把事故损失减少到最低限度。因此,汽车的技术性能对道路交通安全具有重要意义。

4.1 汽车的安全行驶性能

4.1.1 汽车的制动安全性

汽车的制动性是指汽车在行驶中能强制降低行驶速度以至停车,或在下坡时保持一定速度行驶的能力。制动是汽车主动安全操作措施中的最后手段,是将动能转化为其他形式能量的过程。汽车的制动是通过车上的制动装置来实现的。根据我国标准《机动车运行安全技术条件》(GB 7258—1997)(以下简称《技术条件》)的规定,汽车须装有两套彼此独立的制动装置,即驻车制动装置和行车制动装置。驻车制动装置用来在坡道上停车时,防止汽车自行移动。行车制动装置是汽车上的主要制动装置,用来在行车中减速,必要时停车。

1. 汽车制动的基本原理

忽略汽车制动过程中空气阻力与滚动阻力的影响,制动时车轮的受力状况如图 4.1 所示。图中 M_U 为制动器产生的摩擦力矩;F_P 为车轴对车轮的推力;Z 为地面对车轮的法向反作用力;G 为车轮上的垂直载荷;r 为车轮半径;F 为地面对车轮的切向反作用力,即地面制动力。轮胎周缘克服制动器摩擦力矩所需要的力称为制动器制动力,以 F_U 表示,由 $F_U = M_U/r$ 可知,制动器制动力由制动器结构参数和车轮半径决定。一般它与制动踏板力,即制动系液压或空气压力成正比。制动时,车轮的运动有滚动与抱死拖滑两种状态。踏板力较小时,制动器摩擦力矩不大,地面制动力足以克服制动器摩擦力矩而使车轮滚动。此时,地面制动力等于制动器制动力,而且,随踏板力的增长而增长。但地面制动力受轮胎与地面之间的附着力 F_φ 的限制,如式(4.1)所示。

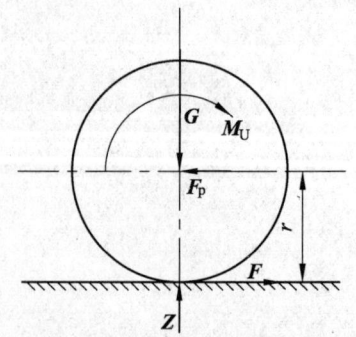

图 4.1 制动时车轮的受力状况

$$F \leqslant F_\varphi = Z \cdot \varphi = G \cdot \varphi \tag{4.1}$$

最大地面制动力由式（4.2）确定。

$$F_{\max} = G \cdot \varphi \tag{4.2}$$

式中　φ——轮胎与路面间的附着系数，主要取决于路面和轮胎状况。

由此可知，地面制动力最大不能超过附着力，否则车轮将拖滑，故此时要提高地面制动力只能提高附着系数。

2. 路面附着系数

大量试验证明，一个弹性轮胎在硬路面上滚动时制动，其摩擦系数不是在理论上的纯滚动状态下达到最高值，而是在部分滑动时才达到最高值，如图4.2所示。引用滑转率 ε 来代表滑移与滚动的百分比，ε 由式（4.3）确定。

$$\varepsilon = \frac{v - r \cdot \omega}{v} \times 100\% \tag{4.3}$$

式中　v——车轮平移的线速度；
　　　ω——车轮滚动的角速度。

制动时，OA 段 $F < F_\varphi$，车轮近似作单纯滚动，很少发生纵向滑移。到达 A 点后，轮胎与地面产生局部滑移，车轮处于边滚边滑状态。到 B 点时，纵向附着系数达到最大值 φ_p，称为峰值附着系数。它一般出现在滑转率 ε 为 15%~20% 时，随着制动强度的增加，滑动成分的比例越来越大，最后车轮被制动器抱住，在路面上作完全拖滑，此时 $\omega = 0$，$\varepsilon = 100\%$。滑转率为 100% 的附着系数值为滑动附着系数 φ_s。在干燥路面上 φ_s 与 φ_p 的差值很小，而在潮湿路面上差别很大。

由分析结果可知，地面制动力 F 可以在瞬间达到最大，即 $F = G \cdot \varphi_p$。但是，这个极不稳定状态的制动

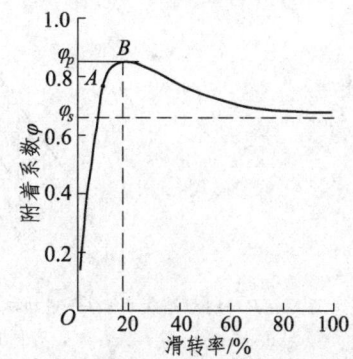

图 4.2　附着系数与轮胎滑转率的关系

过程很难用驾驶员的脚去控制，因为在紧急制动时，车轮制动力在瞬间就过渡到车轮全滑移的阶段。即地面制动力瞬间就达到 $F = G \cdot \varphi_s$，而几乎在保持不变的情况下到汽车停止为止。为了简化计算，通常确定地面制动力的最大值受轮胎与地面间的附着力限制，即 $F_{\max} = G \cdot \varphi$。

附着系数的数值主要取决于道路的材料、路面状况与轮胎结构、胎面花纹、材料以及汽车运动的速度等因素。表4.1给出了各种路面上的平均峰值附着系数与滑动附着系数。

汽车在制动过程中，随车轮制动力的不断增长，轮胎的滚动也不断增加滑移量。这种滑移现象，在坚硬的路面上则逐渐出现清晰的轮胎花纹印痕，称为"压印"。从轮胎局部滑移到全滑移的过程中，轮胎花纹的黑压印长度逐渐加大到连成一片，称为"拖印"。这时，车轮已被制动器抱死。

表 4.1 不同路面的附着系数

路面类型	峰值附着系数 φ_p	滑动附着系数 φ_s	路面类型	峰值附着系数 φ_p	滑动附着系数 φ_s
沥青或混凝土（干）	0.8~0.9	0.75	土路（干）	0.68	0.65
沥青（湿）	0.5~0.7	0.45~0.6	土路（湿）	0.55	0.4~0.5
混凝土（湿）	0.8	0.7	雪（压紧）	0.2	0.15
砾石	0.6	0.55	冰	0.1	0.07

3. 汽车制动的过程

一般汽车上装有液压式或气压式的行车制动装置。需要制动时，驾驶员用右脚踏下制动踏板，通过液压或气压机构的作用使制动器动作，利用制动器内部的摩擦和车轮与路面间的摩擦消耗汽车的动能，达到减速或停车的目的。汽车的制动过程如图 4.3 所示。图中 t_1 为驾驶员反应时间，即驾驶员发现危险情况后至开始出现反应动作将右脚移动到制动踏板上所需要的时间；t_2 为开始踏下踏板到汽车上出现制动力所经过的时间（制动滞后时间）；t_3 为制动力增长时间；t_4 为制动力达到最大值以后的持续制动时间；t_5 为停车后到制动解除所需要的制动放松时间。

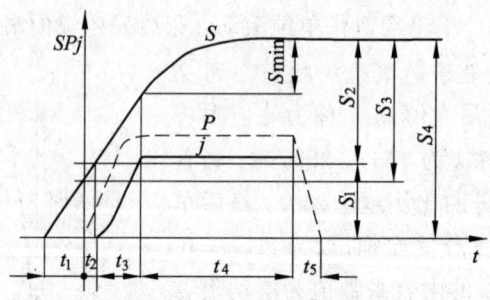

图 4.3 汽车的制动过程

S—制动距离；P—制动踏板力；j—制动减速度；S_{min}—在 t_4 时间内的最小制动距离；S_1—在 t_1 和 t_2 时间内驶过的空驶距离；S_2—在 t_3 和 t_4 时间内的实际制动距离；S_3—在 t_2、t_3 和 t_4 时间内的制动距离；S_4—在 t_1、t_2、t_3 和 t_4 时间内的制动距离

由于驾驶员的操作方法以及汽车制动装置结构的差异，上述各段时间的长短也各不相同，但一般来讲，驾驶员反应时间 t_1 为 0.3~1.0 s。反应时间长短与驾驶经验、熟练程度和疲劳情况有关。

制动滞后时间 t_2 依据《汽车制动规范》(ZBT24007—96)要求，气压制动系不能超过 0.6 s，液压制动系不能超过 0.3 s。

制动力增长时间 t_3 为从开始产生制动力至达到某一稳定值所经历的时间。试验表明，此段时间气压制动系为 0.4~0.9 s，液压制动系为 0.15~0.2 s。

在持续制动时间 t_4 中，车轮呈拖滑状态，其减速度基本保持不变。

制动放松时间 t_5 是放松制动踏板至制动力消失的时间，此时减速度为零。制动放松时间影响汽车的操纵稳定性，因此规定 t_5 不得超过 0.3 s。

由图 4.3 可以看出，驾驶员在采取制动的整个过程中，发生人的反应滞后和机械动作滞后：前者为从紧急情况发生时起，驾驶员意识判断到进行操作引起的时间滞后，后者为制动踏板消除空行程并踏满最大行程使制动力发生制动作用所形成的时间滞后。

制动全过程包括驾驶员看到信号后做出行动反应、制动系协调、持续制动和制动彻底放松四个阶段。其中制动系协调时间包括制动滞后和制动力增长时间。一般制动距离是指从驾驶员踩到制动踏板开始到汽车停住为止所驶过的距离，它包括制动系协调和持续制动两个阶段中行驶的距离。

4. 制动性能的评价指标

汽车的行车制动能力评价指标包括：制动效能、制动时的方向稳定性及制动效能的恒定性。

1）制动效能

制动效能是指汽车迅速降低行驶速度直至停车的能力。用制动减速度、制动距离、制动力和制动系协调时间来评价。

（1）制动减速度

制动减速度反映了作用在汽车上的制动力的大小，与制动器制动力及附着力有关。

当车辆在平坦、干燥、坚硬的路面上制动时，由于制动时的初速度不高或初速度虽高但速度下降迅速，故空气阻力、坡度阻力的影响可略去不计。根据汽车的运动方程，当制动器制动力没有达到附着力 F_φ 时，最大制动减速度由式（4.4）确定。

$$j_{\max} = \frac{F_u + m \cdot g \cdot f}{\delta \cdot m} \tag{4.4}$$

制动器制动力比附着力大，但车轮未抱死，则滚动压印制动时的最大制动减速度由式（4.5）确定。

$$j_{\max} = \frac{m \cdot g \cdot \varphi_p + m \cdot g \cdot f}{\delta \cdot m} = \frac{\varphi_p + f}{\delta} \cdot g \tag{4.5}$$

车轮抱死滑移时，$\delta = 1$，$f = 0$，最大制动减速度由式（4.6）确定。

$$j_{\max} = \varphi_s \cdot g \tag{4.6}$$

式中 δ——汽车旋转质量换算系数；

F_U——制动器制动力；

M——汽车总质量；

g——重力加速度；

j——汽车减速度；

φ_s——滑动附着系数；

φ_p——峰值附着系数，即纵向附着系数最大值；

f——滚动阻力系数。

比较以上两种制动状态。假设 $\delta = 1.05$ 的沥青路面，$\varphi_p = 0.8 \sim 0.9$，$\varphi_s = 0.7 \sim 0.8$，代入以上两式得：$j_{\max} = 7.47 \sim 8.40 \text{ m/s}^2$（滚动压印）；$j_{\max} = 6.86 \sim 7.84 \text{ m/s}^2$（抱死滑移），可以

看出滚动压印制动效果优于抱死滑移的制动效果。

表4.2为不同类型汽车在铺装良好的路面上制动时，最大制动减速度的参考值。

表4.2 各种车辆的最大制动减速度

车辆类型	制动减速度/(m/s²)	车辆类型	制动减速度/(m/s²)
小型汽车	7.4	大型汽车	5.5
中型汽车	6.2		

注：此数据引自《中华人民共和国机动车制动检验规范》。

汽车、汽车列车和无轨电车在规定的初速度下急踩制动时充分发出的平均减速度和制动稳定性应符合表4.3的要求。

表4.3 制动减速度和制动稳定性要求

车辆类型	制动初速度/(km/h)	满载检验充分发挥的平均减速度/(m/s²)	空载检验充分发挥的平均减速度/(m/s²)	制动稳定性要求车辆任何部位不得超出的试车道宽度/m
座位数≤9的载客汽车	50	≥5.9	≥6.2	2.5
其他总质量≤4.5 t的汽车	50	≥5.4	≥5.8	2.5
其他汽车、汽车列车、无轨电车	30	≥5.0	≥5.4	3.0

注：对4.5 t≥总质量>3.5 t的汽车实验车道宽度为3 m。

（2）制动距离

制动距离和制动稳定性要求如表4.4所示。

表4.4 制动距离和制动稳定性要求

车辆类型	制动初速度/(km/h)	满载检验制动距离要求/m	空载检验制动距离要求/m	制动稳定性要求车辆任何部位不得超出的试车道宽度/m
座位数≤9的载客汽车	50	≤20	≤19	2.5
其他总质量≤4.5 t的汽车	50	≤22	≤21	2.5
其他汽车、汽车列车及无轨电车	30	≤10	≤9	3.0
四轮农用运输车	30	≤9	≤8	2.5
三轮农用运输车	20	≤5	≤4.5	2.3
两轮摩托车	30	≤7		—
边三轮摩托车	30	≤8		2.5
正三轮摩托车	20	≤7.5		2.3
轻便摩托车	20	≤4		—
轮式拖拉机车组	20	≤6.5	≤6.0	3.0

注：对4.5 t≥总质量>3.5 t的汽车实验车道宽度为3 m。

（3）制动力及制动系协调时间

汽车制动器产生的制动力的大小与汽车制动距离有关系，它不但表明汽车的减速度，还反映出各车轮的制动力及其分配情况，因而可用来评价汽车的制动性能。检验制动器的制动力需要使用专用的制动试验台。除制动力大小以外，左右轮制动力的差别也影响汽车制动性能。一般要求前、后轴左右轮制动力之差分别不大于该轴载荷的5%和8%。表4.5所示为车辆在不同状态时的制动力检验标准。

表4.5 制动力检验标准

检验项目 \ 检验要求 \ 车辆状态	空载	满载	检验项目 \ 检验要求 \ 车辆状态	空载	满载
制动力总和占整车质量的百分比/%	≥60	≥50	主要承载轴的制动力占该轴轴荷的百分比/%	≥60	≥50

在紧急制动时，从踏板开始动作至汽车减速度达到稳定减速度，或制动器的制动力达到规定值时经过的时间称为制动系协调时间。由图4.3可知，制动系协调时间可视为踏下踏板至出现制动力经过的时间 t_2 与制动增长时间 t_3 之和。如果忽略驾驶员踏制动踏板快慢的差别，则制动系协调时间主要取决于汽车制动系统的结构和技术状况。为保证汽车的行驶安全，希望制动系协调时间越短越好。表4.6所示为不同车型的制动系协调时间。

表4.6 制动系统协调时间的规定

车辆类型	制动系统协调时间/s	车辆类型	制动系统协调时间/s
总质量≤4.5 t	≤0.33	总质量>12 t	≤0.56
5 t≤总质量≤12 t	≤0.45		

2）制动时的方向稳定性

汽车制动时的方向稳定性也是影响交通安全的重要因素。在制动过程中有时会出现制动跑偏、后轴侧滑或前轮失去转向能力，使汽车失去控制而偏离原来的行驶方向，甚至发生危险。一般汽车在制动过程中维持直线行驶或按预定弯道行驶的能力，称为制动时汽车的方向稳定性，常用制动时汽车按给定轨迹行驶的能力来评价。如果汽车在制动过程中不能维持原来的行驶方向，甚至失去操纵，则极易引起交通事故。

（1）制动跑偏

制动跑偏是指汽车在制动过程中，自行向左或向右偏驶。引起制动跑偏的原因如下：
① 汽车左右车轮特别是转向轴左右轮制动器制动力不相等；
② 前轮定位失准、车架偏斜、装载不合理或受路面的影响；
③ 制动时悬架导向杆系与转向系拉杆在运动学上的不协调。

其中前两条原因是制造、调整的误差或使用不当造成的。汽车究竟向左还是向右跑偏，要根据具体情况而定，因此是非系统性的。第三个原因是设计造成的，制动时总向一个方向跑偏，因此是系统性的。第二条中的三个因素，不但会使制动跑偏，同时也会造成汽车行驶跑偏。

在设计时,应充分考虑不对称汽车的部件、总成的布置关系。如燃油箱、工具箱、电瓶、转向机、备胎、储气筒等的位置,应尽量使这些部件、总成的质量对称于汽车纵向中心平面。此外,也应考虑发动机的倾斜位置对制动跑偏的影响。

(2)制动侧滑

制动侧滑是指汽车制动时,某一轴的车轮或两轴车轮同时发生横向滑动的现象。据一些国家的统计表明,发生人身伤害的交通事故中,潮湿路面上约有1/3与侧滑有关;在冰雪路面上有70%~80%与侧滑有关,根据对侧滑事故的分析,发现有50%是由制动引起的。

影响制动侧滑的因素有:

① 路面附着系数;

② 车轮抱死及抱死顺序;

③ 制动初速度;

④ 荷载及荷载转移;

⑤ 侧向力源。

汽车在附着系数小的路面上制动时,很容易发生侧滑,侧滑是由于轮胎的侧后附着力不能控制车辆的侧向运动造成的。由于车轮抱死后在路面上拖滑时,承受侧向力的能力下降,在某些侧向外力的作用下,便会发生制动侧滑。

经过许多试验,目前已经认识到在较高车速下或滑溜路面上制动时,若后轴车轮比前轴先抱死,就可能发生危险的后轴侧滑,即使制动器技术状况完好的汽车也难以避免。在一般道路上车速不高时,制动侧滑并不明显、制动侧滑问题只有通过改进汽车制动系统的结构设计才能彻底解决。

3)制动效能的恒定性

制动效能是指汽车在制动过程中,制动器的抗热衰退能力和水湿恢复能力。

(1)制动效能的热衰退

由于汽车高速制动,连续下坡以及短时间内的反复制动,引起制动器温度升高,制动器摩擦力矩显著下降,这种现象称为制动器的热衰退现象。制动效能的恒定性主要指制动器的抗热衰性能。

制动器的热衰退与制动器摩擦副材料和制动器结构形式有关。为了减少热衰退现象、可采取以下措施:

① 增大摩擦片面积,加大制动鼓或制动盘的热容量;

② 提高制动器热冷却能力;

③ 利用其他机构吸收一部分能量;

④ 尽量使摩擦片温度特性曲线保持平稳;

⑤ 高速车辆应选用自行加力作用较小的盘式制动器。

(2)制动效能的水衰退

制动的水衰退是由于制动器摩擦片表面浸水后水的润滑作用,降低制动器摩擦片的摩擦系数,而使制动器效能暂时下降的现象。

浸水衰退后制动性能的恢复试验可在干燥平坦的路面上进行。首先在车辆满载和连接发动机的条件下,以最大车速的30%为制动初速度,以 0.3 m/s^2 的减速度重新进行3次制动,记录踏板力或管路压力作为基准,然后浸水 2 min,进行恢复试验。在标准踏板力或管路压力的条件下,制动15次,制动周期为60 s,要求第15次踏板力与基准踏板力之差不大于10%。

4.1.2 汽车的操纵稳定性

操纵稳定性包括"操纵性"和"稳定性"两方面含义。操纵性是指汽车能够确切地响应驾驶员指令的能力;稳定性是指汽车受到外力扰动后恢复原来运动状态的能力。汽车的操纵性和稳定性两者密切相关,相互影响,它是汽车基本运动性能之一。

1. 汽车保持操纵稳定性的重要性

操纵稳定性不好的汽车一般有如下表现:

(1)"发飘":在驾驶员未发出指令的情况下,车辆自行不断变换行驶方向使乘员感到漂浮不定。

(2)"反应迟钝":指车辆的转向过程大大滞后于驾驶员的驾驶指令,或转弯动作迟缓的现象。

(3)"丧失路感":正常汽车的转弯程度,会通过转向盘以及车身的侧倾使驾驶员产生相应的感觉。但操纵性能不好的汽车,在车速较高或急剧转向时会使驾驶员丧失这种感觉,影响其做出正确的判断。

(4)"失去控制":操纵性差的汽车在车速超过某一临界值后,可能会出现驾驶员不能通过转向盘指令控制行驶方向的现象。

由此可知,汽车的操纵稳定性与交通安全有直接关系。操纵稳定性不好的汽车使驾驶员难于控制,严重时还可能发生翻倾或侧滑而造成交通事故。因此,应深入了解影响操纵稳定性的因素,提高汽车的操纵稳定性,确保行车安全。

2. 影响汽车操纵稳定性的主要因素

影响汽车操纵稳定性的因素很多,除汽车本身结构参数,如汽车的轴距、轮距、重心位置、质量分配、轮胎的特性以及悬架导向装置等设计与结构因素的影响外,还有地面不平、纵向和横向的坡度、左右车轮附着差异、横向风、弯道离心力以及驾驶员操纵技能等使用因素的影响。如果驾驶员反应快、技术熟练、动作敏捷、体力好就能及时准确地采取措施,从而使汽车的运动状态趋于稳定;反之,如果驾驶员的反应迟钝、判断错误,就可能导致稳定性的破坏、操纵性的丧失。

影响汽车操纵稳定性的因素,归纳起来主要表现为以下几个方面:

(1)轮胎侧偏。汽车轮胎的前进方向并非永远沿着车轮本身的旋转平面,而可能与旋转平面成一侧偏角。轮胎侧偏会改变汽车的既定行驶路线,产生一个不由驾驶员控制的附加转向输入,从而影响汽车的操纵稳定性。

(2)转向悬架系统的弹性。在汽车转弯时路面横向反力的作用下,由于悬架系统的弹性,使车轮发生附加变形。这种变形往往构成相应车轮附加转向角,影响有效转向输入。

(3)侧倾转向效应。汽车转弯时车身产生侧倾,由于悬架系统与转向系统的导向运动特性关系,车身的侧倾可能造成车轮或整个车轴在水平面内转动,成为可能改变有效转向输入的附加输入。

(4)车轮倾斜效应。对于独立悬架汽车,车身侧倾会引起车轮的侧倾,而车轮侧倾会造成轮胎侧偏角的变化。

(5)空气动力影响。这种影响是通过高速行驶状态下空气对汽车的三个方向的力和三个方向的力矩表现出来,一方面它直接影响前后车轮的横向力,从而影响相应的侧偏角;另外,空气对汽车的升力影响前后车轮的垂直负荷,通过改变轮胎侧偏刚度而间接影响侧偏角。

汽车操纵稳定性有多种表现形式及相应的试验评价方法。不同的影响因素对操纵稳定性能具体项目的影响也不同,往往是相互作用,有时同一影响因素的变化对不同操纵稳定性的作用效果可能相反。在实际工作中,应针对出现的问题进行具体分析。

3. 汽车的稳态转向特性

汽车在通常行驶状态下的操纵稳定性常用稳态转向特性来评价。

稳态转向特性的试验方法是在保持汽车方向盘转角固定不变的条件下,使汽车以不同的稳定车速作圆周行驶,测定车速 v 和横摆角速度 ω_α。从最低车速一直试到可能实现的最高车速,根据测试记录的每一组 (v, ω_α),由式(4.7)计算得到一组对应的侧向加速度系数 λ 和汽车运动曲率 $1/R$:

$$\frac{1}{R} = \frac{\omega_\alpha}{v} \quad \text{和} \quad \lambda = \frac{v \cdot \omega_\alpha}{g} \tag{4.7}$$

由不同的 (v, ω_α) 值可以得到一条 $1/R\text{-}\lambda$ 曲线,如图 4.4 所示。当圆周半径 R 足够大时($R > 15\,\text{m}$),$\tan\delta = \delta$。曲率 $1/R$ 与前轮转角 δ 及前、后轮综合侧偏角之差 $(\delta_1 - \delta_2)$ 有如式(4.8)所示关系,如图 4.5 所示。

$$\frac{1}{R} = \frac{1}{L}[\delta - (\delta_1 - \delta_2)] \tag{4.8}$$

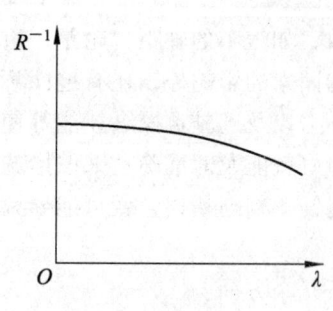

图 4.4 $1/R\text{-}\lambda$ 曲线

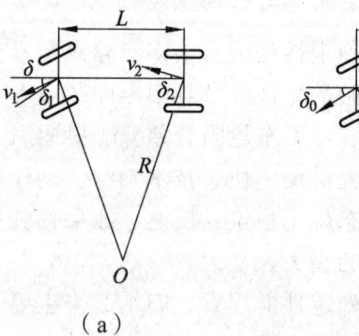

图 4.5 转向几何关系

$\delta_1 - \delta_2$ 是包括轮胎侧偏、侧倾转角、横向力转向等诸多因素在内的总的侧偏角之差,当 $v = 0$ 时,$\delta_1 - \delta_2 = 0$,即此时有

$$\frac{1}{R_0} = \frac{\delta}{L} \tag{4.9}$$

代入式(4.8)得

$$\delta_1 - \delta_2 = L\left(\frac{1}{R_0} - \frac{1}{R}\right) \tag{4.10}$$

$v = 0$ 时的 $1/R_0$ 值可由图 4.4 中 $1/R$-λ 曲线与纵坐标的交点求得，再结合式（4.10）求得 $(\delta_1 - \delta_2)$-λ 曲线，如图 4.6 所示。

图中曲线 1 具有不足转向特性。不足转向特性汽车的转向半径总大于 R_0，且随着车速的逐渐增加，转向半径也逐渐增大；曲线 2 具有过度转向特性。具有过度转向特性汽车的转向半径总小于 R_0，且转向半径随车速的增加而减小。过度转向汽车达到临界车速时将失去稳定性，此时只要有极其微小的前轮转角就会导致极大的横摆角速度，使汽车发生激转；曲线 3 具有中性转向特性。在 λ 值较小时显不足转向特性，当 λ 增到某一值后，显过度转向特性，该种特性车型易出现甩尾现象。具有不同类型稳态转向特性的汽车行驶特点如图 4.7 所示。

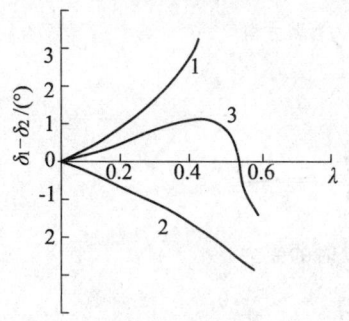 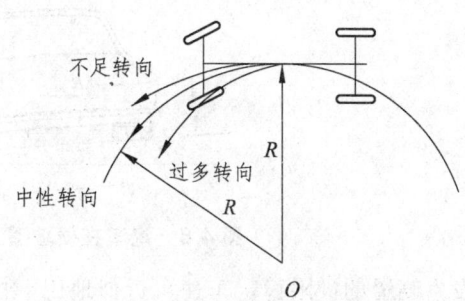

图 4.6　$(\delta_1 - \delta_2)$-λ 曲线　　　　图 4.7　汽车的稳态圆周运动轨迹

在方向盘保持一固定转角情况下，缓慢加速或以不同车速等速行驶时，随着车速的增加，不足转向汽车的转向半径增大；中性转向汽车的转向半径维持不变；而过多转向汽车的转向半径则越来越小。操纵稳定性良好的汽车应具有适度的不足转向特性。一般汽车不应具有过多转向特性，也不应具有中性转向特性，因为中性转向汽车在使用条件变动时，有可能转变为过多转向特性。

除稳态转向特性以外，为保证在通常行驶状态下汽车具有良好的操纵稳定性，还要求汽车对方向盘角输入的响应要灵敏、直行性（即当方向盘不转动时，汽车保持直线行驶的能力）及回正性（即当汽车转弯行驶完毕，转入直线行驶时，汽车的转向车轮自动回正的能力）良好、转向操作轻便等。

4. 汽车行驶稳定性的极限

汽车保持稳定行驶的能力是有一定限度的，如果驾驶员对汽车的操纵动作使汽车的运动状态超过了这一限度，汽车的运动就会失去稳定，发生侧滑或翻倾，从而危及行车安全。这一限度称为汽车行驶稳定性极限。

汽车转向行驶时的稳定性极限对安全行车影响很大。汽车在转向行驶时将产生离心力，如果离心力过大，汽车有可能沿离心力作用的方向发生侧向滑移。与此同时，离心力还将引起内外两侧车轮法向反作用力的改变。如果内侧车轮上的法向反作用力降低为零，汽车将发生翻倾。

1）汽车抗侧滑稳定性界限

汽车在曲线上行驶时，受到侧向力的作用，当车轮上的侧向反作用力达到车轮与路面间的附着极限时，汽车便将因车轮滑移而失去控制。根据前后轮上侧向反力达到附着极限的先后，汽车的侧滑可分为"跑偏"和"甩尾"两种情况。

当前轮上的侧向反力先达到附着极限时，因前轮发生侧滑，汽车的横摆角速度减小，转向半径增大，汽车将向外侧甩出，发生"跑偏"现象。严重时，汽车会被甩出路外，导致交通事故。

如果后轮上的侧向反力先达到附着极限，后轮将先于前轮向外侧侧滑，汽车的横摆角速度增加，转向半径减小，发生"甩尾"现象。由于转向半径减小，使离心力继续增加，这又进一步加剧了甩尾。所以容易诱发汽车打转，甚至翻倾。

汽车在曲线坡道行驶时受力如图 4.8 所示。

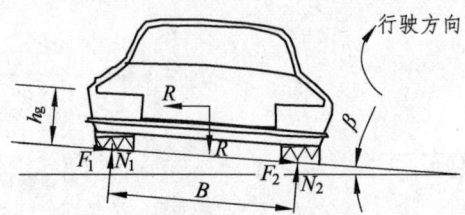

图 4.8　汽车在横坡道上曲线行驶时的受力

不发生侧滑的极限稳定车速可近似地用下述方法求得：

设汽车转向的极限稳定车速为 v_{max}，横向作用力由式（4.11）计算。

$$F_1 = C \pm Gi_0 = m\frac{v_{max}^2}{R} \pm Gi_0 \tag{4.11}$$

式中　m——汽车质量，kg；

　　　C——向心力，N；

　　　R——汽车转弯半径，m；

　　　i_0——路面横坡度；

　　　G——汽车的重力，N；

　　　v_{max}——不发生侧滑的极限稳定车速，m/s；

　　　"+"——重力和离心力在平行于路面方向上的分力相同；

　　　"−"——重力和离心力在平行于路面方向上的分力相反。

设车轮与地面的附着极限为

$$F_2 = m \cdot g \cdot \varphi \tag{4.12}$$

式中　g——重力加速度，取 9.8 m/s²；

　　　φ——轮胎与路面间的横向附着系数。

当 $F_1 = F_2$ 时，为极限稳定行驶状态，所以有

$$m\frac{v_{max}^2}{R} = m \cdot g \cdot (\varphi \pm i_0)$$

即

$$v_{\max} = \sqrt{R \cdot g \cdot (\varphi \pm i_0)} \quad (4.13)$$

2）汽车抗横向倾覆稳定性界限

在倾斜的横坡面上做曲线运动的汽车，由于横向力的作用，当位于曲线左侧车轮上的法向反作用力为零时，汽车将发生横向倾覆。对图 4.8 中所示车辆，$N_0 = 0$ 为汽车发生倾覆的临界状态。

不发生横向倾覆的极限车速可近似地用下述方法求得。

由图 4.8 可得

$$(Ci_0 + G)\frac{B}{2} = (C \pm Gi_0)h_g \quad (4.14)$$

由于 Ci_0 与 G 相比，其值甚小而略去不计，所以

$$\frac{GB}{2h_g} = (C \pm Gi_0) = \left(\frac{v^2}{gR} \pm i_0\right)G \quad (4.15)$$

可得出 R 为定值时，为保证不发生横向倾覆，汽车行驶的最大速度 $v_{\max}$ 为

$$v_{\max} = \sqrt{gR\left(\frac{B}{2h_g} \pm i_0\right)} \quad (4.16)$$

式中　$v_{\max}$——汽车不发生横向倾覆的极限车速，m/s；

　　　B——轮距，m；

　　　h_g——汽车重心高度，m；

其余符号意义同前。

5. 操纵稳定性试验与评价

1）常见的操纵稳定性试验评价方法

关于汽车操纵稳定性的试验方法及其有关标准、法规的研究是随着汽车制造技术、安全问题研究的深入以及社会发展的需要而日趋完善的。迄今为止，有关操纵稳定性的试验方法、性能指标要求等标准已基本成熟，目前各国采用的试验评价方法种类较多，有代表性的试验评价方法如表 4.7 所示。

2）驾驶员-汽车系统在紧急状态下的操纵稳定性及其试验方法

紧急状态是指驾驶员在行车中突然遇到意想不到的危险，必须在极短时间内作出判断，并采取回避措施时所处的状态。在紧急状态下，由于驾驶员心理的动摇，极易发生操作上的失误。这时，汽车的运动状态虽未超过稳定性界限也会发生事故，这可以看成是由于人-车系统工作失调所引起的。为了更切合实际地研究汽车在紧急状态下的运动情况，应该把驾驶员与汽车作为一个整体，即人-车系统来考虑。

研究人-车系统的运动时，遇到的困难是人的特性很难准确而统一地表达。特别是人在紧急状态下的动作行为和平时有很大不同，而且每一具体的交通事故都有其特殊的条件，很难在试验研究的条件下准确地再现事故当时的情况。为此，目前只能采用代替的试验方法来评

价人-车系统在紧急状态下的运动。这种代替的试验方法一般是给出一种比较苛刻的、近似于紧急状态的试验条件，在驾驶员有思想准备的情况下进行试验。

下面介绍两种试验评价方法：

（1）躲避障碍物能力试验

这一试验的条件如图4.9所示。假如汽车在直线行驶中突然遇到障碍物，设障碍物出现的距离，即躲避距离为 L，汽车前进方向的横向移动距离为 D，车道宽度为 W。上述各尺寸皆用标杆标出。

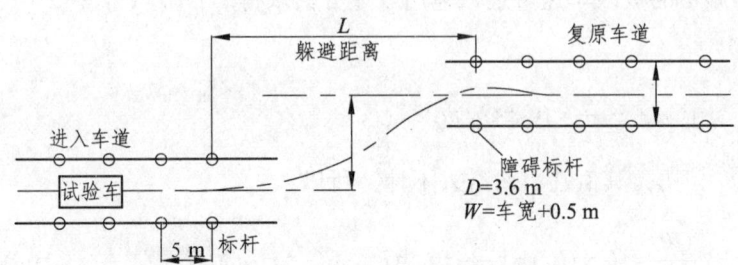

图4.9　人-车系统躲进障碍物能力试验

使试验车沿标杆标示的通路行驶，并规定不得使用制动器。以各种不同的车速及躲避距离 L 进行试验，对于每一种车速，以不碰倒标杆可以通过的最小躲避距离 L_{min} 来评价驾驶员-汽车系统的操纵稳定性。由试验的结果可知：低速时的躲避距离比高速时短得多。低速时的躲避动作需要方向盘的转角很大，所以最小躲避距离主要受驾驶员是否来得及转动方向盘的限制。在高速时躲避障碍物的主要限制是在绕过障碍物后，不容易返回原来的前进方向。有适度不足转向的汽车低速躲避障碍物的性能好。

（2）蛇行穿杆试验

沿直线等距离布置多个标杆，杆距根据汽车的类型而定，使汽车反复穿越所有的标杆，以不碰杆、不翻倾并能以最短时间穿越全程者为蛇行穿杆能力强。由于这种方法不对驾驶员的操作做任何限制，所以可在一定程度上反映出驾驶员-汽车系统转向运动的综合性能。

6. 提高操纵稳定性的主要措施

（1）动力转向

随着车速的提高、长途运输车载质量的增加以及驾驶员操纵舒适程度要求的提高，对转向轻便性的要求也越来越高。由于操纵转向盘既要做到动作灵活、轻便，还要有适当的路感，特别是低速转弯或紧急避让时能按驾驶员的意愿正确运行。其解决措施：一是靠转向器结构、形式来改善原有性能；二是借助动力转向机构。

（2）自适应感应器

汽车正常行驶中，当侧向风或路面不平产生的外力使车辆偏离行驶路线时，检测仪器自动检测偏移量，使执行机构动作，带动转向联动机构自动进行方向修正，以保持汽车原行驶路线。

（3）警报信号与控制系统

为了使车辆正常行驶，设计了许多警报控制系统，以提醒驾驶员注意操纵车辆或利用自动调节装置限制或修正车辆的运行状态。如在车辆的信号装置中设置车辆超速警告灯或设警示区域来提醒驾驶员；在某种发动机上设置一个速度控制开关，当车速超过限制时，停止供油；一些科研机构研制出车间距控制系统，使用微波雷达测量车距，对危险状态发出警告。

（4）四轮转向系统

四轮转向系统是由前后轮两套转向器组成，二者由中间轴连接，由前轮转角与车速或前轮转向力与车速作为后轮转向的控制信号。

（5）制动转向控制系统

减少事故率及其损失的方法中，制动加转向回避的效果要比单纯制动回避、单纯打转向回避好得多。为此研制出汽车旋转稳定装置（VSC），其原理就是在转弯的过程中，如车轮出现侧滑趋势，自动调整各轮的制动力，同时控制发动机输出功率，从而控制车辆旋转的可能性。

（6）驱动力自动调节系统

为了提高和改善车辆的转向性能，以及车辆在复杂路面上直线行驶的稳定性，美国、欧洲和日本等国家先后开发了不同形式的驱动力自动调节系统。其原理就是改变了普通车辆在任何运行情况下左右两侧驱动力都一样的情况、根据具体情况使内侧车轮驱动力向外侧车轮转移，从而产生转向力矩，同时使内外轮转速不一致。

4.2 汽车安全装置与结构

汽车的结构对车辆的安全性有较大影响。汽车的结构在设计上应适合驾驶者的心理与生理特点，按照人的有关特性进行布设，同时在发生碰撞事故后，车体结构应有缓解和吸收冲击能量的措施。现代汽车上一般都设有预防交通事故和减轻事故损害的安全结构，这对于保障车辆运行安全有着重要意义。

4.2.1 驾驶视野

驾驶视野是驾驶员行车时的视线范围。驾驶员在驾驶过程中，有80%的信息是靠视觉得到的，确保良好的驾驶视野是预防交通事故的必要条件。

1. 驾驶视野的种类及要求

1）按行车方向可分为前方驾驶视野和后方驾驶视野

前方驾驶视野是驾驶员在正常驾驶位置，透过前风窗玻璃和侧面的门窗玻璃所能看到的过眼点铅垂面（该面垂直于车辆的纵向中心线）前方180°的道路、车辆、行人等情况的能力。

后方驾驶视野是通过内后视镜和外后视镜看到的车辆后方情况的清晰图像，图像反映的范围，即为后方驾驶视野。通过内后视镜看到的为内后驾驶视野，通过外后视镜看到的为外后驾驶视野。

2）按是否利用后视镜分为直接驾驶视野和间接驾驶视野

驾驶视野受驾驶室结构限制，分为直接驾驶视野和间接驾驶视野。驾驶员通过车窗直接看到的外界范围称为直接驾驶视野，包括前方视区和两侧视区，其中前方视区最重要。对车辆后方情况需要借助后视镜观察,通过后视镜看到的后方视区称为间接驾驶视野。

驾驶视野的盲区可能导致交通事故。例如,图 4.10 为汽车右前方由门柱造成的盲区,当汽车在无信号交叉口向左转弯时,如从右向左直行的摩托车恰好进入该盲区内,汽车驾驶员便不知道有摩托车驶近,而摩托车却认为汽车应该避让。待摩托车脱离盲区时,距离汽车已经很近,驾驶员来不及采取措施,结果造成相撞事故。

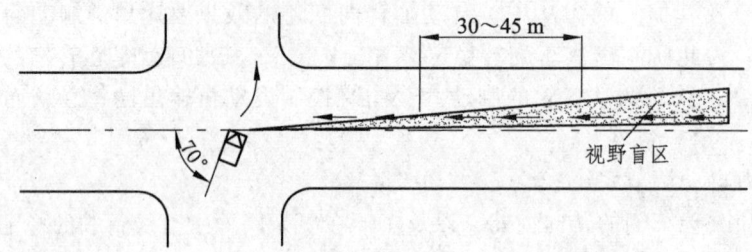

图 4.10 汽车驾驶员视野盲区与交通事故

汽车的驾驶视野取决于驾驶室车窗的尺寸、形状和支柱的结构、发动机罩与前挡泥板形状、驾驶室座椅的高度以及坐垫与靠背的倾角等。为保证恶劣天气时仍具有必要的驾驶视野,车窗上应装有雨刮器、除霜器等附加装置。为防止太阳光线对驾驶员造成眩目,驾驶室内应设有遮阳板。

2. 汽车最佳驾驶视野

1)前上方视区界限

汽车前方视区的上限是前窗上部窗框。前方视区上限应能保证驾驶员在交叉口前看见红灯信号后,确保在停车线之前把车停下。前上方视区界限扩展过大,虽有利于驾驶员对信号灯的观察,但会因太阳光线的直射使驾驶员眩目,妨碍对前方情况的观察。因此要把前上方视区界限控制在适当范围内。看清信号灯所需的前上方最小视角,取决于汽车制动后车头距信号灯的距离。

根据图 4.11,并参考表 4.7,制动距离与前上方最小视角 α 之间的关系可写成式(4.17)的形式。

表 4.7 为看清信号必需的前上方最小视角

速　度	20 km/h	40 km/h	60 km/h	80 km/h
前上方最小视角	18°30′	6°10′	3°22′	2°

$$\alpha = \tan^{-1}\left(\frac{H-h}{S+L}\right) \tag{4.17}$$

式中　α ——前上方最小视角,°;

　　　h ——驾驶员眼睛距离地面的高度,m;

　　　S ——可能的制动距离,m(该值可用人的反应时间 0.65 s、制动减速度 0.3 g 根据车速求出);

　　　L ——驾驶员眼睛与车头之间的距离,m;

　　　H ——信号灯的安装高度,m。

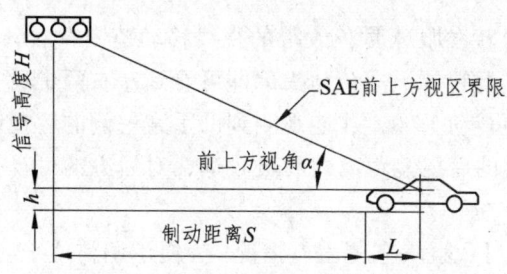

图 4.11 汽车前上方视区的界限

2）汽车前下方视区界限

汽车前下方视区界限取决于前窗下部窗框的位置。对于长头型的汽车，则取决于发动机罩的位置和形状，一般来讲降低前下方视区界限可以扩大前方视区，有利于驾驶员观察前方情况。但是，如果过分向下方扩大前方视区，则会对驾驶员产生不良的心理影响，反而不利于安全行车。

驾驶员靠挡风玻璃获得前方视野，对挡风玻璃的要求是其上部应具备防眩目装置，下部要有足够的前方视野，同时应遮断多余的不必要视觉情报，以减轻驾驶员精神负担。经试验研究发现，随着车速的提高，驾驶员眼睛对路面的注视点会逐渐移向远方。这时如果汽车的前下方视区界限过低，会使驾驶员感到精神紧张，甚至产生恐惧感，加速驾驶员的疲劳过程。汽车前下方视区界限过高会使驾驶员视野变小，前方盲区扩大，不利于驾驶员观察前方障碍物，同时会使驾驶员的速度感变差，容易不自觉地增大行车速度。在确定前下方视区界限时，要综合考虑各方面因素的影响。

3）汽车的间接视野

汽车的间接视野指通过后视镜看到的汽车侧后方的区域。在超车、倒车、转弯、制动等行驶状态下，保证汽车有良好的间接视野很重要。影响汽车间接视野的因素主要有后视镜的曲率、安装位置和尺寸。

一般汽车的车外后视镜都使用凸面镜，因为在同样外形尺寸条件下，用凸面镜比用平面镜看到的范围大。但凸面镜反射的形状失真，容易引起驾驶员对车速、距离判断错误。为兼顾可视范围和不失真两方面的要求，一般后视镜镜面的曲率半径应为 500～600 m 左右。

驾驶员靠后视镜获得车体两侧和后方视野，根据我国《机动车运行安全技术条件》的规定，大客车和大型平头货车，在左、右、前各装一面后视镜，其他汽车左右各装一面后视镜，美国正在研究用潜望镜和汽车电视来扩大后方视野。汽车上后视镜的安装位置主要有两种方式，一种是安装于挡泥板上，另一种是安装于两侧车门上，如图 4.12 所示。

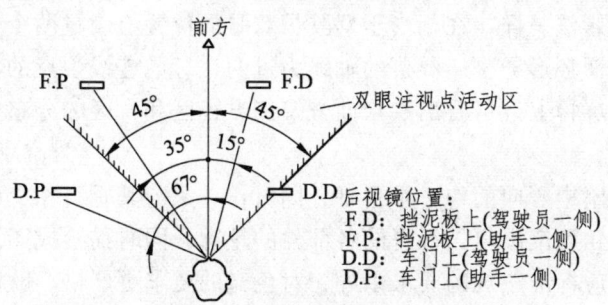

图 4.12 后视镜的安装位置

当人的头部不动，只转动眼球时，人眼的视线移动范围左右各约45°，因此，第一种安装方式便于驾驶员观察，驾驶员不需转动头部即可看到左右两个后视镜中的影像。对于第二种安装方式，驾驶员必须转动头部，才能观测到助手席一侧的后视镜，其安装方式不如第一种便利。安装于挡泥板上的后视镜距离驾驶员较远，对后方的可视范围略小于安装在两侧车门上的后视镜。

驾驶员通过后视镜，可观察汽车侧后方情况。为便于调整位于前挡泥板上的后视镜角度，有的汽车将后视镜做成远距离可调式的结构，以便驾驶员在驾驶室内便可进行调整。一些大型客车为了更好地观察车辆后方情况，在车后装置小型电视摄像机，将后方情况传至仪表板上的小型电视屏幕上供驾驶员观察。

后视镜的外形尺寸越大，对后方的可视范围也越大。但后视镜的外形尺寸太大，会形成过大的前方视野盲区，反而不利于行驶安全。

3. 驾驶视野的检测

视野检测的目的是检测车上各障碍物与眼点构成的盲区，以此评价视野的好坏。视野检测工作是随着视野标准、检测手段和技术的发展而不断改进的，归纳起来主要有下述四种类型和方法。

1）眼椭圆法

美国S.A.E.（汽车工程师学会）在20世纪70年代提出眼椭圆法。眼椭圆是眼睛与椭圆的组合词，之所以这样命名，是因为驾驶员在驾驶时，其眼球运动轨迹的分布范围呈椭圆状。

作图来表示视野时，常用到眼椭圆样板，用其绘出驾驶员左右眼椭圆的俯视图和侧视图，驾驶员的视线可用眼椭圆中心或从眼椭圆轮廓线上的某切点引向目标点的直线来表示，则可测出其视野范围。

2）摄影法

摄影法是在驾驶室内相当于驾驶员眼睛的位置上安装带有鱼眼的镜头（一种视角为180°的超广角镜头）的照相机，正对汽车前方拍摄照片，由照片即可看出汽车前方及侧方视区的范围。

地面摄影法在驾驶室内相当于驾驶员双眼的位置上安装两个小灯泡，灯泡点亮后，光线透过车窗投影到地面上。这样，地面上灯光照射的区域即为视区，阴影部分为盲区。

3）投影法

投影法与地面摄影法一样，在相当于驾驶员双眼的位置上设置两个小灯泡，在汽车的前方和侧方设置半圆柱面环形屏幕。屏幕的轴线为过两个灯泡连线中点的铅垂线。小灯泡光线透过车窗投射到环形屏幕上，可看出汽车前方及侧方视区和盲区的分布情况。

4）目测法

目测法是通过眼睛中心向前作一水平轴，同时作一条与其垂直相交的垂直轴，以该二轴为基准，分别从多个角度读出阻挡视野的各部件的轮廓，同时描绘成图。对信号灯具的要求除配光性能应遵守相应标准法规的要求以外，对色光的要求更严格。欧洲ECE/EEC法规规定的灯具测量屏幕如图4.13、4.14所示。

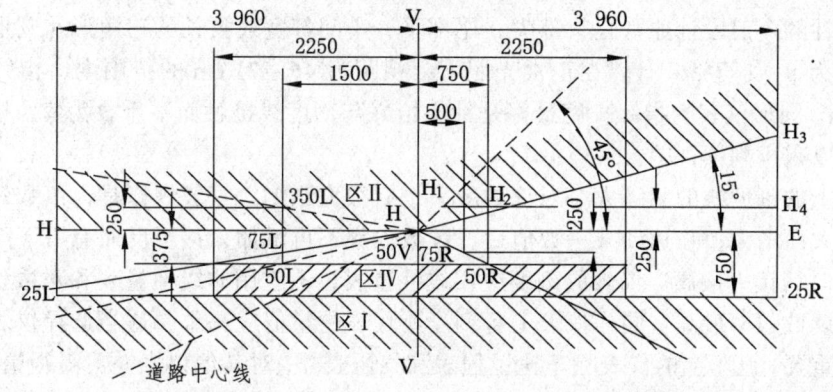

图 4.13 ECE/EEC 要求的前照灯测量屏幕（尺寸单位：mm）

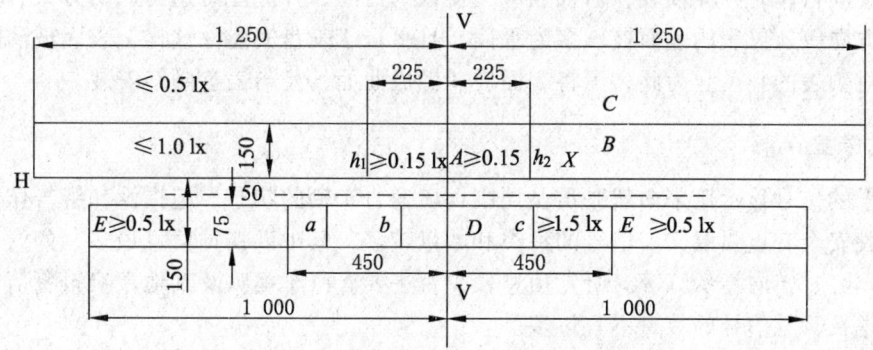

图 4.14 ECE/EEC 法规要求的前雾灯测量屏幕（尺寸单位：mm）

4.2.2 车辆的视觉显示系统

车辆的仪表与信号显示是视觉信息的重要来源之一，对保证汽车行驶安全有重要意义。仪表与信号的设计要考虑人的感、知觉和思维的特点及大多数人的习惯，以达到醒目和判断准确、迅速、方便的目的。

1. 车辆的仪表

车辆的仪表用来向驾驶员表示汽车的行驶状态及主要构件的工作状态。一般汽车上的仪表主要有车速-里程表、电流表、水温表、燃油表、机油压力表（对于气压制动的汽车）。这些仪表各自感应某一物理量并经过转换、传送、指示等工作过程，将测量的数值显示出来，便于驾驶员及时、准确地了解车辆的工作和行驶情况。汽车高速行驶时，需要驾驶员注意观察的外部信息量很大，驾驶员不可能用过多的时间去观看仪表显示。因此，仪表的形式、安装位置等必须易于观察判读，使驾驶员用眼一瞥即可正确读出仪表指示。

影响仪表读数效率的因素除仪表的设计形式外，还有仪表的布置飞指针形状、刻度间隔、照明、表面玻璃的反光等。各种仪表的安装应尽量靠近，以减少判读时视线的移动。重要的仪表、如车速表、气压表应安装在最宜于观察的位置上。仪表板与视线最好成直角，至少不能小于 60°，小于该角度将会降低判读效率。

91

仪表指针的一般设计原则是头部尖，尾部平，中间等宽或狭长的三角形。圆形仪表指针的长宽比应为 8∶1 至 36∶1。在正常光照下，视距为 46～71 cm 的范围内，指针宽度可取 1.9～2.4 mm。圆形仪表的指针长度最好是针尖恰好与刻度线接触而不重叠为宜。指针应尽量贴近表面，以减少判读视差。

仪表盘上的刻度线的间隔大小对读数效率也有很大影响。一般规律是，读数效率随刻度线间隔的增大而增大，在达到某一数值后，读数效率不再增加，甚至反而有所下降，当视角为 2.5°～5° 时认读率最高。仪表的刻度应用线性量表，不应用非线性量表和对数量表，数字显示仪表的读数效率最高。同一仪表上各刻度所代表的量值应一致。适当选择仪表刻度线之间的距离很重要。汽车上的仪表除车速里程表和气压表外，对其他仪表并不需很精细的指示，所以刻度线之间的距离都比较大。

为了夜间行车时判读仪表，对仪表应有良好的照明，并应注意选择照明方式、亮度、光色、照明方向等。仪表的表面玻璃多为平面，且平行于表盘安装。这样，表面玻璃反射的光线会干扰对仪表的判读。为此，可将表面玻璃做成曲面，且与表盘倾斜安装。

2. 信号显示

汽车上的信号显示用来向驾驶员及周围环境通告车辆的状态，起提示和警告作用，对保证汽车行驶安全有重要意义。信号的种类和数量较多，其中以视觉信息最多，如汽车的制动信号灯、尾灯、转向指示灯等。听觉信息较少，主要有汽车喇叭及其他声响报警信号。同时出现的视觉及听觉信号的数量不宜过多。

信号灯既要醒目，又不致引起眩目。一般表示危险的视觉信号用红色，如制动信号灯及尾灯，用以警告后续车辆注意，避免发生尾撞。提示信号灯用黄色或橙色，如转向指示信号。为了更加引起周围环境的注意，转向指示信号灯往往有一定频率的闪烁，有的还同时配以音响信号。

为防止追尾撞车事故，驾驶员必须及时把握前车行驶状态的变化，同时又要注意提醒后续车辆注意本车的存在和行驶状态。这些信息主要靠汽车的尾灯和制动灯来传递。从保证交通安全的角度来看，尾灯和制动灯要色彩鲜明，易于识别。也就是说，既能使后读车很快发现，又不致将尾灯与制动灯混淆。但如把制动灯误认为是尾灯然后再纠正过来，反应的时间将大大增加，因而易发生追尾撞车事故。

车内各种报警装置用来向驾驶员报知本车的不安全状态，这对于保证安全行车有积极的作用。国外生产的汽车大都装有各种有音响的或灯光的报警装置，如气压报警或制动液面报警、超速报警、车门未关严报警等。我国《机动车运行安全技术条件》中规定，车辆必须设置危险报警闪光灯，车内的各种报警信号，如气压报警灯、车门报警灯、燃料报警灯等，要安装在易于观察的位置，使驾驶员不必转动头部和身体就能看到。

4.2.3 驾驶员的工作环境

驾驶室内的环境应保证驾驶员工作舒适，且有必要的活动空间，使驾驶员能够保持良好的情绪和状态，确保行车安全。

1. 减少噪声的措施

驾驶员长时间在噪声条件下工作，除听觉受到影响外，还会引起中枢神经系统功能失调及注意力下降等现象。车内噪声主要来自发动机噪声、风噪、车身共振、悬挂噪声及胎噪等五个方面。车辆行驶中，发动机高速运转，其噪声通过防火墙、底盘等传入车内；汽车在颠簸路面行驶产生的车身共振，或高速行驶时开启的车窗产生共振都会成为噪声；由于车内空间狭窄，噪声不能有效地被吸收，互相撞击有时还会在车内产生共鸣现象；行驶中，汽车的悬挂系统产生的噪声以及轮胎产生的噪声都会通过底盘传入车内；悬挂方式不同、轮胎的品牌不同、轮胎花纹不同、轮胎气压不同产生的噪声也有所区别；车身外形不同、行驶速度不同，产生的风噪大小也不同；在一般情况下，行驶速度越高，风噪越大；由于设计的原因，汽车风阻系数无法改变，也很难彻底有效地降低风噪。常用的降低车内噪声的方法如下：

（1）利用引擎盖防火隔音。它最主要是吸收引擎运转时的噪声。

（2）利用车厢内中央底板、后车厢底板的制振及防潮吸音。最主要的功能是处理在高速行驶时钣金件振动共鸣，及由轮胎传入的路面噪声和排气声导入后箱的共鸣音压。

（3）利用车门体钣金减振吸音。可降低行车时，车门钣金因较薄生成的共振，或是因车龄老旧、长期在崎岖路面行驶，由金属疲劳与车身扭动而生成的杂音，并有效帮助改装音质较好的音响喇叭后的音色质量。

（4）利用车门内饰板隔音。可降低行车时，门内饰板因与零件松脱造成的杂乱噪声，有效改善音响系统在内饰板上引起的不规则振动噪声，是提高音响质量的最佳施工部位。

（5）利用车门隔音密封条。最主要的是加强车门和车体门框的密封，有效减低车辆高速行驶的风切声，最主要是让车厢内的气密性更佳，使用后在车门关闭时可明显感觉到高档轿车的压耳感，这也是检验车辆驾驶舱密封性能最简捷有效的方法。

（6）前后轮弧及翼子板减震是底盘噪声最常传入的地方，行驶时减振器所导入之异音，轮胎与路面及碎石与钣金件所生成的摩擦及撞击杂音通过前后轮弧及翼子板的振动很轻松地就传入到驾驶舱。在这些部位采取减振吸音后能明显降低因路面与减振器所引起的噪声。

2. 驾驶室内的空气调节

要使驾驶员和乘员在各种情况下都保持舒适状态，给驾驶员造成比较舒适的工作环境，驾驶室内的空气系统是极其重要的一个方面。驾驶室内的空气调节包括温度调节和空气流通，影响人体舒适的因素有噪声、振动、减速度、一氧化碳浓度、二氧化碳浓度、温度、湿度和风速，其中温度、湿度和风速称为舒适感觉的三要素，因而空气调节系统的设计目标就是要使室内空气的温度、湿度和流速等指标保持在一定的范围之内。

（1）车内应有足够的新鲜空气，以防止乘员疲劳、头痛和恶心。一般来说，每一位乘员冬季所需的空气更换量约为 $20 \sim 30 \text{ m}^3/\text{h}$，夏季的空气更换强度应比冬季高 2～3 倍，室内一氧化碳的含量不应超过 0.01 mg/L，二氧化碳的含量则不宜超过 1.5 mg/L。

（2）车内空气流动应均匀，平均流速约 0.25 m/s。

（3）冬季希望室内温度能保持在 10 ℃ 以上，夏季为 20～26 ℃，至少应使室内外温差达到 5 ℃ 以上。

3. 保证驾驶室内的活动空间

驾驶室不仅是驾驶员工作的场所，还是临时的休息处。驾驶室如果过分狭小会使驾驶员感到压抑不快，影响驾驶员的情绪。因此，驾驶室内的座椅、操纵机构等的布置及空间尺寸都应以驾驶员的活动为中心，从操纵性、舒适性和安全性的角度出发进行与车辆总体布置相适应的设计。座椅高度和倾斜度应可以调节，以满足不同身高驾驶员的需要。操纵机构应以省力、方便、利于操作为设计目标。

4.2.4 汽车安全防护装置

4.2.4.1 减轻行人受害的结构措施

在交通伤害事故中，汽车碰撞行人而使行人受到严重伤害的事故占有很大比例。汽车与行人相撞是个复杂的问题。相撞时行人的姿势、汽车与行人接触的部位等对伤害情况有很大影响。

汽车与行人相撞过程中，行人将受到三次严重碰撞。一次碰撞是汽车的保险杠撞击行人的腿部，发动机罩撞击行人的腰部。对于成年人，由于人体受到的冲击力作用在人体重心以下，所以碰撞后人体围绕重心发生回转运动而被抛上发动机罩，并在其上滑动，头部将碰触前挡风玻璃。在这个过程中，行人受到二次碰撞。最后，行人从发动机罩上落下，与路面三次碰撞或受到车轮的辗轧。

为了减轻被害行人的伤害程度，在设计车身时，以下介绍针对被撞行人受到的三次碰撞采取相应的结构措施。

（1）减轻一次碰撞伤害。为实现这一目的，多采用能量吸收式保险杠，它由保险杠外板、能量吸收体和骨架构成。低速碰撞时，它能够对行人起到保护作用，并能避免汽车重要部位的损坏，从而减少维修费用。

（2）减轻二次碰撞伤害。根据日本比绍公司的调查，用考虑伤害程度和频率的伤害重要度进行比较时，二次碰撞造成的头部伤害最大，如表4.8所示，与风窗玻璃框架碰撞造成的后果最严重。

因此，可在前风挡玻璃周围及发动机上部布置弹性材料，来缓解对行人的伤害。

（3）减轻三次碰撞造成的伤害。对第三次碰撞防护，一般在车前部设置防止行人摔到路面上的救护网等接收装置。除此以外，为了防止行人及自行车等被卷入后车轮下，我国《机动运行安全技术条件》中规定全挂列车的牵引车和挂车之间应加装安全防护装置，在大型载重汽车前后轮间安装防护栅，以及在汽车拖带挂车时，在汽车与挂车之间安装防护栅等安全装置也是必要的。国外正研究一种能将车轮下的行人推出以免遭受辗轧的救护装置。

在行人保护措施中，防止车外的凸出物对行人的伤害也很重要。在车身设计时，尽量将门把手等装置设计成内凹式，采用具有缓冲机构的后视镜等措施，以利于减轻对行人的伤害。

表 4.8 伤害的重要程度

负伤部位	伤害的重要程度		
	车辆造成的伤害	路面造成的伤害	总的伤害
头 部	40.7	12.3	53
颈 部	0.7	0.2	0.9
胸 部	7.3	4.0	11.3
上 肢	3.4	1.3	4.7
腹 部	0.3	0	0.3
腰 椎	0.2	0.1	0.3
骨 盆	1.7	0.4	2.1
下 肢	25.5	1.9	27.4
合 计	79.8	20.2	100

4.2.4.2 减轻乘员受害的结构措施

汽车是一个具有复杂结构的高速运动的物体，由于道路交通状况等诸多因素的影响，汽车发生碰撞时，其碰撞形式各不相同，主要有三种形式：正面碰撞、侧面碰撞及后面碰撞，另外还有车碰行人与翻车等。发生车对车、车对固定物体碰撞或翻车等类型的交通事故时，车内乘员会受到伤害。

图 4.15 为车对固定物体发生正面碰撞时，乘员在驾驶室内受害的情况。碰撞部位附近的车身发生变形，汽车产生非常大的减速度，在数百微秒乃至数十微秒的瞬间停止运动。此时，车内乘员在惯性力作用下，仍以原有速度相对汽车向前运动，最后撞在车内结构物（如方向盘、仪表板、风挡玻璃等）上。汽车撞在固定物体上可称为一次碰撞，乘员撞在车内结构物上称为二次碰撞。车内乘员的伤害程度取决于二次碰撞的程度，二次碰撞的减速度越大，受害越严重。当汽车发生其他类型的碰撞事故，例如尾撞、侧面碰撞时，乘员的伤害情况与此类似。

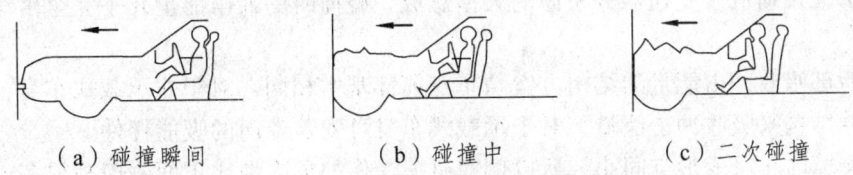

（a）碰撞瞬间　　　　　　（b）碰撞中　　　　　　（c）二次碰撞

图 4.15 汽车撞固定物体时车内乘员的伤害

此外，在发生事故时，如果驾驶室变形很大，可能危及车内乘员的生存空间，而使乘员受害。为减轻车内乘员在汽车碰撞事故中的伤害，可从增加驾驶室的强度、增加车身前后部吸收冲击的能力以及降低二次碰撞的减速度等方面着手。

1. 保护乘员生存空间的结构措施

1）提高驾驶室的变形强度

驾驶室坚固可靠是保证乘员生存空间的最直接、最有效的方法，特别是在发生侧面碰撞和翻车事故时，坚固的驾驶室是保证乘员安全的主要手段。为减少驾驶室在事故中的变形，保证车内乘员有足够的生存空间，可提高窗框、门框、驾驶室前后壁顶棚、车门等处的变形强度。

车身结构设计的基本思想是利用车身的前、后部有效地吸收碰撞能量，车室要坚固可靠，确保乘员的有效生存空间。图 4.16 表示通过车身前部或后部的变形，来吸收碰撞时产生的冲击能量，并把冲击载荷加以分散。这样便减轻了驾驶室部分受到的冲击，同时，对整个汽车也起到缓冲作用。

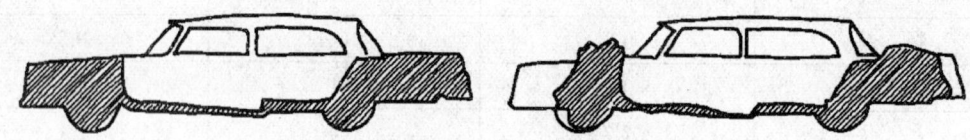

图 4.16　车身前后的缓冲作用

2）加强车身前部与后部吸收冲击的能力

汽车前部构件的碰撞能量主要依靠物件的弯曲变形和压溃变形来吸收。汽车前部如发动机、变速箱、差速器等质量较大，是不产生变形的部件，在发生碰撞时，并不吸收能量，从而车身的压溃变形量小，为防止这些部件侵入驾驶室，必须采取相应措施使其向下转移。对于小客车，为了减少在碰撞时驾驶室受到的冲击，可加强车身前后吸收冲击的能力。

良好的能量吸收特性，包括两方面的含义：一方面，汽车的前部结构要尽可能多地吸收撞击能量，使作用于乘员上的力和加速度降到规定的范围内；另一方面，控制受压各部件的变形形式，防止车轮、发动机、变速箱等刚性部件侵入驾驶室。计算表明，当汽车以 80 km/h 车速发生正面碰撞事故时（例如两车迎面相撞或汽车撞在固定物体上），汽车前部如能吸收全部冲击能量的 70%，就可保证车内乘员的安全。为了吸收冲击能量，对于承载式车身，可在车身前部加装吸收能量的杆件，对于非承载式车身，主要靠前部车架的特殊结构来吸收冲击能量。

车身后部被撞时情况与前部碰撞基本相同，只是车内乘员受到的冲击比较小。此外，由于车身后部无发动机及变速器等坚固的大型总成，碰撞时的冲击能量几乎完全由车身后部变形来吸收。

车身后部吸收冲击能量的结构方案与车身前部基本相同。对于非承载式车身，可用车架后部的特殊结构来吸收冲击能量，对于承载式车身可安装专门的吸能杆件。

侧面碰撞时车身变形空间小，所以侧面碰撞受伤的危险性比正面碰撞高得多。为了加强乘员保护，车门、门槛和立柱都要设计成刚性结构。通过将侧碰力有效地转移到对车身具有保护作用的梁、柱、地板、车顶及其他部件，使撞击力被这些部件分散、吸收，从而极大限度地把可能造成的损害降低到最低程度。

2. 减轻乘员二次碰撞的结构措施

1）安全带

汽车座椅安全带是重要的乘员保护约束设施之一，在减轻碰撞事散中乘员伤害程度方面起重要作用。安全带具有安全可靠、价格低廉、安装简便的优点，而被各国生产厂家广泛采用。我国汽车安全带的生产和使用较晚，1989年国内的部分厂家才开始试制安全带，但发展速度较快，从1993年强制使用安全带条例开始实施，仅几年时间就完成了开发到汽车上的普遍装用。

安全带是将乘员身体约束在座椅上的安全装置，用以避免车辆发生碰撞事故时，乘员身体冲出座椅发生二次碰撞。事实证明，在正面碰撞、追尾碰撞及翻车事故中安全带对乘员保护效果较好，尤其可减少对乘员头部和胸部的伤害。

（1）安全带的分类

常用的安全带装置可分为两点式、三点式和全背带式。

① 两点式安全带包括肩带和腰带。肩带是用于限制乘员上躯体向前运动的安全带；腰带是用于限制乘员下躯体向前运动的安全带，多用于后排座椅和中间座椅。

② 三点式安全带包括腰肩连续带和其他三点式安全带。腰肩连续带既能防止乘员躯体向前运动，又能限制其上躯体过度前倾，是一种最常用的安全带形式。其他三点式安全带的作用与腰肩连续带相同，只是腰带和肩带部分是分开的。

③ 全背带式安全带其固定点多为4点，是在两点式安全带上在装两根肩带面成。全背式安全带对乘员保护性能最好，但实用性方面还存在一定问题，目前多用于赛车上。

（2）安全带的组成及各部件作用

安全带的种类较多，其主要组成部分一般有织带、带扣、卷收器和调节件。

① 织带。织带是构成安全带的本体，是一种由化学纤维编织而成的带，有足够的机械强度及适当的延伸率。织带直接与乘员身体接触，带宽一般约48 mm左右，厚度约1.1～1.2 mm。

② 带扣。用以结合或脱开安全带，要求结合牢靠，使用方便、省力。

③ 卷收器。卷收器的作用是在平时将安全带卷起收容起来，在使用时，调节安全带的长度，在发生碰撞事故时，承受拉力、约束住乘员的身体。根据作用方式的不同，卷收器可分为无锁止式、自动锁止式和紧急锁止式。无锁止式卷收器的作用方式是在织带全部拉出时保持束紧力的卷收器。自动锁止式卷收器的作用方式为可自由地将安全带拉出，但是，一旦拉出带子的动作停止，带子便立刻锁住，不能继续拉出。紧急锁止式卷收器的作用方式是安全带可自由地拉出或缩回，但当拉出带子的速度超过某一数值时，便立刻锁住，不能继续拉出。由于紧急锁住式安全带使用比较方便，在平时行车过程中，乘员的身体有自由活动的余地，目前被广泛采用。

④ 调节件。用于调节织带使用长度的部件。

安全带对于减轻乘员在事故中的伤害效果显著。国外的一项研究表明，使用安全带后，驾驶员负伤率可降低43%～52%，副驾驶员负伤率可降低37%～45%，使用三点式安全带，在车速低于95 km/h的情况下，可避免死亡事故。但是，在未使用安全带的情况下，即使在20 km/h车速下发生的正面撞车事故，也能引起驾驶员死亡。

2）安全气囊

安全气囊是现代车辆安全技术中高技术产品之一。其作用是防止乘员在事故中与方向盘、仪表板等车内结构物接触，从而避免因二次碰撞而受伤。安全气囊对乘员的保护效果总的说来不如安全带，但它与安全带配合使用可大大降低事故中乘员的伤害指数和驾驶员面部的伤害。据资料统计，安全气囊可使事故死亡率下降18%左右，与安全带配合使用可使事故死亡率下降47%左右。近几年，安全气囊在美国、欧洲及日本等国家的发展迅速，目前在我国也得到了应用。

（1）安全气囊的组成

安全气囊系统由传感器、气体发生器和气囊三部分构成。

① 传感器。传感器系统的功能是检测、判断汽车发生事故后的碰撞信号，以便及时启动安全气囊，并提供足够的电能和机械能来点燃气体发生器，按结构形式，主要有电子式传感器、机电式传感器和机械式传感器三种类型。

② 气体发生器。气体发生器是安全气囊系统中非常重要而复杂的一部分，目前最常用的是固体燃料式气体发生器和混合式气体发生器。

③ 气囊。主要由充气器总成、气袋、饰盖和底板4个部分组成。

（2）安全气囊的分类

根据保护的乘员位置不同可把气囊分为驾驶员气囊、副驾驶员气囊和其他乘员气囊等几种。根据保护碰撞的方式不同又可将其分为正碰撞气囊、侧碰撞气囊及其他气囊等。目前驾驶员及副驾驶员的正碰撞气囊已经得到广泛采用，侧面碰撞气囊的应用也越来越广泛，装备对全车乘员进行各种碰撞保护的气囊系统将是乘员保护系统的发展趋势。

（3）安全气囊的工作原理

安全气囊平时折叠收容于方向盘中央及仪表板下部。当车辆因发生事故而受到剧烈碰撞时，传感器触发气体发生器，后者产生大量气体充入气囊，使气囊迅速膨胀，挡在乘员与车内结构物之间，以缓和冲击并吸收碰撞能量，从而达到减轻伤害程度的目的。

在发生撞车事故前，乘员的运动是很快的，一般撞车0.03 s后乘员便开始向前冲出，驾驶员经0.05~0.06 s与方向盘接触。助手席上的乘员经0.07~0.08 s，与仪表板或前挡风玻璃接触。因而安全气囊的膨胀必须在数十毫秒内完成，才能发挥作用。图4.17为事故过程中人体与气囊相互作用的示意图。

目前驾驶员及副驾驶员的正碰撞气囊已经得到广泛采用。侧面碰撞气囊也越来越得到广泛采用。可以预见，装备对全车乘员进行各种碰撞保护的气囊系统，将是乘员保护系统的发展趋势。

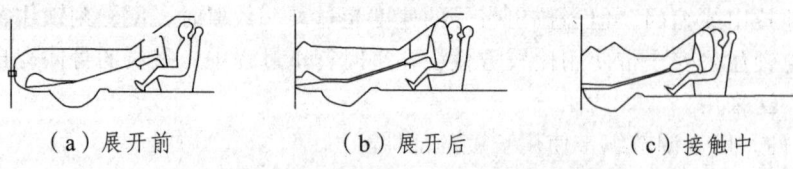

(a) 展开前　　　　(b) 展开后　　　　(c) 接触中

图4.17　事故过程中人体与气囊作用图

3. 减轻乘员伤害的其他结构措施

在汽车事故中，为减轻乘员受到的伤害，除上述安全带及安全气囊装置外，还有以下安全防护措施：

1) 安全转向柱

汽车发生正碰时，碰撞能量使汽车的前部发生塑性变形。位于汽车前部的转向柱在碰撞力的作用下向驾驶员的方向运动。这种运动的能量应通过转向柱以机械的方式予以吸收，以防止或减少其直接作用于驾驶员身上，造成人体伤害。另一方面，在汽车发生正碰时，驾驶员受惯性的影响有冲向转向盘的运动。驾驶员的运动能量一部分由约束装置如安全带、气囊等加以吸收，另一部分传递给转向盘和转向柱系统，这部分能量也要通过转向盘及转向柱系统予以吸收。所以，除满足转向器的常规功能外，还能有效地吸收碰撞能量，这就是安全转向柱的要求，近年来，能量吸收式转向柱得到了广泛应用。

能量吸收式转向柱的主要功能是吸收二次碰撞能量和驾驶员的部分惯性能量。能量吸收式转向柱除有足够的强度和刚度以保证正常的转向力传递外，还应在发生正面碰撞时可以被压缩，且在转向器系统中有能量吸收元件以吸收碰撞能量。

实践证明，在发生碰撞的交通事故中，能量吸收式转向柱在减少人员伤亡方面的作用是明显的。

2）安全玻璃

汽车发生碰撞事故后，前风窗玻璃的性能如何，对高速行驶的汽车安全性影响较大。前风窗玻璃在正常状态下应具有良好的视觉效果，发生碰撞后应能保证驾驶视野，并且玻璃破碎后不应对乘员造成大的伤害。

完好的挡风玻璃可以延缓火焰侵入驾驶室的速度，为营救工作赢得宝贵时间。

合理设计发动机罩的结构，在发生碰撞时，控制发动机罩的变形，使其在中部发生弯折，而其根部变形很小，这样可以减少挡风玻璃的破碎面积。

安全玻璃可分为强化玻璃（钢化玻璃）和夹层玻璃。在我国标准（GB 965—1996）中把安全玻璃分为 A 类夹层玻璃，B 类夹层玻璃、区域钢化玻璃和钢化玻璃。其中前风窗玻璃采用 A 类夹层玻璃，B 类夹层玻璃和区域钢化玻璃。

车内乘员撞击玻璃时受到的伤害有两种：一是因冲击加速度而形成的伤害；二是直接受到的划伤。因冲击加速度 g 而造成的伤害，一般用伤度指数 SI（Severity Index）来评价，即

$$SI = \int g^{0.25} dt \tag{4.18}$$

划伤用划伤指数 LI（Laceration Index）来评价。

汽车在中速和高速碰撞时，夹层玻璃对人脸造成冲撞受伤的程度比钢化玻璃的轻；车速较低时则相反。夹层玻璃的中间膜越厚，抗穿透能力越强。钢化玻璃受环境影响小，夹层玻璃的中间膜在环境温度变化时受影响。

3）防止燃料泄漏

防止燃料泄漏的措施包括：

（1）合理布置燃料箱位置。在小客车上，燃料箱最安全的位置是在后轴上方，因为可以受到左右两车轮的保护。对于载重汽车，因刮擦事故主要是发生在会车时，根据我国《道路交通安全法》的规定，汽车是靠右侧行驶的，所以会车时的相撞大部分是发生在双方左侧，建议汽车设计部门把汽车燃料箱位置设计在右侧。

（2）设计加油口时，要考虑撞车时的泄漏问题。

（3）燃油管的布置很重要，撞车时尽可能使其不受损伤，并且有几个变形自由度。

（4）采取具有阻燃性能的超高分子量聚乙烯塑料制作油箱，防止因撞车而发生的燃油箱爆炸。

4. 采用阻燃的内饰材料

发生火灾后，为了减缓火势蔓延使乘员有撤出的时间，车厢内部材料最好使用非易燃品。

对于大客车，要设安全门。《机动车运行安全技术条件》中规定，车长大于 8 m 或乘员多于 40 人的客车，如本身右侧仅有一个供乘客上下的车门，应设有安全门或安全出口。需用安全门时，不用其他器具即可将其向外推开。安全门（安全出口）上应有明显的红色标志，并有开启装置。同时，应备有便于取用的击碎出口玻璃的专用工具。这项规定 1989 年底以后生产的汽车必须执行。同时汽车应装备灭火器。

本章习题

1. 影响汽车制动安全性的因素有哪些？
2. 影响汽车操作稳定性的因素有哪些？
3. 驾驶室内的哪些环境与交通安全相关？
4. 减轻乘员二次碰撞的结构措施有哪些？

5 交通环境与交通安全

道路交通环境包括两类问题：一类是由道路交通正常运行行为所引起的对自然环境、资源、人类的危害；另一类是为使交通更好地运行并结合社会经济、政治、文化特点而人为创造出的景观。

5.1 交通危害

交通危害是指由交通行为所引起的对自然环境、资源、人类的危害。其由三方面组成：一是交通事故；二是噪声、振动和汽车排出的有害有毒气体；三是能源和土地资源的大量消耗。

1. 交通事故

近年来，道路交通事故频频发生，给社会及人民的生命财产带来巨大损失。并且随着经济的发展，汽车拥有量的增多，我国道路交通事故数居高不下，道路交通事故已成为一个重要的社会问题。

2. 有害气体、噪声和振动

1) 有害气体

机动车辆在行驶时排放有毒有害气体对空气环境造成了污染，其主要污染物有：一氧化碳（CO）、碳氢化合物（HC）、氮氧化物（NO_X）二氧化硫（SO_2），颗粒物质（铅化合物、碳烟、油焦物）及恶臭物质。它们大部分是有害有毒物质。有些还带有强烈刺激性，甚至有致癌作用。

（1）一氧化碳（CO）

CO 是无色、无刺激的有毒气体。CO 经呼吸道进入肺部被血液吸收后，能与血红蛋白结合成 CO—COHb（血红蛋白）。CO 与 COHb 的亲和力比氧大 250 倍，一经形成离解很慢，使血液失去传送氧的功能，发生低氧血症，因而导致人体内各组织缺氧。当人体 CO—COHb 含量为 20% 左右时就会引起中毒，当含量达 60% 时可因窒息而死亡。

（2）碳氢化合物（HC）

机动车辆排气中所含的碳氢化合物有百余种，其中大部分对人体健康的直接影响并不明显，但它是产生光化学烟雾的重要物质。排气中对人体健康危害较大的碳氢化合物主要是类（甲醛、丙烯醛）和多环芳烃。甲醛和丙烯醛对鼻、眼和呼吸道黏膜有刺激作用，可引起结膜炎、鼻炎、支气管炎等症状，它们还有难闻的臭味。甲醛刺激阈的主观指标 $2.4~mg/m^3$，当空气中甲醛浓度为 5 mg/m³ 时，接触的人立即出现血压降低倾向。甲醛还有致敏作用，使人发生变态反应疾病。此外，苯并[a]芘是一种强致癌物质。

（3）氮氧化合物（NO_X）

氮的氧化物较多，机动车排出的氮氧化物主要是 NO 和 NO_2，统称氮氧化合物（NO_X）。

NO 是一种无色、无臭的气体。它和血红蛋白的结合力比氧高 30 万倍，如果 NO 侵入人体与血红蛋白相结合，就会造成体内缺氧，严重时可引起意识丧失，甚至死亡。NO 本身对呼吸道亦有影响。因此，NO 对健康的影响是不容忽视的。

NO_2 是棕色气体，有特殊的刺激性臭味。NO_2 被吸入肺部后，能与肺部的水分结合生成可溶性硝酸，严重时会引起肺气肿。

（4）二氧化硫（SO_2）

SO_2 是一种无色气体。空气中 SO_2 浓度达 1~3 mg/m³ 时，大多数人都会有感觉，当浓度再高一些时便感觉有刺鼻的气味。由于 SO_2 的高度可溶性，大部分可被鼻腔和上呼吸道吸收，很少达到肺部。

SO_2 对植物有危害，如温州蜜桔开花期，受浓度 8.58 mg/m³ 的 SO_2 影响 6 h 便产生伤害症状，在果实成熟期，受浓度 14.3 mg/m³ 时的 SO_2 影响 24 h 便产生伤害症状。

（5）颗粒物

机动车排气中的颗粒物主要有铅化物微粒和燃料不完全燃烧而生成的碳烟粒等。铅进入人体后主要损害骨髓造血系统和神经系统，对男性的生殖腺也有一定的损害，如果采用无铅汽油，铅化物微粒影响便可基本消失。碳烟主要是危害人体的呼吸系统。

2）噪声

交通噪声主要源于汽车发动机声音、喇叭声音、轮胎与路面摩擦的声音，与交通量、车速、道路坡度、路面平整度和交通管理有关。在我国，小汽车、吉普车喇叭噪声为 82~85 dB；载重车、公共汽车的噪声为 89~92 dB；汽车喇叭声高达 105 dB。交通噪声危害主要是造成人的听力疲劳或听力损伤，噪声会影响人们的睡眠质量和时间，严重干扰人们的生活，另外，噪声还会对生理和心理造成影响。

研究表明，一个人每天如果受到 80 dB 以上噪声的影响，久而久之，他的听力会明显下降；如果短时间受到 100~125 dB 噪声的影响，耳朵会暂时变聋；如果受到 150 dB 以上噪声的冲击，耳朵会永远失去听力。研究还表明，当受到 95~110 dB 噪声的刺激时，会导致血管收缩、心率改变、眼球扩张，噪声停止后，血管收缩还会持续一段时间，影响血液正常循环。

3）振动

振动是因汽车行驶时针对路面的冲击面引起的，擦动通过人体各部位与其接触而产生作用，根据振动作用范围的不同，对人体的影响可分为全身振动和局部擦动两种。振动对人体的影响主要决定于振动的强度，其次与振动的暴露时间有关，当振动大到一定程度人就会感到不舒适，当振动继续增强，人对振动产生心理反应的同时会产生生理反应，人的神经系统及其功能受到不良影响。

3. 能源和土地资源消耗

大量汽油、柴油的使用，造成不可再生资源的大量消耗，给人类发展带来影响。各工业发达国家汽车运输的能源消耗约占各种运输方式能源消耗的 70%~80%，占石油消耗量的

40%~70%。我国用于汽车运输的汽油消耗量占总量的90%,柴油消耗量占总量的10%~15%。大量用地被道路、汽车占用,引起土资源消耗。据统计,四车道高速公路及一级公路的建设,每公里占用土地75亩(5公顷)左右,一般耕地约占70%~90%,六车道高速公路占地更多。

5.2 道路景观

道路景观是从美学观点出发,在满足交通功能的同时,充分考虑道路空间的美观,用路者的舒适性,以及与周围景观的协调性,让使用者(驾驶员、乘客以及行人)感觉安全、舒适、和谐的道路景色。道路景观的设计涉及城市规划、环境设计、建筑及空间设计、道路美学、园林学、环境心理学等学科知识。

5.2.1 道路景观的构成要素

道路景观由道路、绿化、建筑、照明要素构成。

1. 道 路

道路是城市形象的第一要素,也是形成道路空间、景观的本体性要素。道路的特征、方向性、连续性、韵律与节奏、道路线形的配合及断面形式特点,构成了这一要素的基本内涵。

2. 绿 化

绿化在视觉上给人以柔和而安静的感觉,并把自然界的生机带进了城市。它的形状、色彩和姿态具有可观赏性,丰富了道路的景观,有助于创造优美的视觉环境,提供舒适的行驶条件。

3. 建 筑

现代城市中,街道上建筑艺术的视觉效果与道路的交通性质、交通组织和交通管理有密切关系。城市道路景观,我们可以看成是路和建筑与其他元素组成的景观。

4. 照 明

作为城市道路,照明是必不可少的设施,它对保证夜间通行条件和行人安全起着重要作用。夜间照明的功能既是"照明",又是通过五光十色的装饰照明去体现道路夜间景观的魅力,照明已成为夜间重要的景观要素。

5.2.2 道路景观安全作用

1. 道 路

道路线形是影响道路景观的一个重要方面。直线线形带有很明确的方向性,给人以简洁明了之感,但直线形道路从车行道或人行道的视线上看比较单调、呆板,静观时路线缺乏动感,容易使驾驶员注意力不集中,容易产生事故。曲线线形流畅,具有动感,在曲线上行驶可以很清楚地判别方向变化,看清道路两侧景观,并可能在道路前方封闭视线形成优美的街景,有利于驾驶安全。而且曲线容易配合地形,同时可以绕越已有地物,在道路改造时容易结合现状。纵断面线形对路用者视觉及街景变化也有影响,尤其凸形竖曲线对道路景观影响较大。在道路设计中尽可能采用较大的竖曲线半径,以避免产生街景的"驼峰点",导致景观不连续而破坏道路空间序列,引起驾驶的不舒适感。

图 5.1 所示的道路线形设计合理,充分考虑了视距要求,驾驶员看到的曲线恰好落于上述矩形范围内,从而使驾驶员在不需要移动视线或转动头部的情况下即可充分了解道路及交通情况,同时也提高了行车舒适性、减少了行车疲劳和紧张感。图 5.2 是表示平曲线转角变大的道路线形,部分曲线已落于矩形范围之外,导致驾驶员看到的路线不连续,为此必须移动视线或转动头部才能看清全部曲线上的道路及交通情况,这无疑增加了行车难度和危险性。

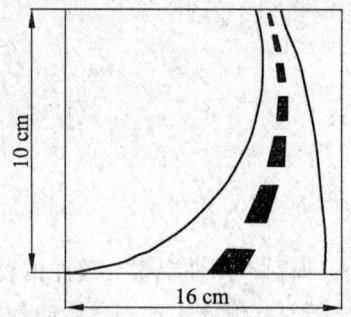 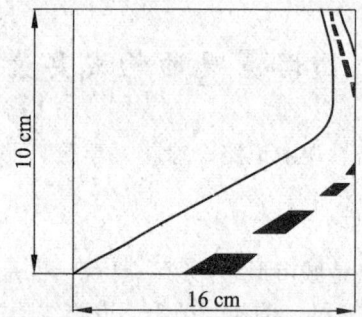

图 5.1　曲线全都落入清晰视距矩形范围内　　图 5.2　曲线部分落入清晰视距矩形范围外

2. 绿　化

道路景观是由多种景观元素组成,各种景观元素的作用、地位都应当恰如其分。一般情况下,绿化应与道路环境中的景观诸元素协调,应该让用路者从各方面来看都有良好的效果。有些道路绿化成了视线的障碍,用路者看不清街道面貌,从街道景观元素协调来看就不适宜。绿化应具有诱导视线、防眩、缓冲、遮蔽、协调、指路标记、保护坡面、沿线保护等安全功能。

如图 5.3 所示,在弯道中央分割带种植树木,应在夜间行车时,能遮挡对向车灯光线,避免产生眩光。

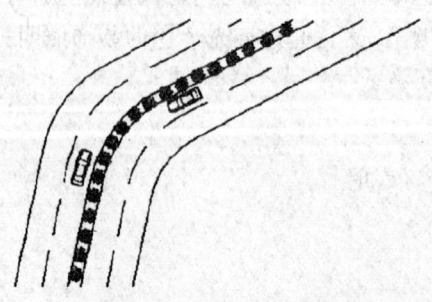

图 5.3　种树防眩示意图

3. 建　筑

一条道路景观的好坏，建筑是否与道路协调是最主要的因素，而建筑与道路宽度的协调则是关键。不同交通性质道路的建筑高度 H 与道路宽度 D 的比例关系不同，一般认为 $1 < D/H < 2$ 时，既具有封闭空间的能力又不会有压迫感。在这种空间比例下的步行和驾车可取得一定的亲切感和热闹气氛，而且绿化为两侧建筑群体空间提供了一个过渡，使两侧高大建筑群之间产生了一种渐进关系，从而避免了两侧建筑群体的空间离散作用，不会使人感到突然和单薄。对于商业街 D/H 宜小，这样空间紧凑，显得繁华热闹，而居住区需要对建筑群有一定的观赏机会，这种比例就应大些；交通干道的道路宽度较大，建筑物的尺寸、体量也会较大，而且高低错落，这时可按低的建筑高度 $D/H = 1/4$ 来控制，这样可以看清建筑的轮廓线，让人有和谐明朗的印象。

4. 照　明

道路景观的亮化主要指道路夜景的统一设计和管理道路两侧建筑立面的橱窗、霓虹灯以及绿化的地灯等统一设计，是烘托建筑轮廓线，亮化道路的夜景观。道路景观照明，千姿百态的路灯设施照亮且美化了城市，五光十色的灯光形成了城市夜晚一道亮丽的风景线。照明除了给人好的视觉且效果外，还具有安全功能，它可以指示道路方向和道路标记。但不好的照明设计会引发眩光，产生事故。

5.3　交通环境保护

交通环境保护是指采取工程技术措施来解决交通环境问题，达到控制环境污染，合理利用，保护自然资源的目的，通过利用公路工程、环境工程和系统工程等综合方法，寻求解决道路交通环境问题的最佳方案，使道路交通建设与环境建设相协调，达到社会经济可持续发展的目标。

5.3.1　交通环境保护原则

道路交通环境保护应执行国家环境保护法规及有关规范。为使环境保护工作取得成效，应遵循下列原则。

1. 以防为主、防治结合

道路交通环境保护最有效的措施是进行合理的路网规划和布局，将环境影响降至最低程度。在此基础上，采取必要的环境治理措施，实现环境保护目标。

2. 执行环境影响评价制度

编制环境影响报告书或环境影响报告表是国家对建设项目（包括新、改、扩建）实行强制性环境保护管理的制度，是对建设项目从环境方面做可行性研究报告，对建设项目具有一票否决的作用。环境影响报告书或报告表是建设项目工程设计中的环保工程设计、环境保护设计、施工期和营运期的污染防治措施及环境管理的依据。为了更好地执行环境影响评价制度，1996年7月交通部颁发了《公路建设项目环境影响评价规范》(JTJ005—96)，但由于交通行业环境影响评价工作开展时间较短，关于道路项目环境影响评价的技术方法、工作内容及其管理等正在研究完善之中。

3. 综合治理

环境综合治理有两层含意：一是必须采取法律的、行政的、技术的、经济的综合措施来实现环境保护；二是为防治环境污染，改善环境质量应考虑多种技术措施结合治理，以达到环境保护最佳效果。

4. 技术、经济合理

实施环境保护措施时，应做多方案分析论证、以达到技术可靠、经济合理，使环境效益和社会效益达到最佳。此外，还应使环境措施可能产生的负面影响达到最小，或为防止负面影响而进行的投资最小。

5. 实行"三同时"原则

根据国家《建设项目环境保护管理办法》的规定，经环境影响评价及有关部门审批确定的环境保护措施，如管理处、生活服务区、收费站等的污水处理设施及其他环保设施，应与主体工程同时设计、同时施工、同时投入营运。由于道路交通噪声对环境的影响与交通量有关，根据环境影响预测评价。噪声防治设施可采取分期实施方案。

6. 加强环境管理

管理工作是环境保护的关键。在我国，由于道路交通环境保护工作开展较晚，环境管理亟待加强。首先应建立和健全各级环境保护机构，明确职责；其次是制定相关环境管理法规，明确道路交通建设各环节的环境管理要求与目标，使环境保护工作切实有效。

（1）燃料掺水

燃料掺水后在汽缸中燃烧时，由于水具有较高的比热，尤其是水蒸气的生成要吸收大量潜热，使燃料最高温度下降。同时水蒸气稀释燃气降低了氧浓度，因而使NO_X的产生量减少。

（2）采用无铅汽油

采用无铅汽油，可以杜绝汽车排气的铅污染。

（3）汽油裂化处理

汽油裂化为可燃气体，使汽油裂化为可燃气体的方法也称汽油裂化前处理方法。该方法是将液体燃料经裂化汽化器转变为可燃气体后，送入气体发送机工作。由于可燃气体与空气形成的混合气体较均匀，燃烧完全，可使空气污染物的排放量减少。

7. 改进发动机结构及有关系统

（1）分层燃烧系统

在分层燃烧系统中，使进去气缸的混合气浓度依次分层，在火花塞周围充有易于点燃的浓混合气以保证可靠的点火，在燃烧室的大部分区域充有稀的混合气体。这样，燃烧室内总的空燃比平均在 18∶1 以上，可减少 Ca 和 N 的排放量。

（2）均质稀燃技术

均质稀燃技术是对现有发动机稍作修改，改进燃烧室的形状、结构，以改善混合气的形成与分配。实现该技术的实例有丰田的扰流发生罐，三菱的喷流控制阀系统及火球型燃烧室等。这些实例的共同特点是在实现稀混合气稳定燃烧的同时，力求增大燃烧速度，以实现快速燃烧，获得高的热效率和降低排污量。

（3）汽油直接喷射技术

发动机采用汽油喷射系统的最大优点是使各缸的喷油量非常均匀，并且能按照发送机的使用状况和不同路况，精确地供给发动机所需的最佳混合气空燃比。它可以在较稀的混合气条件下工作，从而减少 HC 和 CO 的排放量。

（4）电子控制发动机

电子控制发动机系统主要控制的参数是混合气的空燃比和点火时间，也可以控制二次空气喷射及废气循环等，从而减少 CO，NO_X 的排放量。

（5）化油器的净化措施

化油器对混合气的空燃比有直接影响，改进化油器的结构及使用调整，对减少排气中的 CO、HC 和 NO_X 有重要作用。

8. 发动机外安装废气净化装置

当对发动机本体进行改进，尚不能符合汽车排气标准时，可安装机外净化装置，使其符合汽车排气标准要求。机外废气净化装置常见的有二次空气喷射、热反应堆、氧气催化反应器、三元催化转换器等。

9. 控制油料蒸发排放

油料蒸发排放的有害气体是 HC，蒸发排放的部件主要有曲轴箱、油箱、化油器，所以在进行控制油料蒸发排放时，就应从曲轴箱油料蒸发控制及油箱和化油器油料蒸发控制着手。

10. 加强和改进道路交通管理

减少道路交通对环境空气的污染，应从以下几个方面加强和改进对道路交通的管理：

（1）加强对道路的养护，使道路保持平整，保证汽车在良好的路况下行驶，减少排放有害气体；

（2）加强汽车保养管理，以保证汽车安全和减少有害气体的排放量；

（3）制定各种机动车辆的废气排放标准，控制机动车辆的废气排放量；

（4）限制拖拉机、载重柴油机在城市市区道路上行驶；

（5）取消道路上各种关卡和收费站，减少车辆的怠速状态；

（6）改善城市交叉口的通行条件和交通干道的通行条件，以减少有害物质的排放；

（7）加强油料质量管理，防止产生严重污染的劣质油料上市；

（8）加强道路两侧绿化，种植能吸收 CO、HC 和 NO_X 等有害气体的树种，以减少道路交通大气污染的范围。

5.3.2 道路交通振动防治

道路交通激振引起道路两侧地面振动,会给人体、建筑、精密设备和文物等产生影响。道路交通振动的防治较为困难,根据国际、国内经验,道路交通振动防治可以采取下列措施。

1. 控制道路与敏感点的距离

振动在地面传播时,其振动强度随传播距离衰减较快。一般情况,道路交通振动传至距路边 30 m 左右便不会有太大的影响,传至 50 m 便可安全。对于有特殊要求的敏感点如天文台、文物古迹等,可根据相应的振动标准控制路线与这些地点的距离,这是唯一可行的措施。

2. 降低道路交通振动强度

降低道路交通振动强度的措施有两种:一是提高和改善路面平整度,由于路面的不平整是道路交通振动的主要激振因素,因而提高和改善路面的平整度是降低道路交通振动的主要措施;二是研究采用有橡胶树脂的沥青混凝土防振路面。

3. 防振沟

一般的隔振系统由质量块、弹簧和阻尼器构成(见图 5.4),以减弱振动源向基础(地基)传递振动。对于道路交通振动,一般的隔振措施显然是不可行的。

防振沟是在振动源与保护目标之间挖一道沟,以隔离地面振动的传播,所以又叫隔振沟。一般防振沟的宽度应大于 60 cm,沟深应为地面波波长的 1/4(在低频时其波长较长,如 $f=10$ Hz 时,波长可达数百米),因此防振沟深度应在被保护建筑物基础深度的两倍以上。为了有效地隔离道路交通振动,防振沟的长度应大于保护目标沿道路方向的长度,有时需在保护目标的周围挖一圈防振沟。防振沟内最好是不填充物体而保持空气层,但实际中较难实现,通常是填充砂砾、矿渣或其他松散的材料。值得注意的是,防振沟内如被填充坚实,或者被灌满水将会失去隔振作用。

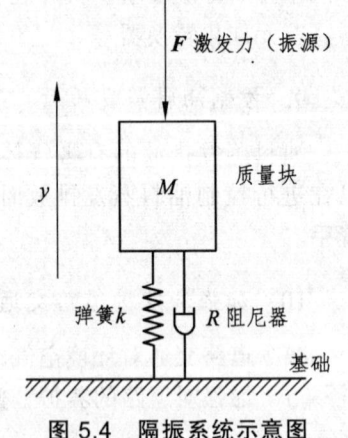

图 5.4 隔振系统示意图

5.3.3 景观环境保护对策

1. 道路与景观环境的协调

道路与沿线景观环境的关系是道路景观视觉环境质量的关键。道路与景观环境的协调是将道路融合到沿线环境中去,充分利用地貌、植被、水体等自然环境,尽可能保持景观环境的原有风貌,为动植物生存提供空间,使道路的使用者和周围公众有高质量的景观环境。

2. 减少对景观视觉环境的侵害

减少道路对景观视觉环境的侵害,关键是做好路线设计和路基设计。欧、美一些国家的做法,是在道路设计时对沿线景观环境做全面的调查,按地貌、生态等特征划分成若干单元,对每个单元进行打分并分级,一般分为 5 级:极好、有价值、好、一般和较差。然后按道路在原景观环境的位置(或地位),对道路给环境视觉的影响进行分析,其影响程度分三档:非常侵害——在视觉中拟建道路处于统治地位;一般侵害——在视觉中拟建道路处于重要地位;微弱侵害——在视觉中拟建道路处于不明显地位。

由上述可见,道路设计时不应孤立地强调线形,更不应突出道路在自然环境中的地位,道路路线、路基、桥梁、色彩等应与周围景色取得和谐。

3. 保护景观资源

景观资源是国家地重要资源,其中相当部分属于不可再生资源(如奇特地貌、名木古树、珍稀生物、历史文物、峡谷、溪流等)。对于有重要价值的景观资源要采取避让或采用工程技术措施加以保护,即使价值一般的景观资源也应尽可能地保护,因为资源本身的价值将随年代的变迁而变化,再则我国有价值的景观资源也有限。

4. 工程技术措施

道路景观环境保护工程技术措施涉及的内容较广,这里主要讨论路基工程中的几个主要问题。

(1)坡度整饰

变坡在距地面 $\frac{1}{2}$ 或 $\frac{1}{3}$ 高度处采用曲线与地面相接。通过边坡曲线的变化将变坡融汇于原地形,以增加道路的自然感。显然,较陡的边坡比较缓的边坡给人以生硬呆板的感觉。

(2)分离式路基

在山区、丘陵地、台源地。黄土高原等地形起伏变化较大的地区,道路上、下行车道采用分离式路基,可减少对原地貌的开挖,使道路不太显眼,对视觉环境的侵害减小。另外,在特殊景区(如山间湖泊),不同高度的上、下行车道都能观赏到路边的优美景色。

(3)中央分隔带自然化

中央分隔带具有防眩和保证行车安全的功能,对改善道路景观环境亦具有显著作用。在有条件的地区,如山坡荒地、戈壁沙漠及草地等非农用土地的路段,增加中央分隔带的宽度,并将原地面植被、小土丘、坚固的石头等原有地物保留其中,使中央分隔带自然化。这样道路与周围环境有较好的协调性,也增强了道路的景观。

(5)弃土坑和采石场的处理

对于那些不能复耕、还耕及开发农副业的取、弃土坑和采石场应作景色处理,使受损的视觉环境尽快修复。常用的措施有植树、种草,使其尽快恢复地面植被,整修后用作停车场,修成池塘和周围绿化用于养鱼垂钓或用作鸟类保护池,有条件并需要时可修成道路景点。

5. 道路绿化

俗话说,人靠衣装,地靠绿装。道路绿化有稳定路基、改善生态环境、生活环境和景观视觉环境等综合作用。关于道路绿化技术规定及要求,参阅《公路环境保护设计规范》(JTJ/T006—1998)。这里需要提醒的是,道路沿线绿化的树木及灌草一定要因地制宜。据调查,当地的"土"草比引入的外来草效果更好,且管护简便、省钱。

5.4 交通环境评价

现代修建重要公路,除国防与特殊用途者外。在可行性研究时均应调查沿线环境现状,并提出环境保护措施,以防止因筑路给自然环境与历史文物和当地居民的生活带来不利影响。

交通环境影响评价是环境影响评价中的一个方面,其工作大体分为三个阶段:第一阶段为准备阶段,主要工作为研究有关文件,进行初步的工作分析和环境现状调查,筛选重点评价内容,确定各单项环境影响评价的工作等级,编制评价工作大纲;第二阶段为环境影响评价工作阶段,其主要工作为完成工程分析和环境现状调查监测评价,建设项目环境影响预测和评价;第三阶段为报告书编制阶段,其主要工作为汇总、分析第二阶段所得到的各种资料、数据,编制完成交通环境影响报告书。

5.4.1 交通环境影响评价及其主要内容

1. 生态环境影响评价

生态环境评价因素,因道路建设地区的不同而差异很大,城市道路主要是城市生态和人的生活环境,公路项目的评价因素主要有:植被破坏和土地利用改变面引起的生物量变化、土地沙漠化和土壤侵蚀;山区地貌变动引发水土流失、崩塌和泥石流;路线阻隔陆生生物栖息地对生物多样性的影响;路基高填、深挖对土壤侵蚀和景观生态环境的影响,以及影响地区水文变化而引发灾害等影响因素。

2. 土壤侵蚀及水土保持

该内容主要包括:地区土壤侵蚀(包括风蚀和水蚀)现状评价,项目影响预测评价,拟定水土保持方案。

道路项目引起土壤侵蚀主要在施工期,其原因是路基工程的填挖、取土、弃土和隧道弃物,造成大面积植被破坏或产生新的土壤侵蚀源。水土保持方案是为防治土壤侵蚀面拟定的措施方案,现状评价应针对土壤侵蚀的形式、规模和地点等设计。

3. 声环境影响评价

该内容主要有地区声环境现状评价,项目施工期噪声、营运期的道路交通噪声评价。

4. 环境空气影响评价

该内容由地区环境空气质量评价、项目对环境空气影响评价和空气污染减缓措施等三部分组成,道路项目对环境空气影响主要在施工期扬尘和沥青烟尘、营运期汽车排放的有害气体（CO，NO_x 等）。对于长隧道需评价其通风设施，防止隧道内空气严重污染影响行车安全和人员健康。

5. 水环境影响评价

该内容主要考虑了以下因素的影响：路基、桥梁对水文的影响；桥梁施工对水质的影响；施工期的施工废水和施工营地污水对水质的影响；营运期的路面径流、服务区的生活污水和洗车废水，收费站等地的生活污水对水质的影响。

5.4.2　交通环境影响评价方法

交通环境影响评价方法包括环境影响预测方法、环境质量评价方法等内容。

1. 交通环境影响预测评价方法

交通环境影响预测方法较多，常用的有数学模型预测方法、类比调查法和图形重叠法。最广泛使用的是数学模型法，道路项目环境影响评价中交通噪声级预测、环境空气污染物浓度预测、水质污染物浓度预测和土壤侵蚀量预测都采用该方法。

2. 交通环境质量评价方法

环境质量评价常用的方法是将环境污染物的监测值（或预测值）与评价标准允许值进行比较，根据是否超出标准值及超出量的大小做出评价结论。为了更加直观、定量地对环境质量进行评价，世界各国对噪声、水质、空气和土壤等环境质量规定了各自的适用评价方法。

3. 环境质量综合评价方法

人类的生活环境由多项环境要素（如空气、水、土壤、声音、食物、文化生活等）相互作用、相互影响和相互制约下而形成的综合环境体系。环境质量综合评价就是按照一定目的，在一个区域内各个单项环境要素评价的基础上，对环境质量进行总体的定性或定量评价：该方法的实现通过两步骤实现：一是评价环境要素的选择；二是综合评价方法的选取。

环境质量综合评价方法较多，国内外常用的有均权叠加法、加权求和法等。

5.4.3　环境影响报告

编写环境影响报告的目的是：在项目可行性研究阶段，对项目可能给环境造成的潜在影响和工程中采取的防治措施进行评价，拟定环境保护对策与措施，论证和选择技术经济合理、对环境有害、影响较小的最佳方案，为领导部门决策提供科学依据。

环境影响报告是从环境保护角度出发，对建设项目编制可行性研究报告，是项目环境影响评价工作的最终成果。

环境评价报告，其内容大致包括：修建某一公路的必要性，工程的主要内容与效益；沿线环境现状，修路后对环境影响的预测，环境保护措施与评价；提出比较方案，推荐最佳方案并论述其可行性。

本章习题

1. 简述道路景观的构成要素。
2. 简述道路景观的安全作业。
3. 简述道路交通振动的防治对策。
4. 交通环境影响评价的主要内容有哪些？

6 交通事故分析与预测

所谓交通事故分析是对车辆构造及性能、交通环境、道路条件、驾驶员情况、自然条件、事故前的情况等因素进行统计分析、因素分析等各种形式的分析。

6.1 交通事故分析的主要方法

1. 统计分析法

统计分析法是依靠能够客观反映事实的数据资料（例如交通事故次数、死亡、伤人、损失、原因、地点、时间、道路、车辆、驾驶员、骑自行车人、行人等数据资料）来客观地反映事实，据此作出科学推理、判断，从而将包含在数据中的规律性揭示出来，及时采取措施，解决问题。

2. 分类法

分类法既是加工数据的一种重要方法，也是分析交通事故（或其他问题）原因的一种基本方法。

分类的目的是经过分类把性质不同的数据以及错综复杂的交通事故的原因划分清楚，给出一种明确的、直观的、规律性的概念。

分析交通事故常用的数据分类法有：① 按时间区分；② 按当事人区分；③ 按事故车辆区分；④ 按道路区分；⑤ 按事故原因区分；⑥ 按事故现象区分；⑦ 按人体受害部分区分；⑧ 按死亡情况区分；⑨ 按车辆所属系统区分。

3. 排列图法

排列图法是列出影响交通事故主要原因的一种有效方法，其形式如图 6.1 所示。

排列图中有两个纵坐标，一个横坐标，几个直方形和一条曲线，左边的纵坐标表示事故次数（或死亡人数、伤人数等），右边的纵坐标表示频率（以百分比表示）。横坐标表示要分析的各个因素，按影响程度的大小从左至右排列，直方形的高度表示某个因素影响的大小，曲线表示各影响因素大小的累计百分数，这条曲线称巴雷特曲线。通常把累计百分数分为三类：0~80% 的为 A 类，它是主要因素；80%~90% 的为 B 类，是次要因素；90%~100% 的为 C 类，这一区间的因素是一般因素。

分析交通事故的排列图可以画很多，纵坐标不变，只要改变横坐标的因素就可以了。例如分析驾驶员原因可以把横坐标变为酒后开车、超速行驶、无证驾驶、违章超会车等项目，画出排列图。分析事故现象可以把横坐标变为汽车与自行车相撞、汽车与行人相撞、汽车与拖拉机相撞、汽车自身事故等项目画出排列图。

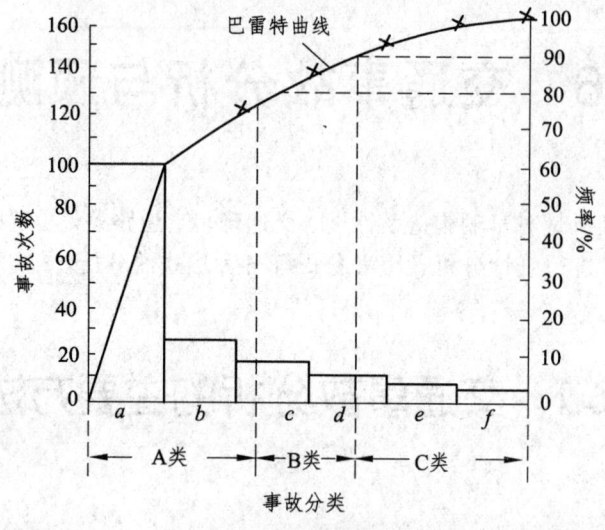

图 6.1 交通事故排列图

4. 因果分析图法

因果分析图也叫特殊因素图,也称树枝或鱼刺图,它给人以直观的概念,逻辑性强,因果关系明确,便于采取措施。但它是定性分析,而没有做定量分析,用此法分析交通事故的具体案例,对吸取教训,采取防范措施,防止类似事故的再发生尤为适用。

5. 统计调查分析表法、坐标图法和圆图法

统计调查分析表法,就是利用统计调查来进行数据整理和粗略的原因分析。

坐标图法,就是在坐标纸上画出坐标图来分析交通事故的情况,通常用于对数量的分析。最简单的坐标图就是一个横坐标,一个纵坐标。横坐标可以是时间,也可以是地域类别。纵坐标可以是事故次数、死人数、伤人数、经济损失数或相对事故率等。

圆图法,就是将要分析的项目,按比例画在一个圆内,即整个圆 360° 为 100%,180° 为 50%,90° 为 25%,这样画在一个圆内便可比较直观地看出各个因素所占的比例,如图 6.2 所示。圆图法可以分析交通的原因、类别、道路、时间、人员等项目。

图 6.2 交通事故原因分析圆图

6. 交通事故分析图

用事故状况和道路状况符号,把实际发生的事故填写在地图上就是事故分析图。

通常可以一年将事故往图上填写一次,这样就可以知道发生事故多的路线和发生事故多的地点,以及经常发生哪类事故,哪些地点事故多,什么时间事故多,这也是制定防止事故措施的基础资料。

7. 专项分析

专项分析即对道路条件、驾驶员、车辆条件的分析。

6.2 交通事故统计分析

6.2.1 对不同道路交通条件分析

应从道路技术标准、道路状况、道路环境、交通量大小等方面进行分析。可用区间单位车公里的事故率来进行分析：

$$区间亿车公里事故率 = \frac{区间一年的死(伤)人数}{区间一年的总行驶亿车公里}$$

区间一年的死伤人数由交通事故的统计得到。

区间一年的总行驶亿车公里为 24 h 内在本区间行驶的车辆的交通量乘以本区间公路的长度，再乘 365。考虑到交通量季节不均衡，可以取一个较切合实际的平均值。

通过分析，整理出下列资料：

1. 事故的城郊分布

按市区、近郊、远郊不同地点分别统计事故数。

2. 事故的路段分布

通过路段分布可找出事故多发路段和多发地点。交通事故纵断面图对分析道路事故原因很有实用价值，如图 6.3 所示。

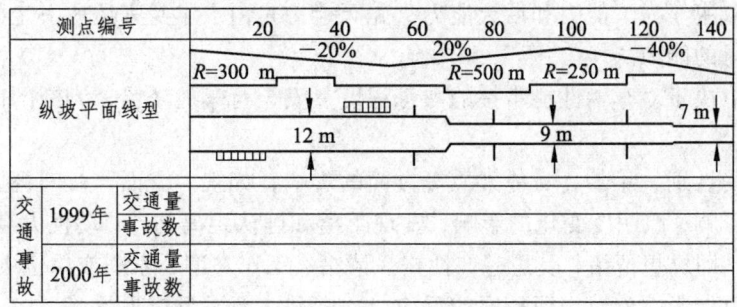

图 6.3 交通事故纵断面图

6.2.2 对车辆分析

车辆分析对采取预防措施、加强安全管理和对机动车制造及保修质量的监督都有重要意义，车辆分析的主要内容有：

1. 车辆类别分析

包括大型客车、大型货车、大型车带挂车、小型客车、特种车、拖拉机、摩托车及其他车等。

2. 车辆用途分析

包括营运客车、营运货车、机关企事业单位用汽车、出租汽车、游览车、军车、农业汽车、农业拖拉机、农场用车、林业用车及其他车等。

3. 车辆速度分析

车辆速度分为每小时 15 km 以下、20 km 以下、30 km 以下、40 km 以下、50 km 以下、60 km 以下、60 km 以上等。

4. 车辆状况分析

（1）制动器：失效、迟钝、一侧失效、漏气（油）。
（2）方向盘：松动、摇动、其他。
（3）车灯：前照灯、方向指示灯、制动灯、尾灯。
（4）雨刷器：失效、转动不好、擦不净。
（5）轮胎：磨损大、紧固不好、气压不足、其他。

5. 装载情况分析

超载、超员、超高、超宽、超长。

6.2.3 对驾驶员分析

在人、车、路系统中，分析人的内容主要是身体机能、技术水平、生理条件和心理状态。

身体机能取决于先天能力和后天能力。先天能力是由人本身素质所决定的，后天能力则是通过学习取得的能力。

技术水平取决于对车辆性能掌握的熟练程度、安全行车的经验、判断的准确程度和应变能力。

生理条件受性别、年龄、身体素质等方面的影响，如视力方面，夜间视力的低落；视标大小及高度的影响；照明度变化的影响；发现距离和确认距离的差；动视力衰减；动态错误。

心理状态，即思想情绪，受思想、性格、情绪、工作态度、家庭或单位中的纠纷、不安、烦恼等影响，直接影响着对交通情况的反应，如疏忽大意、反应迟缓等。

将驾驶员按年龄和驾驶经历、驾驶程度，分成若干区段和类型进行分析，分析在交通事故中驾驶员的特征性倾向，确立对驾驶员进行安全教育的措施和重点。

（1）按驾驶员的年龄分区可以是 20 岁以下、21~25 岁、26~30 岁、31~35 岁、36~50 岁、51~60 岁、60 岁以上。

（2）按驾驶经历分区可以是取得执照不足 1 年、1~3 年、3~5 年、5~10 年、10 年以上。

（3）按驾驶程度可分为每天驾驶、经常驾驶、有时驾驶、几乎不驾驶、不清楚。

（4）事故与体力、能力、心理试验结果的关系。
（5）有严重违章、拘留事故记录的驾驶员情况。

6.2.4 对事故发生时间分析

时间基本上指一年内的时间单位，可以是月份、星期几，以及将每天的 24 h 分为 12 个单元或 24 个单元。

按月份的分析如图 6.4 所示。

按星期的分析如表 6.1 所示。

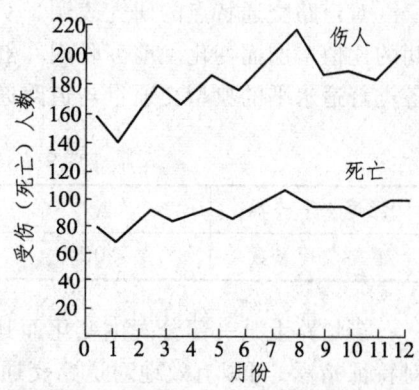

图 6.4 月受伤及死亡人数分布示意图

表 6.1 一星期中每天的交通事故死者数（日本 1977）

星　期	死者数/人	构成比/%	日平均/人
星期日	1 683	18.8	26.3
星期一	1 197	13.4	28.9
星期二	1 154	12.9	22.6
星期三	1 148	12.8	22.5
星期四	1 169	13.1	28.9
星期五	1 152	12.9	28.5
星期六	1 442	16.1	28.8
合　计	8 945	100.0	24.5

6.3　交通事故与若干因素的关系

6.3.1 交通量与交通事故的关系

在其他条件相同时，行车事故的数量取决于交通量。因为交通量决定行车的速度、交通流的行驶规律以及驾驶员的精神紧张程度。

在交通量很小的情况下，驾驶员的行为只根据他们对道路条件的感觉来确定。实际上，若行车没有遇到同向或对向的其他行车阻碍时，每个驾驶员均按个人意向选择行车速度。某些车速开得过高的驾驶员，特别是驶过视距受限、窄桥、路面宽度不足、路面不平或很光滑的地点等危险路段时来不及作出反应，有很大的危险性。低交通量下的事故，近 80% 是翻车。在低交通量的道路上，虽然行车事故的绝对数量比较少，但每百万车公里的相对事故数，要比交通量大的道路要高。

对道路交通特点的研究表明，交通流的状态及其行驶的内部规律视交通量与通行能力之间的比值增加而变化。前苏联用"舒适水平"来反映驾驶员的劳动特性与客运的舒适性，用各类舒适水平的典型交通量与道路通行能力的比值，即道路负荷系数来表征，如表6.2所示。

表6.2 舒适水平与道路负荷系数关系

舒适水平分类	A	B	C	D
道路负荷系数	<0.2	0.2~0.45	0.45~0.70	0.70~1.0

当道路上某一部分发生变化而其他影响因素近似于固定时，使用道路交通事故变化的相对特征指标，可以有效地对道路交通事故的发生机理进行解释，称这个指标为相对事故数量，或相对事故系数，用 K 表示。

道路舒适水平的不同也反映在道路交通事故的相对数值上，如表6.3所示。

表6.3 道路舒适水平与道路事故的相对数值

舒适水平	事故的相对数值					
	翻车	撞障碍物	驶离道路	汽车间侧面碰撞	与迎面来车相撞	撞在前面行驶的车上
A	79.5	5	8	2	5.2	0.2
B	20.1	10.9	7	8.1	48.8	5
C	5.2	6	3	7.5	18.2	40
D	—	1.5	0.3	3.1	0.5	29
交通量/($10^3 \cdot d^{-1}$)	0.5	1	3	5	6	7	9	11	15	20
相对事故系数 K	0.4	0.5	0.75	1.0	1.15	1.4	1.7	1.8	1.0	0.6

交通事故还和车种，也就是和载重汽车、微型汽车、轿车的混合比例有联系，载重汽车混合率增大，交通事故就急剧增多，如表6.4所示。

表6.4 载重汽车混合率和交通事故率

小轿车与摩托车数	载重汽车数	载重汽车混合率/%	每亿车公里交通事故率
7 318	1 117	13.0	43
3 890	630	14.0	47
4 537	1 144	20.5	72
2 945	780	21.0	97
2 065	600	22.6	142
703	225	24.3	118
875	325	27.0	145
3 660	1 450	28.5	84
2 340	1 105	32.5	195
4 415	3 420	44.5	260

6.3.2 事故与线形的关系

1. 平面线形

有 10%～20% 的道路交通事故发生在平曲线上,并且在半径越小的曲线路段上,发生的交通事故也越多,即曲率越大,事故率越大。尤其曲率在 10 以上时,事故率急速增高,曲率与交通事故率的关系如表 6.5 所示。在半径较小的弯道上,再加上较陡的坡度,事故率剧增,由于弯道和坡道结合产生的事故率如表 6.6 所示。

表 6.5 曲率与交通事故率的关系

曲 率	每百万车公里交通事故率
0～1.9	4.2
2～3.9	4.8
4～5.9	5.6
6～9.9	6.1
10～14.9	21.9
15 以上	24.0

表 6.6 由于弯道与坡度相结合产生的交通事故率

曲线半径/m	坡 度			
	0～1.99	2～3.99	4～5.99	6～8
4 000 以上	28	20	105	132
3 001～4 000	42	25	130	155
2 001～3 000	40	20	150	170
1 001～2 000	50	70	185	200
400～1 000	73	106	192	233

在平曲线路段上,在许多情况下,转角对事故数量的影响,要比曲线半径的影响大。

当平曲线的转角不超过 20°时,道路就不会超出清晰视距矩形,如图 6.5 所示。清晰视距矩形指离驾驶员 50 cm 处(挡风玻璃处)尺寸为 10 cm×16 cm 的范围,如图 6.6 所示。其中,图 6.6(a)转角 17°,在 20°的视角范围内,曲线保证 250 m 的视距;图 6.6(b)转角 29°,在 20°的视角范围内,曲线保证 150 m 的视距。

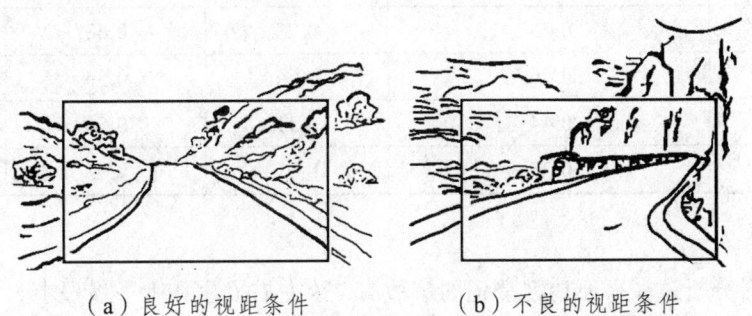

(a)良好的视距条件　　　(b)不良的视距条件

图 6.5 不同道路清晰视距矩形

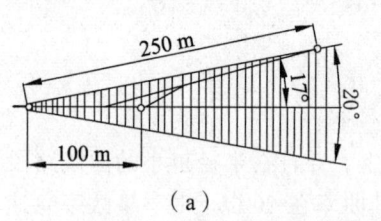
(a)

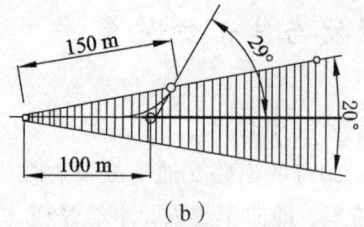
(b)

图 6.6 半径为 170 m 的平曲线转角对视距的影响

对曲线半径为 100~500 m 的道路,转角与 1 000 万车公里道路交通事故数量的关系如表 6.7 所示。

表 6.7 转角与相对事故数关系

转角/(°)	8	8~20	20~30	>30
每千万车公里相对事故数	1.44	1.56	1.64	2

曲线出现的频率对道路交通事故的影响,只有在半径小于 600 m 时才能显示出来。在路上较频繁地设置曲线会相应地不利于道路交通安全。对于大半径弯道,曲线设置频率的相对影响很小,如表 6.8 所示。随着道路弯曲度的增加,事故数量迅速下降。相反,在 1 km 内曲线数增加时,曲线半径减小不可避免地会导致以死亡数为表征的事故严重性增加,如表 6.9 所示。

表 6.8 曲线设置频率与事故率关系

曲线半径/m	1 公里内的曲线数	1 百万车公里的事故数	曲线半径/m	1 公里内的曲线数	1 百万车公里的事故数	曲线半径	1 公里内的曲线数	1 百万车公里的事故数
>580	0.3	1.6	290~580	0.3	3.06	<175	0.3	8.2
	0.6~1	1.87		0.6~1	2.62		0.6~1	3.7
	0.5~3	1.5		2.5~3	1.6		2.5~3	2.2

表 6.9 曲线半径与事故率关系

平均转角 /[(°)·km^{-1}]	1 百万车公里的死亡数			
	半径大于 1 500 m 的曲线	曲线半径/m		
		1 500~600	600~300	<300
0~25	0.75	0.75	0.63	5.38
25~50	0.56	0.56	0.56	0.93
50~75	0.44	0.31	0.56	1.00
>75	0.25	0.31	0.63	0.75

2. 竖曲线

据调查资料分析,在平原地区登记的事故有 7% 左右发生在上下坡段上,在丘陵地区为 18% 左右,在丘陵地区为 25% 左右。

在陡的上下坡段上,发生道路交通事故的主要原因有三个方面,一是下坡行驶的汽车驶出路基,或者与上坡超车的迎面来车相撞;二是在持久下坡情况下,行车速度过快;三是在绕过路边的停车行驶时,与对面来车相撞。

第一种类型的事故占较大纵坡路段道路交通事故总数的24%,第二种类型的事故占40%,第三种类型的事故占18%。

大纵坡路段上道路交通事故集中在特征点上。在上坡道上行驶时,事故特征点主要分布在上坡道的上凸部分与过了坡顶后紧接着的路段;下坡行驶时,事故特征点则主要分布在纵断面的下凹部分,因为下坡汽车驶入该处车速达到较高的数值。

表6.10所示是高速道路坡度与交通事故的关系,它表明坡度越陡,发生事故越多。

表6.10 高速道路坡度与交通事故的关系

坡度/%	每亿车公里事故数
0~1.99	46.5
2~3.99	67.2
4~5.99	190.0
6~8	210.0

6.3.3 交通事故与道路横断面的关系

1. 车道数

早在1935年美国马萨诸塞州就调查了两车道和三车道道路上的肇事情况。根据调查,日交通量达7 000辆(年交通量260万辆)时,两车道交通事故多。可是当日交通量超过7 000辆时,行驶时速度降低了,交通事故率并未升高。至于三车道比两车道事故率还高,从两车道改建为三车道道路通行能力提高1.3~1.7倍,在交通量不超过7 000~8 000辆/d,即交通量未达到极限时交通事故的增加是有限的,在交通量达到9 000~12 000辆/d时,道路交通事故的相对数增加1.5~2倍。

2. 车道宽度

迎面行驶或超车时,为了完成操作所必需的间距,取决于汽车的外部尺寸和行车速度。在狭窄的路面上,会车间隙以及车轮与未加固路肩边缘之间的距离显得不足,尽管驾驶员已降速,还是难以有把握地驾驶汽车。

路面宽度的利用,很大程度上取决于路肩以及附近的路缘带或路缘石的状况,在污秽不平的路肩情况下,由于怕汽车向旁边滑溜,驾驶员尽量不靠近路面边缘行驶,路面有效利用宽度就减小,路面宽度影响系数如表6.11所示。

表6.11 路面宽度影响系数

影响系数	路面宽度	4.5	5	6	6.5	7	8	9	10.5
	有加固的路肩时	2.2	1.6	1.35	1.1	1	0.85	0.8	0.7
	路肩处于不良状态时			2.5	—	1.75	—	1.0	0.9

3. 路 肩

路肩宽度不足会导致行车事故增加，其主要原因是当路肩的宽度较窄时，以较大速度行驶偏离的汽车会偏离正常的行驶轨道，在大多数情况，车辆停靠时不可能停在路基的范围内。

在较窄路肩上停留的汽车，同时占去一部分路面从而减小了路面的有效宽度，当汽车从停在路肩上的汽车旁边驶过时，偏离了正常行驶的轨迹，进入了超车或迎面来车的行车道，这样就经常会发生相撞。根据前苏联的资料，停在路肩上的汽车要不影响驶过的汽车的行驶轨迹，它应位于离路面边线 2.7 m 以外，当行车速度很小时，应在 1.5 m 以外，由于路肩上停着汽车而引起的行车事故达到总的事故数的 7%~12%，而其中 30% 以上的事故是由于路上停车而引起车辆撞到行人。

统计资料表明，路肩宽度从 2.5~3.0 m 开始对道路事故的影响就不明显了。路肩宽度对道路交通事故的影响系数值，如表 6.12 所示。

表 6.12 路肩宽度对道路交通事故的影响系数

路肩宽度/m	0.5	1	1.5	2	2.5	3
影响系数	2.2	1.7	1.4	1.2	1.1	1.0

4. 桥梁宽度

如果上承式桥的行车道宽度不足时，设置在临近行车道两边人工构造物的栏杆与人行道就会限制道路，特别是高速行车时，就会引起驾驶员害怕触及障碍物的心理，从而保持靠近路中心行驶，在绝大多数情况下，车速会显著降低，有时会导致汽车相互碰撞。

表 6.13 所示是弗里兹（Fritts）等人调查桥宽与交通事故关系的资料，它表明桥面宽度比桥头宽度宽时，事故率明显减少。

表 6.13 桥宽与交通事故率的关系（Fritts）

桥梁宽度		每亿车交通事故率
以桥头引道的宽度	1 ft 以下的情况	100
	1 ft 以上 5 ft 以下的情况	58

在道路行车宽度为 7 m 时，桥宽对道路交通事故数量影响的相对影响系数值，如表 6.14 所示。

表 6.14 桥面宽度影响系数

桥面与路面宽度比较	窄 1 m	相等	宽 1 m	宽 2 m
桥面宽度影响系数	6	3	1.5	1.0

5. 路面状况

主要是因路面光滑发生肇事，有两种情况，一种是发生在刹车前，因路滑驾驶员控制不了车，另一种是发生在刹车后，在预定距离内不能减速或停车。

根据米尔斯（Mills）和谢尔顿（Shelton）的研究，全部交通事故的 40% 都以这样和那样的形式与路面太滑有联系，其中约 1/3 起因于刹车前的滑动；此外主要因路滑发生的事故占全部事故的 6%。

表 6.15 所示为美国宾夕法尼亚州收费调查的路面状况和交通事故率的关系，结果表明，如果路面干燥时发生事故危险的比率是 1 的话，那么路面潮湿、降雪、结冰时，危险比例大致相应为 2、5 和 8。

表 6.15 路面状况与交通事故率关系

路面状况	每百万车公里交通事故率
干 燥	1.6
湿 润	3.2
降雪或降雨	8.0
结 冰	12.8

桥梁上和交叉口因溜滑发生的肇事较多。因路滑肇事的或然百分率如表 6.16 所示。各地的调查早已表明，对路面、桥面进行防滑处理，增强其摩阻力可使肇事很快减少。例如英国格拉斯哥市在四个交叉口，把易滑的砖块路面进行粗糙处理，其处理前后的比较如表 6.17 所示。

表 6.16 因路滑肇事的或然百分率

因路滑发生交通肇事件数 X	在湿润路面发生的交通肇事件数比表中数值小时，最上栏的百分率就表示由于或然的（5%左右）滑溜造成的肇事比率											
	2%	4%	6%	8%	10%	15%	20%	25%	30%	35%	40%	45%	50%
2	16	10	7	5	4	3							
3	42	22	15	11	9	7	5	4	4	4			
4	69	35	24	18	15	10	8	7	6	5	5	5	
5	100	51	34	26	21	15	11	10	8	7	7	6	6
6		67	45	34	28	19	15	12	11	9	9	8	7
7		84	57	43	35	24	18	15	13	11	10	10	9
8			68	52	42	29	22	18	15	14	12	11	10
9				61	49	34	26	21	18	16	14	13	12
10				70	57	39	30	24	21	18	16	15	14
11						72	49	37	30	26	23	20	18	17
14						59	45	37	31	27	24	22	20
16							53	43	37	32	29	26	24
18									42	37	33	30	27
20											37	33	31

表 6.17 交叉口路面防滑处理前后的肇事比较

	路面干燥	路面滑溜	路面并不湿润和滑溜	路面积雪或结冰	共 计
粗糙化前	21	44	15	2	82
粗糙化后	18	5	4	0	27

6. 视 距

视距是确定道路行车安全的最重要因素之一，在平曲线与竖曲线上超车时发生的道路交通事故，常常与视距不足有关。同时，事故数量不仅取决于视距不足的路段，而且取决于这种路段视距不足部分分布的频率。在较多地点视距受限制的情况下，例如在山区道路上，交通事故的危险性，在相当程度上要靠提高驾驶员的注意力加以补偿，这时汽车的行驶速度要比在道路条件比较有利的平原区道路上慢得多，道路交通事故数反而减少。

相反，设计的几何线形要素能保证较高车速，个别的视距不足路段常是具有较高道路交通事故危险性的地点。

道路个别路段的视距受限制，不仅迅速地反映在事故数量的增加上，而且还反映在道路运输经营质量的恶化上，因为交通流的速度随着视距的减小而降低。

国内外道路交通事故统计资料表明，道路平面线形上视距不足反映出来的道路交通事故数量，没有纵断面线形上的视距不良反映得明显。

在竖曲线上行驶时，当凸形竖曲线半径过小时，会影响到驾驶员的视距，使其视野变小，也易酿成事故。在凹形曲线处时，由于汽车下坡行驶，车速变快，引起车辆左右摆动，若汽车在夜间行车，车灯照距甚短，影响视距，也会造成交通事故。

根据英国资料统计，竖曲线的视距越短，交通事故越频繁，如表 6.18 所示。

表 6.18 曲线与交通事故率

视距/m	每百万车公里交通事故率	
	凸形曲线	凹形曲线
< 240	2.4	1.5
240～450	1.9	1.2
450～750	1.5	0.8
> 750	1.1	0.7

国外现代道路设计的特点是力图减少视距受限的路段长度，首先要满足超车时所必需的视距，认为当计算行车速度为 100 km/h 时由超车条件要求的视距约等于 650 m，能满足这种视距的道路长度应保证不低于道路总长度的 50%；当计算行车速度为 80 km/h 时，超车视距应为 525 m，能满足此视距的道路长度应保证不低于道路总长度的 35%；计算行车速度为 60 km/h，相应的超车视距为 400 m，达到此要求的道路长度应不低于道路总长的 25%。

7. 分隔带的宽度

在公路干线上，为不同的行车方向建设独立的行车道会明显减低道路行车事故数，但是由于驾驶员驾驶方向失去控制,或者路面过滑而使汽车旁滑驶到对面来车的行车道上去,或者夜间迎面汽车前灯光眩感使驾驶失去控制等原因造成行车事故,不会因为有各向独立的行车道而消除。

随着分隔带宽度的增加,行车相撞事故的数量显著下降,当分隔带宽度达到 15 m 时,行车相撞的事故实际上已经消失。由于道路占用土地较宽,分隔带宽度限制为 4~5 m,为了预防汽车超过分隔带,在其上必须建筑牢固的金属或混凝土护栏。首先在高架桥支柱附近在曲线段上设置分隔带的护栏,这样,交通事故的数量下降 15%~20%,并且由于排除了汽车正面相撞,因而事故的严重性大大减轻。

8. 公路交叉口

在交叉口有几条路线相交,车流相交叉就形成冲突点。在一个方向有一条车道共 n 条道路相交的情况下,可用式(6.1)求冲突点数 C。

$$C = \frac{n^2(n-1)(n-2)}{6} \tag{6.1}$$

据上式,冲突点和道路条数 n 的 4 次方成比例增加,交通事故也随着集中道路数的增加而剧增,30 年代泰勒(Taylor)就发表了三路交叉比十字交叉肇事少的资料,如表 6.19 所示。

表 6.19 交叉口形式与交通事故的关系

	十字交叉	三路交叉
交叉点数	944	4 157
肇事事件	2 358	1 685
每一处肇事件数	2.5	0.41

许多研究者建议,采用经验公式(6.2)预测在平面交叉口处一年中可能发生的事故数量:

$$Z = KN_1^a N_2^b \tag{6.2}$$

式中 K——考虑平面交叉口上行车组织情况的系数;

N_1、N_2——分别为交叉路段的主要与次要方向交通量;

a、b——按统计资料确定的参数。

对于有信号控制的交叉口,$K = 1.5$;而对于没有信号灯控制的具有双车道的道路交叉口,$K = 2.1~2.7$。对于全开放道口,K 相应的值等于 1 或 1.5。按坦涅尔(英国)的资料,$a = b = 0.5$;按利翁格(新西兰)的资料 $a = b = 0.42$;按麦克唐纳(McDonald)(美国)的资料,$a = 0.455$,$b = 0.633$。

综合许多研究者的资料,可获得下列的交叉口相交道路交通量对交通安全影响的相对系数平均值,如表 6.20 所示。

表 6.20 交通量影响系数

相交叉道路的交通量占总交通量的百分比	0	10	10~20	>20
交通量影响系数	1	1.5	3	3.6

平面交叉口的行车安全，很大程度上取决于行驶汽车对另一相交道路的视距保证。关于交叉口视距影响的相对系数值如表6.21所示。

表6.21 交叉口视距影响系数

视距/m	>60	60~40	40~30	30~20	<20
视距影响系数	1	1.1	1.65	2.5	10

9. 立体交叉

立体交叉是高速公路的薄弱环节，约占高速道路上总肇事的11%~46%，研究立体交叉以防止事故的措施是高速道路安全运输的关键。

1）匝道位置

根据史密斯（Smith）调查的结果，把匝道设在主线上坡的中途或顶点，或设在辅助车道上，事故频率就低，设在主线下坡中途或凹部，就会表现出较高的事故频率。

2）匝道的连接原则

匝道应和最外侧的车道相连接，城市高速道路不断发展，为与高速公路共用某些立体交叉，有时匝道不得不和内侧车道相连接。

表6.22所示是美国加州公路局对40个匝道分别设在车道外侧或内侧，并分别驶入与驶出进行事故调查的成果。它表明，通常匝道设在最外侧的车道，如设在内侧事故率就增加4~5倍；此外，驶出匝道发生的事故是驶入的2倍。

表6.22 匝道连接法与交通事故率

匝道连接法		交通事故率（每百万辆）
连接外侧车道	驶入	0.07
	驶出	0.17
连接内侧车道	驶入	0.37
	驶出	0.62

综上所述，如把匝道和内侧相连接时，为了减少肇事，应设置明显的匝道标志，较长的加速与减速车道，较宽的路肩或较宽的分隔带。

3）立体交叉的种类

根据英、美的调查，菱形立体交叉无论从节约工程费用方面，还是减少事故率方面均是较好的，特别是在载重汽车混合率高的情况下更应推荐菱形立交。

表6.23是英国高速道路立体交叉种类与交通事故调查结果表。

表6.23 立体交叉种类与交通肇事的关系

立体交叉种类	肇事件数	立体交叉个数	每一立体交叉一年间肇事件数
环形汽车站	55	5	11.0
部分苜蓿叶形与喇叭形	29	3	9.7
环 形	16	5	3.2
菱 形	4	2	2.0
高速道路间连接	6	2	3.0

6.4 交通事故预测

6.4.1 交通事故预测概述

所谓预测，就是用科学的方法和手段，通过对相关因素的分析，对未来将要发生的事情或对事物发展趋势所做的某种估计与判断。预测对象往往是一种不确定事件（现象），该现象的发生与发展具有某种统计规律性，采用调查研究的方法可以对其进行探索。

交通事故预测是对未来有可能发生的事故做出估计和推测，它通过对交通事故的过去和现在状态的系统探讨，并考虑其相关因素的变化，分析未来事故的危险程度和发展趋势，而做出对交通事故未来状态描述，以便能及早采取措施进行防治。

整个预测过程起始于调查研究，按照一定的要求收集原始资料信息，选择科学分析方法对原始资料加工整理、去伪存真、去粗取精，分析出真实情况中的演变规律。然后再对这些演变规律经过进一步研究或实验，经过反复的数据处理和有经验的主观判断，确定出那些能代表或者说明未来的演变规律，即能用于预测的预测规律，又称为预测模型。

交通事故预测的步骤包括：
（1）确定预测目标。
（2）收集并分析有关信息。
（3）预测建立预测模型。
（4）进行预测。
（5）分析与评价预测结果。

6.4.2 交通事故预测方法

6.4.2.1 定性预测分析方法

1. 德尔菲法

德尔菲法（Delphi）是20世纪40年代美国兰德公司研究员赫尔默和达尔奇设计出的预测方法。德尔菲法是专家会议法的发展，其实质是多次反复无记名的咨询。它不同于专家会议法把一组专家召集在一起对预测对象发表意见，因为召集专家开会往往会对一种良好的预测形成某种干扰。如在公开场合出现附和权威意见的倾向，口才较好的易占上风，不愿在公开场合承认自己的错误等。德尔菲法通过中间机构以匿名的方式征求专家的意见，最后取得专家们一致意见的预测。参加预测的成员相互并不了解，可以消除成员间的相互影响，成员也可以改变自己的意见而无须作公开说明。德尔菲法一般要经过4轮反馈，其步骤如下：

（1）由预测主管部门提供背景资料，并立出预测事件一览表，由咨询对象填写具体意见；

（2）整理与归纳咨询意见，将结果作为反馈信息告诉咨询对象，再由咨询对象发表意见；

（3）上述过程重复3至5轮，再对咨询的结果进行统计处理，最后得出预测结果。

【例6.1】 预测今年5年内影响我国道路交通安全的主要因素。将列举出的5种因素进行排序，分出主次，以便在预防工作中抓住主要矛盾，采取有效措施。5种因素分别是：

（1）交通参与者的安全教育水平

（2）交通安全管理水平

（3）规章制度建设

（4）管理者的安全意识

（5）区域经济发展形势

为完成上述预测，选定的预测方法是德尔菲法，预测过程如下：

（1）选定6名对道路交通灾害事故有研究成果的专家成立专家咨询小组；

（2）把咨询的问题送给专家让他们根据要求进行预测；

（3）收集专家意见，进行数学处理，检验一致程度（结果见表6.24）；

表6.24 第一轮预测结果

专家	位次				
	第1年	第2年	第3年	第4年	第5年
1	A	B	C	D	E
2	B	E	C	A	D
3	A	C	D	E	B
4	C	D	A	B	E
5	D	C	B	E	A
6	E	B	A	D	C

（4）如果一致性较差，则把结果反馈给专家，让专家重新考虑自己的意见你，直到结果一致性达到要求；

（5）集中专家意见，最后做出预测结果。

上述是6名专家对5种影响因素的排列情况，未进行数学处理，先将上表转化为原因位次表（见表6.25）。

表6.25 第一轮原因位次表

因素	位次						位次和
	1	2	3	4	5	6	
A	1	4	1	3	5	3	17
B	2	1	5	5	2	2	17
C	3	3	2	1	3	5	16
D	4	5	3	2	1	4	19
E	5	2	4	5	4	1	21

计算一致性系数如式（6.3）所示。

$$CI = \frac{12S}{m^2(n^3-n)} \tag{6.3}$$

式中　CI——反映协调程度指数的一致性系数；
　　　m——专家人数，此例中为 $m=6$；
　　　n——影响因素数量，$n=5$；
　　　S——每一种影响因素的位次数总和与平均位次和差的平方；
　　　$\bar{x}$——平均位次和，此例中 $\bar{x}=(1+2+3+4+5)\times\dfrac{6}{5}=18$；
　　　X_i——每一种影响因素的位次总和。

根据公式（6.3）可得

$$S_A=(17-18)^2=1,\ S_B=(17-18)^2=1,\ S_C=(16-18)^2=4,$$
$$S_D=(19-18)^2=1,\ S_E=(21-18)^2=9,\ S=1+1+4+1+9=16,$$
$$CI=\frac{12\times16}{6^2\times(5^3-5)}=4.4\%$$

预测结果说明专家意见的一致程度很差，其预测结果的可靠性也很低，因此要进行第二轮咨询，结果如表 6.26 所示。

表 6.26　第二轮咨询结果

专家＼位次	1	2	3	4	5	6	位次和
A	1	3	1	2	2	1	10
B	2	1	2	3	1	3	12
C	3	2	5	1	3	2	16
D	4	5	3	4	4	5	25
E	5	4	4	5	5	4	27

计算一致性系数，得

$$CI=\frac{12\times234}{6^3\times(5^3-5)}=65\%$$

与第一轮相比，已执行程度有了很大的提高，但一般要求一致性系数要达到 70% 以上，预测结果才是可靠的。因此，需要进行第三轮咨询，具体步骤同前两轮。从第二轮结果可以基本得出结论，劳动者的安全教育水平是最主要的原因，因为其位次总和是最小的。

2. 主观概率法

人们对某一事物的结果都持有个人的信念量度，即"心中有数"。主观概率法就是通过各种数值表示人们对事件的有利和不利的可能性进行的预测。主观概率是某人对某事发生程度的一种主观估计量。如某人对某一事件可能出现的机会估计为70%,即出现的概率为0.70,但对同一事件,在相同情况下,不同的专家会有不同的态度,有时甚至会完全相反。主观概率法是在调查个人信念程度的基础上,用来寻求对未来事件进行最佳主观估计的一种有效方法。其基本原理就是在0和1之间对概率值或累计概率进行分档,调查某一事件在不同档可能发生的概率,借以求出合理的主观估计。

主观概率法适应性很强,可以在各种场合使用。在应用时应结合实际情况,对预测提出切合实际的要求,进行调查和整理分析。

【例6.2】 已知某地区10年的交通事故起数(见表6.27),用主观概率法对未来几年该地区的交通事故情况进行估计,要求预测数偏差不超过±1万起。

表6.27 10年交通事故起数

年 度	2003	2004	2005	2006	2007	2008	2009	2010	2011	2012
交通事故数	24 154	58 207	45 167	39 391	30 873	39 337	37 915	36 856	140 280	142 326

预测步骤如下:
(1) 制定调查表

将交通事故起数作为一个随机变量进行估计,并采用累积概率分布函数,避免出现误差。调查表如表6.28所示。

表6.28 交通事故起数调查表

累计概率	1%	12.5%	25%	37.5%	50%	62.5%	75%	87.5%	99%
交通事故起数									
说 明									

在调查中,将某事肯定发生记为1,肯定不发生记为0,交通事故数可能有几种,每一种可能发生的程度各不同,调查表对不同交通事故起数发生的概率进行调查,将概率分档,在不同档中由被调查者填写可能出现的交通事故起数。表中的累计概率99%表示可能的最大值,说明实际交通事故起数小于或等于该数值;50%是最大最小的中间值;说明交通事故起数大于或小于该值的机会各为50%;75%是最大中间值;25%是最小中间值;12.5%、37.5%、62.5%、87.5%表示可能发生的程度的不同层次,使主观估计定量化。

(2) 汇总整理

将被调查者填写的调查表和简单的文字加以整理,把文字说明整理成有说服力的条文,主观估计汇总结果如表6.29所示。

表6.29 调查汇总 (单位:万起)

累计概率	1%	12.5%	25%	37.5%	50%	62.5%	75%	87.5%	99%
1	14.00	14.80	12.50	15.85	16.00	16.23	16.65	17.50	18.00
2	13.20	14.69	16.74	18.39	18.63	19.00	19.35	20.12	20.60
3	16.00	16.26	16.68	16.82	17.16	17.30	17.51	17.78	18.00

续表 6.29

累计概率	1%	12.5%	25%	37.5%	50%	62.5%	75%	87.5%	99%
4	12.00	13.40	15.00	16.00	16.75	17.21	17.50	17.68	18.00
5	11.30	11.90	12.85	13.65	15.69	17.52	18.63	19.13	20.00
6	16.00	16.46	16.90	17.36	17.80	18.26	18.70	19.06	19.50
7	18.40	18.50	18.60	18.70	18.80	18.90	19.00	19.40	19.60
8	14.46	15.68	16.58	16.87	17.16	17.64	18.49	19.23	20.16
9	13.15	13.62	14.42	16.23	17.21	18.00	18.25	18.62	19.00
10	15.60	16.03	16.42	16.95	17.50	18.03	18.62	18.85	19.21
平均	14.41	15.13	15.97	16.68	17.27	17.81	18.27	18.74	19.21

（3）分析判断

根据汇总表可以得出以下结论：

① 交通事故起数最低为 14.41 万起；

② 交通事故起数最高为 19.21 万起；

③ 取累计概率为 50% 的交通事故起数 17.27 万起为预测值；

④ 眼误差为 ±1 万起，预测区间为 16.27～18.27 万起；

⑤ 预测区间 16.27～18.27 万起，相当于从 25%～75% 的范围，发生概率为 0.75 - 0.25 = 0.5，即交通事故起数在 16.27～18.27 万起的可能性为 50%。

6.4.2.2 定量预测分析方法

1. 回归分析预测法

回归分析预测法是应用数理统计找出交通事故这种随机事件的统计规律，确定交通事故影响较大的相关因素，建立交通事故与相关因素定量关系的表达式。由于回归预测法的精度可用显著性检验来检查，因此得到广泛应用。回归分析预测法一般分为两种：一种是一元回归预测法，就是用两个相关因素进行分析与预测，如机动车拥有量与交通事故的关系。另一种是多元预测回归法，就是用几个相关因素进行综合分析与预测，如道路、人口、机动车拥有量、经济水平等与交通事故的关系。回归分析法具有预测结果比较接近实际、易于表示数据的离散型并给出预测区间等优点，在工矿企业伤亡事故趋势预测中已得到广泛的应用。

1）回归分析法

可分为两个步骤：

（1）根据试验或观察数据，绘制散点图，大体确定变量之间的相互关系。

（2）根据散点图初步确定相关关系方程表达式的类型，建立经验回归方程，从而对变量之间的关系程度进行精确的计算与分析，把经验提升到理论高度，以便更好地指导实践。散点图是利用有对应关系的两个变量分别作为坐标，且将这两个变量的统计值标在该坐标系中所称的图形上。在绘制散点图之前,应先根据实验或观测取得一组行对应的数据编织成数据表,然后根据数据表画出散点图,在进行计算和分析。

2)一元线性回归分析法

因为线性相关关系,需要利用数学方程式,对实际统计数据配合一条适当的线性修均线,其直线方程由式(6.4)所示。

$$y = a + bx \tag{6.4}$$

式中,x、y 分别为自变量和因变量;参数 a、b 分别表示直线的纵截距和斜率。式(6.4)是研究线性函数关系的方程表达式,当 a、b 确定之后,回归直线也可确定。参数 a、b 一般用最小二乘法求解,它要求理论计算值和实际值 y 的离差平方和最小,即

$$\sum_{i=1}^{n}(y_i - \bar{y})^2 = 最小值 \tag{6.5}$$

设有 n 对 (x, y),若 $\bar{y}$ 值以 $y = a + bx$ 代入,则此离差平方和成为 a 与 b 的函数,用 $W(a, b)$ 表示,即

$$W(a, b) = \sum(y - a - bx)^2 \tag{6.6}$$

为了使 $W(a, b)$ 成为最小,可分别求 $W(a, b)$ 对 a 及 b 的偏导且令其等于 0,即

$$\frac{\partial W}{\partial a} = -2\sum(y - a - bx) = 0 \tag{6.7}$$

$$\frac{\partial W}{\partial b} = -2\sum x(y - a - bx) = 0 \tag{6.8}$$

整理以后的标准方程如式(6.9)所示。

$$\left. \begin{array}{l} \sum x = na + b\sum x \\ \sum xy = a\sum x + b\sum x^2 \end{array} \right\} \tag{6.9}$$

解方程组得到参数 a、b 分别为

$$\left. \begin{array}{l} a = \dfrac{\sum x \sum y - \sum x^2 \sum y}{(\sum x)^2 - n\sum x^2} \\ b = \dfrac{\sum x \sum y - n \sum xy}{(\sum x)^2 - n\sum x^2} \end{array} \right\} \tag{6.10}$$

一元线性回归用于交通事故趋势分析时,方程式中各变量代表的具体意义:x 为时间顺序号;y 为事故数据;n 为事故总数。

【例 6.3】 某地区近十年来的交通事故伤亡人数如表 6.30 所示,先用一元线性回归法预测事故的发展趋势。

表 6.30 某地区近十年交通事故死亡人数统计

时间顺序号（x）	伤亡人数（y）	x^2	xy	y^2
1	66	1	66	4 356
2	75	4	150	5 625
3	73	9	219	5 329
4	94	16	376	8 836
5	68	25	340	4 624
6	34	36	204	1 156
7	35	49	245	1 225
8	32	64	256	1 024
9	53	81	477	2 809
10	58	100	580	3 364

合计：$\sum x = 55$，$\sum y = 588$，$\sum x^2 = 285$，$\sum xy = 2\,913$，$\sum y^2 = 38\,348$

解 首先，根据伤亡人数的统计数值绘制散点图，得出伤亡人数与时间的关系为直线关系。然后，利用式（6.10）求出参数 a、b。

$$a = \frac{\sum x \sum y - \sum x^2 \sum y}{(\sum x)^2 - n \sum x^2} = \frac{55 \times 2913 - 385 \times 588}{55^2 - 10 \times 385} = 80.2$$

$$b = \frac{\sum x \sum y - n \sum xy}{(\sum x)^2 - n \sum x^2} = \frac{55 \times 588 - 10 \times 2913}{55^2 - 10 \times 385} = -3.89$$

因此回归直线方程为

$$y = 80.2 - 3.89x$$

在回归分析中还应研究计算得到的回归直线是否符合实际数据的变化趋势。为此引入相关系数 r 的概念，其计算公式为

$$r = \frac{L_{xy}}{\sqrt{L_{xx} \cdot L_{yy}}} \tag{6.11}$$

式中

$$L_{xy} = \sum xy - \frac{1}{n} \sum x \sum y$$

$$l_{xx} = \sum x^2 - \frac{1}{n}(\sum x)^2$$

$$l_{yy} = \sum y^2 - \frac{1}{n}(\sum y)^2$$

相关系数 r 取不同的数值时，分别表示实际数据和回归直线之间的不同符合情况。

（1）$r = 0$ 时，表示回归直线不符合实际数据的变化情况。

（2）$0 < |r| < 1$ 时，表示回归直线在一定程度上符合实际数据的变化趋势。$|r|$ 越大，说明

回归直线与实际数据变化趋势的符合程度越大；|r|越小，则符合程度越小。

（3）|r|=1时，表示回归直线完全符合实际数据的变化情况。

3）一元非线性回归

非线性回归分析法是通过一定的变换，将非线性问题转化为线性问题，然后利用线性回归的方法进行回归分析。

非线性回归有很多种，选用哪一种曲线作为回归分析则要根据实际数据在坐标系中的变化分布形状，也可根据专业知识确定分析曲线。常用的非线性回归曲线有以下几种。

（1）双曲线 $\frac{1}{y}=a+\frac{b}{x}$。令 $y'=\frac{1}{y}$，$x'=\frac{1}{x}$，则有 $y'=a+bx$。

（2）幂指数 $y=ax^b$。令 $y'=\lg x$，$x'=\lg x$，则有 $y'=a+bx'$。

（3）指数函数 $y=ae^{bx}$。令 $y'=\ln y$，$a'=\ln a$，则有 $y'=a+bx$。

或指数函数 $y=ae^{b/x}$。令 $y'=\ln y$，$x'=\frac{1}{x}$，$a'=\ln a$，则有 $y'=a+bx'$。

（4）对数函数 $y=a+b\lg x$。令 $x'=\lg x$，则有 $y'=a+bx'$。

（5）S形曲线 $y=\frac{1}{a+be^{-x}}$，令 $y'=\frac{1}{y}$，$x'=e^{-x}$，则有 $y'=a+bx'$。

4）经典交通事故回归分析预测模型

（1）英国伦敦大学斯密德（R. J. Smeed）公式

斯密德教授于1949年根据他对欧洲20个国家的交通事故调查结果，用回归分析的方法，得出交通事故死亡人数的非线性回归模式，如式（6.12）所示。

$$\frac{D}{V}=0.003\times\left(\frac{P}{V}\right)^{\frac{2}{3}} \quad (6.12)$$

式中　D——当年交通事故死亡人数；

　　　V——当年汽车拥有量；

　　　P——当年人口数。

该预测模型以一个国家的汽车拥有量、人口数作为影响因素，在1960年至1967年间，对欧、美、亚、非许多国家的交通进行了预测，其预测值与实发数基本上相符。但该模型不符合拥有大量自行车的中国，也不能预测自行车对交通安全管理所采取的措施。

（2）美国的伊阿拉加尔公式

伊阿拉加尔对美国的48个州的道路交通死亡事故的30多个相关因素的分析，选出影响较大的6个因素，然后用回归方程预测"百万辆汽车的事故死亡率 y"。经过实践检验，预测值与实际值基本相符。如式（6.13）所示。

$$y = 0.521\,5x_1 + 0.852\,42x_2 - 0.283\,1x_3 - \\ 0.259\,7x_4 + 0.144\,7x_5 - 0.139\,6x_6 \quad (6.13)$$

式中　y——死亡数/百万辆车数；

　　　x_1——公路通车里程/总里程；

　　　x_2——汽车经检验的数量；

x_3——道路面积/地区面积;

x_4——年平均温度;

x_5——地区内人均收入;

x_6——其他因素。

上述经验模型实际上还是统计回归模型,鉴于具有预测的背景条件已经发生变化,经验模型不能被用于与模型建立的背景条件不同区域的宏观预测。

2. 马尔柯夫预测方法

如果事物每次状态的转移只与相互接近的前一次有关,而与过去的状态无关,则称这种无后效性的状态转移过程为马尔柯夫(Markov)过程。具备这种时间离散、状态可数的无后效性随机过程称为马尔柯夫链。通常用概率来计算和分析具有随机性质的这种马尔柯夫链状态转移的各种可能性大小,以预测未来特定时刻的状态。

马尔柯夫链是表征一个系统在变化过程中的特性状态,可用一组随时间进程而变化的变量来描述。如果系统在任何时刻上的状态是随机性的。则变化过程是一个随机过程,当时刻 t_i 变到时刻 t_{i+1},状态变量从某个取值变到另一种取值,系统就实现了状态转移。系统从某种状态到各种状态的可能性大小,可用转移概率来描述。

大量的研究表明,车辆在行驶的过程中人、车、环境、道路等因素具有随机事变特性,即随着时间的推移,这些因素对道路交通安全功能的影响关系和程度将随之而发生改变,进而导致事故的发生概率和道路所处风险状态也会随之而改变,道路交通事故的发生具有强随机性和不确定性。这些因素往往具有许多不确定性和随机时变特性,所以导致道路所出的风险状态也呈现出一种很强的随机时变特性,并且其变化态势只与现在某一状态有关,而与过去道路所出的风险状态无关。这样,我们利用马尔柯夫链理论来研究道路交通安全状态的变化趋势,进而为改善道路安全状况的决策提供一个新的有效依据。

1)马尔柯夫预测原理

假定系统的初始状态可用状态向量表示为

$$S^{(0)} = (S_1^{(0)}, \ S_2^{(0)}, \ S_3^{(0)}, \ \cdots, \ S_n^{(0)}) \qquad (6.14)$$

状态转移概率矩阵为

$$P = \begin{bmatrix} P_{11} & P_{12} & \cdots & P_{13} \\ P_{21} & P_{22} & \cdots & P_{23} \\ \vdots & \vdots & & \vdots \\ P_{n1} & P_{n2} & \cdots & P_{n3} \end{bmatrix} \qquad (6.15)$$

状态转移矩阵是一个 n 阶矩阵,满足概率矩阵的一般性质,即有 $0 \leq P_{ij} \leq 1$ 且 $\sum_{j=1}^{n} P_{ij} = 1$。也就是说,状态转移矩阵的所有行向量都有概率向量。

一次转移向量 $s^{(1)}$ 为

$$s^{(1)} = s^{(0)} P$$

二次转移向量 $s^{(2)}$ 为

$$s^{(2)} = s^{(1)}P = s^{(0)}P^2$$

类似地
$$s^{(k)} = s^{(k-1)}P = s^{(0)}P^k$$

2）应用实例

【例6.4】 某地区交通管理部门对辖区1 250个驾驶员进行交通安全意识调查时，发现交通安全意识状况分布如表6.31所示。

表6.31 驾驶员安全意识检查表

安全状况	很 好	一 般	差
代表符号	$S_1^{(0)}$	$S_2^{(0)}$	$S_3^{(0)}$
人 数	1000	200	50

根据统计资料，一年后的驾驶员的交通安全意识状态变化规律如下：安全状态很好的驾驶员继续保持很好的有70%，有20%交通安全意识状态为一般，10%的驾驶员变化为差，即 $P_{11}=0.7$，$P_{12}=0.7$，$P_{13}=0.7$。原有安全状态一般的驾驶员由于各种原因难以转化为很好的状态，仍保持原状者为80%，有20%则直接滑落向差的状态，即 $P_{21}=0$，$P_{22}=0.8$，$P_{23}=0.2$。安全意识较差的驾驶员一般很难恢复为好或一般状态，即 $P_{31}=0$，$P_{32}=0$，$P_{33}=1$。因此，状态转移矩阵为

$$P = \begin{bmatrix} P_{11} & P_{12} & P_{13} \\ P_{21} & P_{22} & P_{23} \\ P_{31} & P_{32} & P_{33} \end{bmatrix}$$

预测一年后驾驶员的交通安全意识状态变化为

$$s^{(1)} = s^{(0)}P = [S_1^{(0)} \ S_2^{(0)} \ S_3^{(0)}] \begin{bmatrix} P_{11} & P_{12} & P_{13} \\ P_{21} & P_{22} & P_{23} \\ P_{31} & P_{32} & P_{33} \end{bmatrix}$$

$$= [1\ 000 \ 200 \ 50] \begin{bmatrix} 0.7 & 0.2 & 0.1 \\ 0 & 0.8 & 0.2 \\ 0 & 0 & 1 \end{bmatrix} = [700 \ 360 \ 190]$$

即一年后，仍然处于良好交通安全状态好的驾驶员有700个，转化为一般的360个，被定为差的190个。预测说明，该地区驾驶员交通安全意识状态恶化趋势较快，需要进一步加强交通安全意识的宣传教育工作。

3. 灰色预测方法

灰色系统（Grey System）理论是我国著名学者邓聚龙教授20世纪80年代初创立的一种兼备软硬科学特性的新理论。该理论将信息完全定义为黑色系统，将信息部分明确、部分不

明确的系统定义为灰色系统。灰色预测则是应用灰色模型 GM（1，1）对灰色系统进行分析、建模、求解、预测的过程。由于灰色建模理论应用数据生成手段，弱化了系统的随机性，使紊乱的原始序列呈现某种规律，规律不明显的变得较为明显，建模后还能进行残差辨识，即使较少的历史数据，任意随机分布，也能得到较高的预测精度。因此，灰色预测在社会经济、管理决策、农业规划、气象生态等各部门和行业都得到了广泛的应用。

1）道路交通事故的灰色性分析

交通事故作为一个随机事件，其本身具有相当大的偶然性和模糊性。如果把某地区的道路交通作为一个系统来看，则此系统中存在着一些确定因素（在灰色系统中称为白色信息），如道路状况、信号标志等；同时也存在一些不确定因素（在灰色系统中称为灰色信息），如车辆状况、气候因素、驾驶员心理等。以此可以认为一个地区的道路交通安全系统是一个灰色系统，可以应用灰色系统的理论进行研究。

2）灰色系统预测建模方法

设原始离散数据序列 $x^{(0)} = \{x_1, x_2, \cdots, x_N^{(0)}\}$，其中 N 为序列长度，对其进行一次累加生成处理，得

$$X_k^{(1)} = \sum_{j=1}^{k} x_j^{(0)}, \quad \hat{x}_{k+1}^{(0)} = \hat{x}_{k+1}^{(1)} - \hat{x}_k^{(1)}, \quad k=1,2,\cdots,N \tag{6.16}$$

则生成以序列 $x^{(1)} = \{x_1^{(1)}, x_2^{(1)}, \cdots, x_N^{(1)}\}$ 为基础建立的灰色生成模型为

$$\frac{\mathrm{d}x^{(1)}}{\mathrm{d}t} + ax^{(1)} = u \tag{6.17}$$

称为一阶灰色微分方程，记为 GM（1，1）。式中 a, u 为待辨识参数。设参数向量为

$$\hat{\boldsymbol{a}} = [a \ u]^{\mathrm{T}}$$

$$\boldsymbol{y}_N = (x_2^{(0)}, x_3^{(0)}, \cdots, x_N^{(1)})^{\mathrm{T}}$$

$$\boldsymbol{B} = \begin{bmatrix} -\dfrac{x_2^{(1)} + x_1^{(1)}}{2} & 1 \\ \vdots & \vdots \\ -\dfrac{x_N^{(1)} + x_{N-1}^{(1)}}{2} & 1 \end{bmatrix}$$

则由式（6.18）得出 $\hat{\boldsymbol{a}}$ 的最小二乘解为

$$\hat{\boldsymbol{a}} = (\boldsymbol{B}^{\mathrm{T}}\boldsymbol{B})^{-1}\boldsymbol{B}^{\mathrm{T}}\boldsymbol{y}_N \tag{6.18}$$

式（6.17）的解为

$$\hat{x}_t^{(1)} = \left(x_1^{(t)} - \frac{u}{a}\right)\mathrm{e}^{-a} + \frac{u}{a} \tag{6.19}$$

离散响应方程为

$$\hat{x}_{k+1}^{(1)} = \left(x_1^{(1)} - \frac{u}{a}\right)\mathrm{e}^{-ak} + \frac{u}{a} \tag{6.20}$$

式中　$x_1^{(1)} = x_1^{(0)}$

将式（6.20）计算值作累减还原，即得到原始数据的估计值：

$$\hat{x}_{k+1}^{(0)} = \hat{x}_{k+1}^{(1)} - \hat{x}_k^{(1)} \tag{6.21}$$

GM（1,1）模型的拟合残差中往往还有一部分动态有效信息，可以通过建立残差GM（1,1）模型对原模型进行修正。记残差 $\varepsilon_{k+1}^{(1)} = (x_k^{(1)} - \hat{x}_k^{(1)})$ 组成的序列为 $\varepsilon_k^{(1)} = (x_k^{(1)} - \hat{x}_k^{(1)})$，一般 $N' \leqslant N$。用上述方法建立累加残差生成模型

$$\hat{x}_{k+1}^{(1)} = \left(\varepsilon_1^{(1)} - \frac{u_1}{a_1}\right)e^{-a_1 k} + \frac{u_1}{a_1} \tag{6.22}$$

式中，a_1 和 u_1 均为残差模型参数。累减后得 $\varepsilon^{(1)}$ 的还原估计值：

$$\hat{x}_{k+1}^{(1)} = \left[\varepsilon_1^{(1)} - \frac{u_1}{a_1}\right][e^{-a_1(k+1)} - e^{-a_1 k}] \tag{6.23}$$

3）灰色系统预测举例

【例6.5】　某地区近八年的交通事故千人负伤率如表6.32所示，用灰色系统预测法GM（1,1），预测该地区未来两年的交通事故千人负伤率。

表6.32　某地区交通事故近年来的千人负伤率

年　份	2004	2005	2006	2007	2008	2009	2010	2011	2012
千人负伤率	56.165	55.65	49.525	34.585	14.405	9.525	8.970	6.475	4.110

解　（1）由表6.32，由直接累加法可得

$$x^{(0)} = [56.165 \ \ 55.65 \ \ 49.525 \ \ 34.585 \ \ 14.405 \ \cdots \ 4.110]$$

$$x^{(1)} = [56.165 \ \ 111.815 \ \ 161.34 \ \ 195.925 \ \ 210.33 \ \cdots \ 239.41]$$

（2）建立数据矩阵

$$\boldsymbol{B} = \begin{bmatrix} -83.99 & 1 \\ -136.578 & 1 \\ \vdots & \vdots \\ -237.355 & 1 \end{bmatrix}$$

$$\boldsymbol{Y}_N = [55.65 \ \ 49.525 \ \ 34.585 \ \ 14.405 \ \ 9.25 \ \cdots \ 4.110]^{\mathrm{T}}$$

（3）计算

$$(\boldsymbol{B}^{\mathrm{T}}\boldsymbol{B})^{-1} = \left\{ \begin{bmatrix} -83.99 & -136.578 & \cdots & 237.355 \\ 1 & 1 & \cdots & 1 \end{bmatrix} \cdot \begin{bmatrix} -83.99 & 1 \\ -136.578 & 1 \\ \vdots & \vdots \\ -237.355 & 1 \end{bmatrix} \right\}^{-1}$$

$$= \begin{bmatrix} 3\,055\,661.7 & -1\,511.177\,5 \\ -151.175\,5 & 8 \end{bmatrix}^{-1}$$

$$= \begin{bmatrix} 4.949\,4 \times 10^{-5} & 9.349\,3 \times 10^{-3} \\ 9.349\,3 \times 10^{-3} & 1.8910\,475 \end{bmatrix}$$

$$\hat{\boldsymbol{a}} = (\boldsymbol{B}^T \boldsymbol{B})^{-1} \boldsymbol{B}^T \boldsymbol{y}_N = \begin{bmatrix} 4.949\,4 \times 10^5 & 9.349\,3 \times 10^{-3} \\ 9.349\,3 \times 10^{-3} & 1.891\,047\,5 \end{bmatrix} \begin{bmatrix} -27\,081.32 \\ 183.245 \end{bmatrix}$$

$$\hat{\boldsymbol{a}} = \begin{bmatrix} a \\ u \end{bmatrix} = \begin{bmatrix} 0.372\,58 \\ 93.333\,6 \end{bmatrix}$$

即有 $a = 0.372\,58$,$u = 93.333\,6$

则灰色系统计算结果如下:

$$\hat{x}_{k+1}^{(1)} = 250.331 - 194.16 \mathrm{e}^{-0.372\,58}$$

$$\hat{x}_{k+1}^{(0)} = \hat{x}_{k+1}^{(1)} - \hat{x}_k^{(1)}$$

计算可以得到该地区未来两年的交通事故千人负伤率分别为 3.06 和 2.11。

本章习题

1. 交通事故分析的方法有哪些?
2. 简述交通事故统计分析的意义。
3. 交通事故预测的方法有哪些?
4. 简述交通事故灰色预测的步骤。

7 交通事故处理

7.1 交通事故现场勘察

现场勘察是处理交通事故的基础工作,是分析交通事故原因,鉴定交通事故责任的根本依据,是取得客观第一手资料的唯一途径,能否正确处理交通事故,与现场勘察的质量有直接关系。

7.1.1 现场勘察的含义

交通事故现场,是指发生交通事故的地点及与事故有关范围的空间场所。现场勘察可以概括为:对交通事故现场的情况(当事人、车辆、道路和交通条件)用科学的方法进行时间、空间、心理和后果的调查,把这些调查完整地、准确地记录下来的工作称为现场勘察。

时间调查:就是确定发生交通事故的时间坐标,是分析事故过程的一个重要参数。

空间调查:调查各有关物体(包括车辆、散落物、印迹、尸体等)的相对位置,用来确定车辆的相互影响。

后果调查:调查人员伤亡情况,致伤、致死的部位和原因,车辆损坏和物资损失情况。

生理心理调查:调查当事人的心理状态、身体与精神条件,以及生理方面对造成事故的影响因素等。

环境条件调查:调查车辆、道路、道路交通设施、道路安全防护设施和自然条件对事故的影响等。

7.1.2 现场分类

交通事故现场是发生事故的地点,由遗留物体、痕迹、道路条件(交叉路、坡道、转弯、路面结构等)以及与事故有关联的房屋、车辆、树木、物体、人、畜和气候情况(昼夜、光线,晴雨、冰雪、风向)等因素构成的。根据现场的完整和真实程度一般可将现场分为五类。

1. 原始现场

即事故发生后,在现场的车辆和遗留下来的一切物体、痕迹仍保持着事故发生后的原始状况没有变动和破坏的现场。

2. 变动现场

变动现场也叫移动现场,即事故发生后,改变了现场原始状态的一部分、大部分或全部面貌的现场。

变动原因通常有下面几种:

(1) 抢救伤者

变动了现场上的车辆和有关物体的位置。

(2) 保持不善

现场上的痕迹被过往车辆辗压和行人践踏、抚摸而模糊或消失。

(3) 自然影响

因下雨、下雪、刮风、冰雪融化等自然因素的影响,造成现场或物体上遗留的痕迹模糊不清或完全消失。

(4) 特殊情况

执行特殊任务的车辆或首长、外宾乘坐的车辆发生事故后,急需继续执行任务和为了首长和外宾的安全而使车辆离开现场或因其他原因不宜保留现场。

(5) 其他原因

如车辆发生事故后,当事人没有发觉,车辆脱离了现场。

3. 伪造现场

应属于变动现场的范围,指与事故有关或被唆使的人员有意改变现场上车辆,物体、痕迹或其他物品的原始状态,甚至对某个机械进行拆卸或破坏,企图达到逃脱罪责或嫁祸于人的目的,而伪造的现场。

4. 逃逸现场

也是一种变动现场。交通肇事者为了逃避责任驾车潜逃而导致现场变动,其性质与伪造现场相同。

5. 恢复现场

事故现场撤销后,根据现场调查笔录等材料重新布置恢复的现场。恢复现场一般是根据事故分析或复查案件的需要而重新布置的,也可称为事故再现。是根据事故现场肇事车辆损坏的情况、停止状态、人员伤害情况和各种形式的痕迹为依据,参考当事人和目击者的陈述,对事故发生的全部经过做出推断的过程。

7.1.3 现场勘察程序

现场勘察程序主要有:尽快赶赴事故现场,采取应急措施,保护现场,现场勘察,确定并监护事故的当事人,询问当事人和调查证人,现场复核,处理现场遗留物,恢复交通,具体程序如图 7.1 所示。

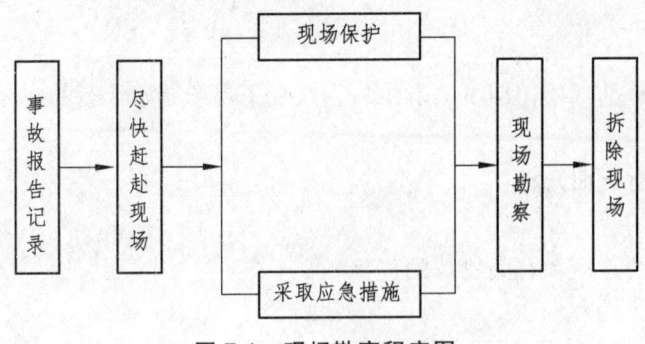

图 7.1 现场勘察程序图

7.1.4 现场勘察工作

现场勘察工作主要包括收取物证、现场摄影、现场丈量、绘现场图、车辆检验、道路鉴定、收取书证和尸体检验等。

7.1.4.1 现场勘察方法

（1）沿着车辆行驶路线勘察，这种方法必须是事故发生地点痕迹清楚。
（2）从中心（接触点）向外勘察，这种方法适用于现场范围不大，痕迹、物体集中，中心明确的现场。
（3）从外向中心勘察，这种方法适用于范围大，痕迹分散的现场。
（4）分片分段勘察，这种方法适用于现场范围大，潜逃、伪造的现场。

7.1.4.2 现场勘测工作

1. 收取物证

物证是证明交通事故发生过程最客观的依据。收取物证是现场勘察的最核心的工作，各种勘察工作的方法和手段均为收取物证服务。做好物证的收取，在于认识物证、发现物证，并用科学的手段和方法取得物证。

2. 现场摄影

1）现场摄影的分类

（1）方位摄影。拍摄确定现场的位置，全貌，反映现场轮廓，也就是要拍摄以肇事车辆为中心的周围环境情况，反映出事故现场的地形、路况、地面面貌、肇事车辆和其他物体的实际情况。如车辆、人、畜、建筑、铁路、山、树木、道路等相互关系，同时也反映出肇事的时间、气候情况，所以，叫做事故现场的方位摄影。

（2）概况摄影。概况摄影包括整个事故现场，要求反映出现场的全貌和所发生事故的情况与伤害损失的概况。

（3）中心摄影。主要是拍摄现场中心地段，以接触点为中心，拍摄与肇事接触的各个部位，以及与现场有关的部位，主要是说明重要物体特点、状况、痕迹、物体的联系，如被破坏的地方，遗留痕迹、物证的地方，尸体的位置等。

（4）细目摄影。主要拍摄现场上发现的各种痕迹物证，用以反映这些痕迹和物证的大小、形状、特征等。

① 要拍摄肇事车辆和其他物体接触部位的表面痕迹，反映出事故属于碰撞、碾压、刮擦、挤打、翻车、落水、坠车、爆炸、失火等情况。

② 拍摄物体痕迹、尸体、尸体表面伤痕、尸体致死原因等微小物片物体，如肇事车辆刹车拖印痕迹，伤亡人员的伤痕，血迹及机械事故的机件损坏情况等。

③ 拍摄肇事车辆，如肇事车辆牌号、车辆厂牌。

④ 拍摄事故的后果，反映事故的损失伤亡、物资损坏等情况。

（5）宣传摄影。有时为了宣传和收集资料的需要，也可以拍摄伤者，必要时可拍摄肇事人，可以运用技巧，突出反映某一个侧面，达到宣传教育的目的。

2）现场摄影常用的方法

（1）相向拍摄方法。它是从两个相对的方向对现场中心部分进行拍摄，即把现场的中心部分和相对应的情况拍入两张照片中。

（2）十字交叉拍摄法。是从四个不同的地点向现场的中心部分交叉进行拍摄，即把现场中心部分和前后左右的情况拍入四张照片中。

（3）回转连续和平行连续拍摄法。是将现场分段进行拍摄，然后将各个照片拼接成一个完整的照片，这是在现场面积较大，拍一张照片包括不了的情况下采用的一种方法。

回转连续拍摄法是将相机固定在一个地方，只是转动相机角度进行分段拍照，这种方法用于距离较远的对象。

平行连续拍摄法是从数点拍摄现场，每个摄影地点必须与被摄对象有着相等的距离，而且必须平行。

（4）比例拍照法。这种方法是把钢卷尺放在被损物体旁边进行的拍照，比例摄影常常在痕迹、物证以及碎片、微小物等情况下采用，以便根据照片确定被摄物体的实际大小和尺寸。

3）交通事故现场常见痕迹的拍照

（1）碰撞痕迹。这种痕迹一般在外形上表现为凹陷、隆起、变形、断裂、穿孔、破碎等特征，一般只需选择合适的拍照角度即可表达出来，而凹陷痕迹特别是较小较浅的凹陷痕迹较难拍照。拍摄这种痕迹时，关键在于用光技巧。一般可采用侧光，也可利用反光板、闪光灯进行拍照。

（2）刮擦痕迹。这种痕迹一般表现为被刮擦的双方表皮剥脱，互相粘挂，如接触点有对方车辆的漆皮或者被刮伤者的衣服纤维，人的皮肉、毛发等。

如属刮擦对方物体的表漆皮等有颜色物体，可选择相应的滤色镜拍照，突出被粘挂物，如红色车辆粘挂绿色漆皮，要选用红色滤色镜，使红色变淡，而绿色漆皮加深。又如绿色车辆的叶子板被刮擦后漆皮脱落，金属的银灰色裸露出来，为了突出金属的银灰色，加用红色或黄色滤色镜，加深绿色的色调，使银灰色突出。

（3）碾轧痕迹。碾轧痕迹在外形上一般表现为凹凸变化、变形、碾碎等特征，如轮胎碾轧松软潮湿泥土路，路面会形成凹凸变化的轮胎花纹印。机动车碾压非机动车时，会造成变形、断裂等痕迹。在拍摄时要注意反映出痕迹特点、旧性裂痕与新裂痕的区别。

（4）渗漏痕迹。事故发生后，常发生车辆水箱、管道断裂、形成油、水渗漏痕迹。

（5）其他痕迹。

① 机件断裂痕迹。一般都有陈旧裂痕的明显区别，能在现场拍照，应当拍照，如不便拍照，可拆下后进行拍照。

② 血迹。拍照时主要应看血迹落在什么颜色的物体上，确定是否用滤色镜和加用何种滤色镜，如血滴落在黄土地或泥土粘污的油路上，均可用黄色滤色镜拍照，如血迹在黑色发亮的油路上，需加蓝色或绿色滤色镜拍照。

③ 刹车拖印。刹车拖印对判断肇事车辆运行位置、行驶速度、制动效能及采取措施情况上有着十分重要的作用。另外，刹车痕迹属于易破坏和消失的痕迹，因此，在现场痕迹拍照中，需优先并全力拍好，拍照重点应放在反映刹车印的起止点，特别是起点与道路中心线或路边的关系。同时，应反映刹车拖印的特征，如左右轮、前后轮拖印是否一致或拖印中断或变为压印，拖印呈直线或拖印有弧度、弯曲等，拍照时可以在拖印起点处用白灰或树枝等标记。

拍照刹车拖印一是要迅速赶到现场；二是要优先勘察和拍照刹车拖印；三是要进行认真观察和分析判断。

7.1.4.3 现场丈量

现场丈量必须准确，必要的尺寸不可缺，多余的尺寸不必要，在丈量前要认定与事故有关联的物体、痕迹，然后逐项进行，并做好记录。

1. 勘察丈量现场痕迹

需要丈量的现场痕迹有以下几种：

（1）刹车印迹。车辆制动后，轮胎与地面摩擦出现的炭黑拖印；有轨车辆制动后与道轨摩擦出现的金属光泽印迹。如果刹车痕迹是弧形时，应在痕迹起止间等分成四个距离五个点，分别量五个点至道路一边的垂直距离，然后量出刹车痕迹的长度。一般拖印距离比较容易测量，但是压印距离也很重要，也必须注意测量。

（2）碰撞、碾压、刮擦、挤打等痕迹。车辆与车辆、车辆与人、车辆与畜、车辆与其他物体接触后双方留下的痕迹。

（3）微小痕迹。车辆撞人后车身或其他物体某一部位上留有指纹、毛发、血皮、纤维或其他肉眼不易发现的微小痕迹。

（4）遗留物。在现场上留下的轮胎花纹和刹车印，有车身颜色的漆皮、玻璃屑、脱落的汽车零件或泥土、物资或其他遗留物等。

（5）车辆行驶方向的判断。

① 车辆在行驶时，由于轮胎滚动对路面的作用，常使轮胎侧面的尘土、细砂等物质形成扇形，扇形展开面是车辆行驶的后方。

② 车辆如果压折树枝、草棍等物，这些东西的断头常常指向行驶方向的后方。

③ 从车上滴下来的油点、水点的形状，尖端一般指向行驶方向。

④ 车辆经过水泡或污泥的地方，常会将水和污泥等带到干燥、清洁的路面上，留下水或泥土的痕迹，有这类痕迹路面的一方是行驶的方向。

⑤ 畜力车还可根据蹄迹的分布位置、形态，分析车辆行进的方向和牲畜种类。

2. 丈量肇事接触部位

确定肇事接触点,对处理事故起关键作用,接触点是形成事故的焦点,又是判定事故责任的重要证据。接触部位是多种多样的,要经过深思熟虑、全面细致的分析后,在确认无误的情况下才能丈量。通常要丈量车与车、车与人、车与畜和其他物体上的部位,接触部位距地面的高低,形状的大小(长、宽、深),标明在各个物体上的部位,接触点的受力方向、形状,要注意观察存留的毛发、血迹、皮肉、木屑、漆色等物证。

确定事故的接触点包括两个方面的内容:

(1)接触点的空间位置,就是双方在什么部位最先接触的,即接触部位;

(2)接触部位的平面位置,就是把接触部位投影到路面上的点,即接触点。

判定接触点的依据:

① 事故现场的物理(力和运动)现象,双方损坏的部位及受力情况;

② 事故现场的散落物,如车体下的泥土、玻璃碎片等;

③ 刹车印迹;

④ 运动学和动力学的理论(运动轨迹和碰撞损坏情况)。

在现场勘察工作中要确定以下五个基本点,即发现对方地点、感到危险地点、采取紧急措施地点、相撞地点和停止地点。前两个点由当事人供述,后三个点是客观存在,由现场勘察确定的。

发现对方地点,用以判断当事人的疏忽程度,可以用式(7.1)表示。

$$S = \frac{z - F}{z} \times 100\% \tag{7.1}$$

式中 S ——疏忽程度;

z ——足以发现对方的距离,m;

F ——发现对方的距离,m。

感到危险地点,用以确认当事人的判断是否正确。对于危险现象不感到危险,就是判断错误。

3. 道路与车辆鉴定

交通事故与车辆、道路条件和交通环境有着密切关系,必须进行认真的检查和鉴定,从而分析交通事故的道路原因。道路鉴定的依据是有关道路的工程技术标准。鉴定的内容是路面状况,车道宽度,路基、桥涵的质量,道路的坡道、弯道、超高和视距等。

车辆的技术状况及乘员、载重情况检查与鉴定的内容主要包括转向、制动、挡位、轮胎、喇叭、灯光、后视镜、雨刷器等及其乘员、装载等情况,有的事故必要时可检查鉴定机械内部状况,对各项检查都要做好检验记录,如检验内容、试车次数、试车路面、检验结果等,检验人员应签字盖章。

7.1.4.4 绘制现场图

1. 现场图的种类

(1)现场草图。通常包括现场位置和周围的环境以及遗留有痕迹、物证的地点,运动的关系，事故的情况，给人以总观的印象。绘制现场草图虽然可以粗糙些，但内容必须完整、齐全，尺寸必须准确，这是绘制现场平面图的基础。

（2）平面图。是以出事地点为中心，把痕迹、其他物体的相互关系，按比例绘制在图上。现场平面图是现场勘察的正式技术文件，可以作为法律的依据，所以，绘制现场平面图必须十分认真、仔细、准确，不能有丝毫差错。

（3）断面图。对有的事故现场，平面图已无法把其情况清楚地反映出来，比如翻到路外，用斜面的长度和标高，均不能确切地反映出斜坡情况，则用断面图加以补充，车辆的碰撞、刮擦痕迹也需用断面图表示。断面图可分为横断面和纵断面图，均以与道路的关系为准。纵断面图主要用来表示道路的纵坡宽。横断面图则可以明确地反映出现场的实际情况。

2. 绘制现场图的要求

（1）在绘制现场图时，首先应对整个现场有个总的概念，才能把图布置好，绘得清楚、简单、准确，以防止遗漏。但是，也不能将现场上与事故无关的一切物体都绘入图内。

（2）现场图的比例可根据出事地点的大小灵活确定，通常用1：200。

（3）图上应准确地表明事故以及物体和痕迹的原始位置，同时必须与现场勘察笔录记载的内容吻合。

（4）现场图上必须注明图的名称、测量方法、比例大小、方位、图例及其他说明、绘制的日期及绘图人的签字。

3. 绘制现场图图例

绘制现场图的图例基本可分为五类：

（1）交通元素图例，即在道路上通行或停放的动态元素图例，例如各种车、马、行人均属此类。

（2）道路安全设施图例，指道路上为了交通安全及路政管理方面设施的图例，例如信号灯、交通标志、分道线等。

（3）动态痕迹图例，指交通元素的运动轨迹，或发生事故时留下来的运动痕迹。例如运行路线、刹车印迹、接触地点等。

（4）地形地物图例，指在公路环境中的地形地物，例如建筑物、山峰、河流、树木等。

（5）其他图例，指上述图例以外，绘制现场图或事故分析图用的图例。例如交通事故现象图例、指北针等。

7.1.5 现场勘察记录

1. 现场勘察记录的内容

（1）接到报案的时间，事故发生和发现的时间、地点，当时的气候，报案人与当事人的姓名、职业、工作单位、住址及他们所叙述关于事故发生、发现的经过。

（2）现场保护人员的姓名、职业、工作单位，到达现场时间、采取的保护措施及保护过程中发现的情况。

(3)现场勘察工作开始和结束的时间,当时的情况(气候、光线)。
(4)现场所在地点的位置及周围环境。
(5)记录现场情况属于哪一类现场,特别记明现场变动情况,变动原因或现场上所见的反常现象。
(6)记录现场丈量情况,如伤亡情况,车辆和其他物资损失情况,痕迹的详细情况,提出的痕迹,物证的名称和数量。
(7)说明现场拍照的内容,拍摄的数量等。
(8)说明绘制现场图的数量。
(9)现场技术鉴定材料情况。主要包括以下内容:
① 车辆技术鉴定;
② 道路鉴定;
③ 尸体检验情况。
(10)勘察现场的领导人和工作人员、法医签字。

2. 现场勘察记录的要求

(1)要使没有亲自参加勘察现场的人,能根据现场勘察记录记载的内容,对现场情况得到一个符合实际现场的概念。必要时,可以根据现场勘察记录恢复现场的原状。
(2)现场勘察记录应详细地记载勘察所见的情况,不要叙述那些对事故没有意义的记载。在事故处理过程中需要了解现场上某一情况时,现场勘察记录能作为查考的依据。
(3)保证笔录的客观性,能够客观,全面反映现场情况,起到证据作用,不准任何臆测记载。
(4)笔录的词句要确切,通俗易懂,不能用模棱两可的词句,如较近、不远、旁边、可能、大概等字样。凡是多次勘察现场,都应依次制作补充笔录。

7.2 交通事故责任认定

交通事故的责任认定就是对交通事故当事人有无违章行为,以及违章行为与交通事故后果之间的因果关系所进行的一种定性定量描述。

对交通事故的责任进行认定,是公安交通管理机关交通事故处理工作的主要任务之一,是后续工作的基础,是整个处理工作的中心环节。责任认定是否准确,直接关系到整个事故处理工作的成败。责任认定的目的,一是为了确定事故损害赔偿额的划分,二是为了追究肇事者的责任,三是能对其他交通参与者起到教育、警戒的作用,四是研究交通事故发生的规律,制订安全有效的安全防范措施和管理对策。

7.2.1 交通事故责任分类

在交通事故处理工作中,不仅要求对事故当事人是否负有事故责任进行定性的认定(即有无责任的认定),还必须对当事人的事故责任进行定量的认定(即有多大的责任),所以对交通事故责任必须进行定量的分类。根据合理、准确、可行的指导思想,把事故责任分为全部责任、主要责任、同等责任、次要责任、没有责任等五种。而根据交通事故的相互对应关系,可以分为以下几种交通事故责任类型。

1. 全部责任和没有责任

即交通事故完全是由一方当事人的交通违章行为所导致,另一方当事人没有任何违章行为,或者虽然也有违章,但和交通事故没有因果联系,则应由导致交通事故发生的一方当事人负该起交通事故的全部责任,即负100%的责任;另一方当事人则没有事故责任。

2. 主要责任和次要责任

交通事故中,双方当事人都有违反交通法规的行为,违章行为和交通事故发生都有因果关系,但是程度有区别,情节有轻重,有的违章是造成事故的主要原因,有的违章是造成事故次要原因。那样,应由违章情节较重,造成交通事故主要原因的一方当事人负事故的主要责任,即负51%～99%的事故责任;另一方当事人则负事故的次要责任,即负1%～49%的责任。

3. 同等责任

交通事故的双方当事人都有违反交通法规的行为存在,这种违章交通事故的发生都有因果联系,且违章情节轻重一样,在很难分清主次的情况下,则由双方当事人负事故的同等责任,即双方当事人各负50%的责任。

在交通事故中,如当事人有三方及三方以上的则可以根据各方当事人的违章行为与交通事故的联系,参照上述责任种类及定量标准进行认定,各方分担事故的责任。

7.2.2 交通事故责任认定的原则和方法

清楚分析导致交通事故发生的原因之后,交通事故的责任也就基本上能够确定了。"以事实为依据,以法律为准绳"是我国司法工作的基本原则之一,也是交通事故责任认定的基本原则。认定交通事故当事人负有事故责任,必须同时具备两个条件:一是当事人必须有违反交通法规的行为,二是当事人的违章和事故损害后果之间有因果关系。

路权原则和安全原则是认定交通事故责任的重要法律依据。路权包括通行权和先行权,两者又是紧密相连的,有了通行权,才可能有先行权。在事故当事人都有违章行为,并且违章行为和事故发生有因果关系,又都有违反路权的行为,根据路权原则无法认定事故责任时,则根据交通法规中的安全原则来认定事故当事人的责任。事故责任认定的具体过程如图7.2所示。

7 交通事故处理

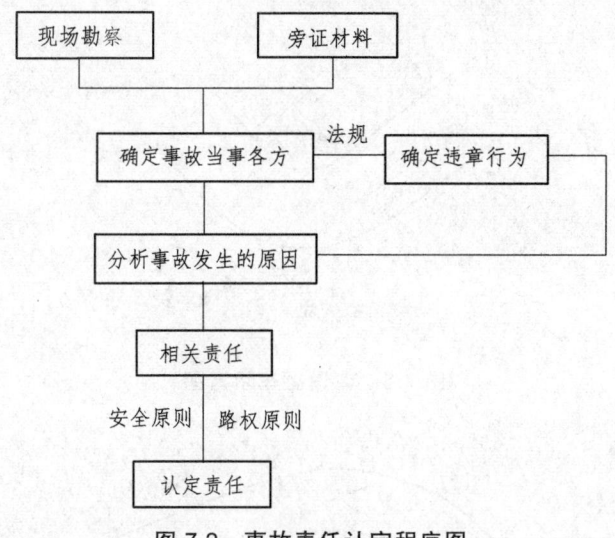

图 7.2 事故责任认定程序图

当事人对交通事故责任认定不服的,可以在接到事故责任认定书后 15 日内,向上一级公安交通管理机关申请重新认定。交通事故责任只能重新认定一次,即为终结认定。

7.2.3 责任认定举例

1. 负全部责任和无责任

1)弯道翻车

【例 7.1】 一辆装载锅炉片并乘坐 4 名装卸工的解放牌汽车,以超过 50 km/h 的速度行驶,砂石路面,路面宽 8 m,天下着小雨,当行至道路纵坡度为 0.01 左右,转弯半径 150 m 的弯道处时,由于超速行驶,翻到前进方向公路右侧的草地上,如图 7.3 所示。车上 4 名卸工被砸死 2 人,受伤 2 人,这起事故没有其他因素影响,就是因为下雨路滑,在弯道违章超速(规定速度 20 km/h)行驶造成翻车,驾驶员应负事故的全部责任,装卸工人无责任。

2)弯道追尾相撞

【例 7.2】 一辆满载货物的解放牌汽车 A,行驶在山区的三级公路上。路面宽 7 m,砂石路面,当行至道路纵坡度为 0.08 的路段时,驾驶员认为自己熟悉道路情况,为了节油便熄火空挡滑行,车速由 30 km/h 增加至 40 km/h 以上。在道路纵坡度逐渐减小,驶入转弯半径为 100 m 的弯道时,发现前面有一客车 B。客车用发动机制动(四挡),控制车速为 20 km/h 左右,A 车鸣号示意超车,B 车靠边让路,在 B 车还没有完全让开时,A 车已接近,A 车驾驶员便踩刹车减速,因刹车系统漏气,气压不足(0.3 MPa),刹车失灵(制动性能严重不符合标准),使其右前方与 B 车的左后部相撞,造成客车 5 名乘员受伤,双方车辆受损,如图 7.4 所示。造成这起事故的原因是 A 车违反驾驶操作规程,下坡熄火滑行,在弯道上超速行驶,以及刹车系统漏气,刹车失灵,而 B 车没有违章及构成事故的因素。所以 A 车驾驶员应负全部责任,B 车驾驶员无责任。

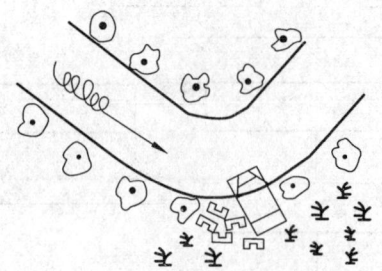

图 7.3 弯道翻车示意图

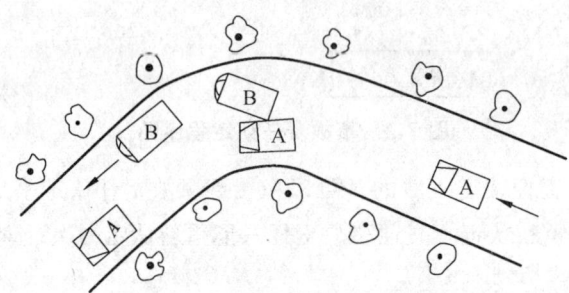

图 7.4 弯道追尾相撞示意图

2. 负主要责任和次要责任

【例 7.3】 弯道会车侧面接触 A、B 两台卡车均以超过 40 km/h 的速度相向驶入一转弯处,路面宽 7 m,转弯半径、会车视距等符合道路标准。在弯道处会车侧面相撞,A 车车厢上一人因相撞致死,如图 7.5 所示。

这次事故 A、B 两车均违反速度规定(20 km/h)驶入弯道,但是刀车逆行,超越道路中线 1 m,是事故的主要原因,所以 A 车驾驶员应负这次事故的主要责任,B 车超过规定速度驶入弯道也是这次事故的一个原因,所以 B 车驾驶员应负次要责任,死者无责任。

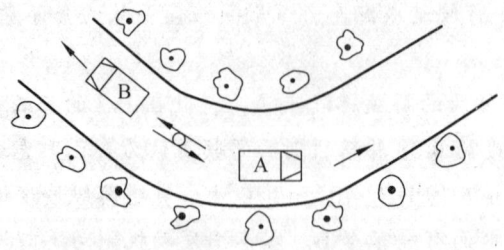

图 7.5 弯道会车侧面相剐示意图

【例 7.4】 直路会车侧面相剐

B 卡车和 A 吉普车在 9 m 宽的渣油路面的直线段上相向行驶,车速均超过 50 km/h,在两车相距 100 m 时,B 车超越相距 30 m 正常行驶的畜力车,超越畜力车后与 A 车侧面相剐,使 A 车调头,90°侧翻于前进方向右侧的边沟内,造成 A 车重毁,车上乘员 2 人死亡,2 人受伤,如图 7.6 所示。

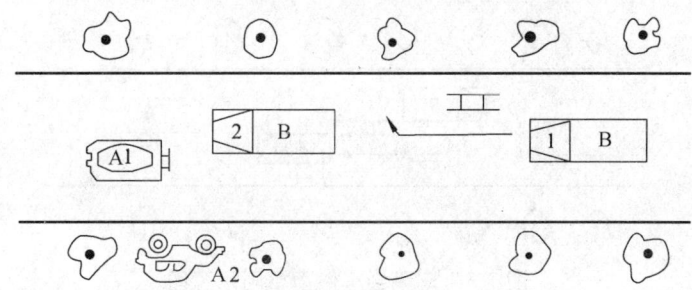

图 7.6 直路会车侧面相刮示意图

B 车违反交通规则关于超车的规定（距对面来车 150 m 以内不准超车），错误地认为超过畜力车后，可以与来车正常交会，这是造成事故的主要原因，所以 B 车驾驶员应负主要责任。

A 车驾驶员警惕性不高，自认为 B 车不能超越畜力车，所以没有减速并采取防范措施，继续以 50 km/h 的速度行驶，违反了交通规则关于会车的规定，故 A 车驾驶员应负事故的次要责任。

3. 同等责任

【例 7.5】 交叉路口迎头撞 A，D 两车通过支干不分的交叉路口时，都以 40 km/h 的速度（规定 20 km/h）行驶，A 车认为自己有优先通行的权力，B 车认为自己先进入路口，均以为对方能减速让车，距离很近时，已经措手不及，造成两车相撞，没有人员伤亡，如图 7.7 所示。

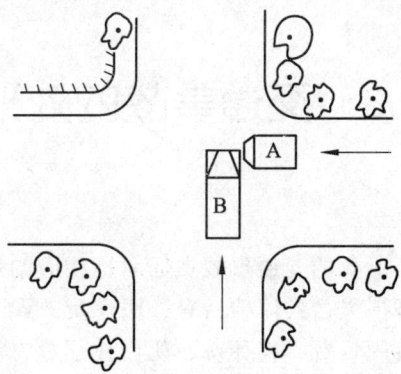

图 7.7 交叉路口车辆直角相撞示意图

这次事故是因为两方判断错误，争道抢行，超过规定速度通过交叉路口，接近时措手不及相撞，没有道路、车辆和其他方面的原因，此次事故 A、B 两车驾驶员应负同等责任。

【例 7.6】 会车侧面相刮

在路面宽 7 m，渣油路面的平直路段上，相向行驶的两台解放牌货车，均是五挡中油门，在路中间行驶，在临近时两方刹车，减速避让，但已来不及，造成在路中心线处相刮的事故，如图 7.8 所示。

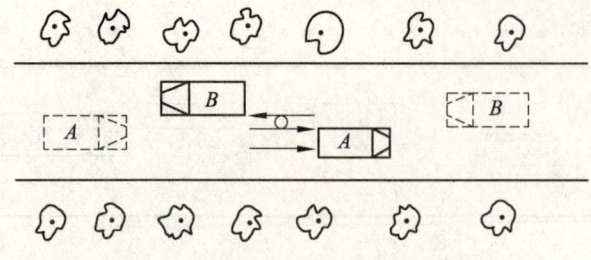

图 7.8 车辆会车侧面相刮示意图

造成这次事故的原因是双方违反会车规定，应负同等责任。

7.2.4 事故当事人的责任承担

（1）驾驶员违反交通规则或操作规程发生交通事故，由驾驶员负责。

（2）在教练员监护下学员驾驶车辆发生交通事故，由教练员和学员共同负责。

（3）驾驶员把车辆交给无证人驾驶发生交通事故，由驾驶员负责。

（4）怂恿驾驶员违章行驶，发生交通事故，由怂恿人和驾驶员共同负责。

（5）迫使驾驶员违章行驶（驾驶员已提出申辩无效）发生交通事故，由迫使人负责。

（6）行人、乘客违反交通规则而造成事故，由行人、乘客负责。

（7）因道路条件不符合技术要求而引起的交通事故，由公路工程和道路养护部门负责；因保修质量差，以及能够检查而没有检查，发生机械故障以致肇事，由有关人员负责。

（8）因例行保养不好，发生机械故障以致肇事由驾驶员负责；因交通指挥错误，发生交通事故，由交通指挥人员负责。

7.3 交通事故的处理

1. 损害赔偿

交通事故责任者应当按照所负的交通事故责任承担相应的损害赔偿责任。损害赔偿的总数额就是交通事故的直接经济损失，具体项目有：医疗费、误工费、住院伙食补助费、护理费、残疾者生活补助费、残疾用具费、丧葬费、死亡补偿费、被抚养人生活费、交通费、住宿费和车物损失折款。

各当事方的赔偿金额按式（7.2）计算。

$$P_i = K_i \cdot Q \tag{7.2}$$

式中 P_i——当事各方的赔偿金额 $(i=1,2,\cdots,n)$；

K_i——当事各方的赔偿系数 $(i=1,2,\cdots,n)$，全部责任时 $K_i=1$，主要责任时 $K_i=0.51\sim 0.99$，同等责任时 $K_i=0.5$，次要责任时 $K_i=0.01\sim 0.49$，很明显 $\sum_{i=1}^{n} K_i = 1$；

Q——表示直接经济损失。

2. 调解和调解终结

调解和调解终结是公安交通管理机关在事故处理中采用的两种结案方式。

1) 调 解

交通事故的调解可以通过会议的形式进行，也可以个别协商。调解取得一致意见，对经济责任及有关事宜达成协议后，形成调解协议书，当事各方签字生效。调解协议书的内容主要包括事故的简要经过、因果关系分析、违章行为及违反规定的具体条款、当事人责任的具体划分、造成的损害及经济赔偿的项目和金额、善后处理意见。

调解期限为 30 d，必要时可以延长 15 d。调解从治疗终结、定残之日、规定的丧葬结束之日或确定财产之日起计算。

2) 调解终结

调解终结是在结案工作条件已经基本成熟，调解期满后，但一方、双方或多方持反对意见，拒绝接受处理意见，经过反复做工作后仍不接受时，事故处理机关不再调解，当事人可以向人民法院提起民事诉讼。

调解终结书的内容除应具有调解书的内容之外，还应写明意见的分歧、裁决的依据和处理结论。

3. 对事故当事人的处罚

对事故当事人的处罚分为警告、罚款、吊扣驾驶证、吊销驾驶证、行政拘留和追究刑事责任。

1) 对驾驶员的处罚

造成交通事故尚不够刑事处罚的，对其违章行为依照《中华人民共和国道路交通管理条例》和其他道路交通管理法规、规章的规定处罚，符合下列第（1）、（2）项的，处 10 日以上 15 日以下拘留或者 150 元以上 200 元以下罚款；符合下列第（3）、（4）项的，处 10 日以下拘留或者 50 元以上 150 元以下罚款；符合下列第（5）、（6）项的，处 50 元以下罚款或者警告。

（1）造成特大事故，负次要责任以上的；
（2）造成重大事故，负同等责任以上的；
（3）造成重大事故，负次要责任的；
（4）造成一般事故，负主要责任以上的；
（5）造成一般事故，负同等责任以下的；
（6）造成轻微事故，负有交通事故责任的。

对第（1）、（2）项的机动车驾驶员，并处吊销机动车驾驶证；对前款第三项至第六项的机动车驾驶员，并处吊扣 1 个月以上 6 个月以下机动车驾驶证。

2) 对事故其他责任者的处理

事故其他责任者指驾驶员以外对事故负有责任的人员，包括车管人员和有关领导人，道路设计人员，保修工、检验员、行人、乘车人、养路工、路政管理人员及其他对事故有责任的人员，可根据具体情况和责任大小给予罚款、拘留直至追究刑事责任。

3）对当事人刑事责任的追究

造成交通事故构成交通肇事罪的，依法追究刑事责任。交通肇事罪的构成必须同时具备以下四个条件：

（1）交通肇事罪所侵害的客体是交通运输的正常秩序和交通运输的安全。

（2）交通肇事罪的客观方面表现为从事交通运输的人员违反规章制度，发生重大事故，致人重伤、死亡或者使公私财产受重大损失。

（3）交通肇事罪的犯罪主体，主要是从事交通运输工作的人员。

（4）交通肇事罪的主观方面必须是出于过失，即行为人在犯罪时的心理状态是出于过失而不是故意。

交通肇事罪的量刑，以及诉讼程序主要是司法机关的任务，公安交通管理机关主要负责现场勘察、证据收集的任务。

追究刑事责任时，处理机关需要写出交通事故鉴定书，其主要内容有：

（1）自然情况；

（2）案情摘要；

（3）现场勘察记录；

（4）事故原因；

（5）责任认定；

（6）追究刑事责任的依据；

（7）处理意见。

7.4 交通事故档案及统计报表

1. 交通事故档案

交通事故档案客观地记载着交通事故的全过程，它是分析交通事故的原始素材，通过对大量交通事故的分析，找出发生交通事故各方面的原因，诸如主观方面的原因和客观方面的原因，如行政、技术和教育方面的原因，人员、车辆、道路、环境方面的原因等，进而研究和判定减少交通事故的防范措施，做出从各方面防止交通事故的对策。事故档案还是交通安全教育宣传和预防事故教育的重要原始资料，同时也为了在一定时间内供有关部门复核案件使用，其主要内容有：① 交通事故处理批文；② 交通事故处理意见书；③ 交通事故处理协议书或裁决书；④ 驾驶员处分通知书；⑤ 现场勘察记录；⑥ 事故现场图；⑦ 事故现场摄影；⑧ 综合材料；⑨ 车辆技术鉴定；⑩ 道路技术鉴定；⑪ 讯问当事人笔录；⑫ 旁证材料；⑬ 尸体检验记录；⑭ 受伤人员诊断书；⑮ 其他有关资料。

2. 交通事故报告

首先各级公安部门将其管理范围内的交通事故在月后一日内报同级交通部门，然后县（市）、市（州、盟、行署）、省（市、区）三级交通部门分别于月后二日内、月后五日内、月后十日内进行汇总逐级上报，一式两份。各级交通部门在上报交通主管部门的时候，还要同时抄送给同级统计部门和公安部门，并报送给党政机关。

在进行交通事故统计时，将交通事故分为轻微事故、一般事故、重大事故和特大事故。

本章习题

1. 交通事故现场分哪几种？
2. 交通事故责任如何分类？
3. 简述事故责任的认定原则与方法。
4. 简述交通事故处理的内容。

8 交通安全评价

安全评价就是对被评价系统的整体安全程度进行评估,以此来确定人类对该系统安全水平的认可与否,并为系统的进一步改善提供信息基础。它是系统安全管理的重要环节。

道路交通安全评价是借助安全系统工程的相关理论,对道路交通系统安全的安全状态进行定性与定量分析,得出关于有关某一地区、线路或地段安全程度的评估结论,用以指导本地区的道路交通安全管理工作,或者对道路工程设计等方面提出指导性的改进意见。

8.1 交通安全评价概述

依据评价对象的不同,道路交通安全评价可分为宏观评价与微观评价。

道路安全宏观评价的主要目的在于分析随着区域的社会变革、经济和技术的发展,道路安全状况的变化,研究区域经济、车辆保有量、人口及其构成与道路安全(道路事故率)的相互关系,并在此基础上制订从宏观的技术和政策方面的道路安全性改善对策。不少国家将宏观层面上的道路安全评价问题列入国民健康范畴进行研究。

道路安全微观评价是从不同的角度分析影响道路安全、产生道路交通事故的各种具体因素,为改善道路交通安全状况制定技术与政策措施。对于道路交通领域的工程技术人员,则着重研究道路、交通环境因素与道路事故的关系,以指导道路安全设计。但由于影响道路安全的因素很多,相互有交叉,因而还必须从其他角度考虑安全问题。

依据评价的方法可以分为单一指标评价和多指标综合评价。依据指标的属性可以分为定性评价和定量评价。

交通安全评价的步骤包括:

(1)明确系统目标,熟悉安全管理方案。

(2)分析系统要害。根据评价的目标,集中收集有关资料和数据,对组成系统的各个要素及系统的性能特征进行全面分析,并找出评价项目。

(3)确定评价指标体系,科学地、客观地、尽可能全面地考虑各种因素。

(4)制定评价结构、评价准则,对所确定的指标进行定量化处理并使之规范化,确定各指标的结构与权量。

(5)确定评价方法。

(6)进行单项评价,就系统的某一特殊方面进行详细评价。

(7)综合评价,提出系统安全管理的改良方案。从系统的整体观点出发,综合分析问题,选择适当且可能实现的优化方案。

8.2 单一指标交通安全评价方法

长期以来,我国与世界大多数国家均采用事故统计方法进行交通安全度的评价,交通事故评价体系如图8.1所示。

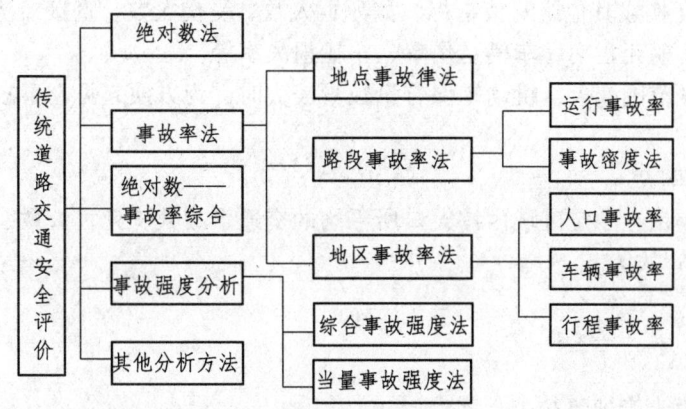

图8.1 常用的道路交通安全评价体系示意图

1. 绝对数

绝对数指标是反映交通事故状况的基本指标,常用的有:事故次数、死亡人数、受伤人数、直接经济损失等,习惯上称为四大指标。绝对数指标简单、清晰,是其他评价指标的计量基础,上述绝对数一般在事故记录中可直接获得。但绝对数指标是静态的、孤立的,无法反映实际道路、交通条件的差异对事故的影响。

2. 相对数

在相对数指标中,人们引入了一些相关因素作为比较的基础,这些相关因素与事故有着直接或内在的联系,从而使相对于这些相关因素的事故指标有较好的可比性。这样的相关因素很多,常用的有车辆保有量、交通量、人口和区域面积等。

1) 公里事故率 R_L

公里事故率即平均每公里的事故数,也称事故频数。由于将公路长度作为考虑因素,使事故次数更具有可比性,是仅次于事故次数的基础指标。如式(8.1)所示。

$$R_L = \frac{A}{L} \tag{8.1}$$

式中 R_L——每万车交通事故率,起/万车;
  A——事故数量,起;
  L——辖区内公路里程数,km。

2) 车辆事故率 R_V

车辆事故率表示在一定区域内按单位机动车保有量所平均的交通事故数,最常用的是万车事故率。如式(8.2)所示。

$$R_V = \frac{A}{V} \times 10^4 \tag{8.2}$$

式中　R_V——每万车交通事故率，起/万车；
　　　A——事故数量，起；
　　　V——机动车保有量，辆。

将事故数量 A 换成其他绝对值指标，如死亡人数、受伤人数、直接经济损失等，则车辆事故率还可表示车辆死亡率、车辆受伤率、车辆损失率等。

当研究的区域范围变大，机动车保有量数量较大时，为方便起见，事故率也可用百万车或亿车来计量。

3）人口事故率 R_P

人口事故率表示在一定区域内按人口所平均的交通事故数（死亡人数、受伤人数、直接经济损失）。其表达式为

$$R_P = \frac{A}{P} \times 10^4 \tag{8.3}$$

式中　R_P——每万人交通事故率，起/万人；
　　　A——事故数量，起；
　　　P——区域内人口总数，人；

4）综合事故率 R_{PV}

综合事故率是万车事故率与万人事故率的几何平均值，如式（8.4）的示。

$$R_{PV} = \frac{A}{\sqrt{PV}} \times 10^4 \tag{8.4}$$

式中　R_{PV}——综合事故率，当 A 采用死亡人数时 R_{PV} 也称死亡系数；
　　　A——事故数量，起；
　　　V——机动车保有量，辆；
　　　P——区域内人口总数，人。

5）运行事故率 R_K

车公里事故率是指在一定区域内，按所有机动车行驶一年的公里数总和所平均的交通事故数（或伤亡人数）。通常以百万车公里事故率或亿车公里事故率来表示，如式（8.5）所示。

$$R_K = \frac{A}{K} \times 10^8 \tag{8.5}$$

式中　R_K——1年间每亿车公里事故数，起/亿车公里；
　　　A——区域内一年总运行车公里数内发生的事故；
　　　K——区域内一年总运行车公里数。

3. 当量事故数与当量事故率

相对指标虽然考虑了相关因素，但大多是对某一因素单独考虑、计算，每一种事故率都反映了事故的一个侧面，对综合因素的反映是不够的，既然事故是多因素的综合作用的结果，

则应采用一些综合指标。这里介绍的是一些国家采用的事故综合指标。

1）当量事故次数

当量事故次数，有时也称当量死亡人数。它是考虑到在交通事故中，事故次数对事故严重性的描述是不够的，同样的事故次数，严重程度不同，其损失及对社会的危害程度也不同，不能将不同严重性的事故数简单累加，而是根据死亡、受伤及经济损失对社会危害性的大小赋予不同的权值，提出当量事故次数。常用的算法如下：

（1）当量事故数 A_{EQ} 由式（8.6）计算。

$$A_{EQ} = A + k_1 D + k_2 W + k_3 L \tag{8.6}$$

式中　A_{EQ}——当量事故数；
　　　A——实际事故次数，起；
　　　D——死亡人数，人；
　　　W——受伤人数，人；
　　　L——直接经济损失，万元；
　　　k_1——死亡的权重；
　　　k_2——受伤的权重；
　　　k_3——直接经济损失的权重。

（2）当量事故数 D_{EQ} 由式（8.7）计算。

$$D_{EQ} = D + k_1 W_G + k_2 W_F + k_3 L \tag{8.7}$$

式中　D_{EQ}——当量死亡人数；
　　　D——实际死亡人数，人；
　　　W_G——重伤人数，人；
　　　W_F——轻伤人数，人；
　　　L——直接经济损失，万元；
　　　k_1——重伤的权重；
　　　k_2——轻伤的权重；
　　　k_3——直接经济损失的权重。

2）当量事故率 R_{KEQ}

当量事故率是以当量事故数（当量死亡人数）来计算前面的各种事故率，从而更综合地反映事故水平。当量车公里事故率如式（8.8）所示。

$$R_{KEQ} = \frac{A_{EQ}}{K} \times 10^8 \tag{8.8}$$

3）致死率

致死率 d 是通过死亡人数占伤亡人数的比例来表征事故的严重水平，由式（8.9）计算。

$$d = \frac{D}{W+D} \times 100 \tag{8.9}$$

式中　D——死亡人数，人；
　　　W——受伤人数，人。
4）事故强度分析法
（1）综合事故强度分析法
由死亡强度指标确定，计算方法如式（8.10）所示。

$$K = \frac{10^4 \times M}{\sqrt{RCL}} \tag{8.10}$$

式中　K——死亡强度指标，K越小，安全度越高；
　　　M——当量死亡人数，M = 死亡人数 + 0.33 × 重伤人数 + 0.10 × 轻伤人数 + 0.2 × 直接经济损失（万元）；
　　　C——当量汽车数，C = 汽车 + 0.4 × 摩托车和三轮车 + 0.3 × 自行车 + 0.2 × 蓄力车；
　　　R——人口数，$R = 0.7P$，P为人口总数；
　　　L——道路因素。

（2）当量事故强度 K_d
K_d由式（8.11）计算。

$$K_d = \frac{D_d}{\sqrt[3]{PN_dL}} \times 10^3 \tag{8.11}$$

式中　K_d——当量死亡强度；
　　　D_d——当量死亡人数；
　　　N_d——当量汽车数；
　　　L——辖区道路总里程；
　　　P——辖区人口总数。

综合以上各种指标，它们都有各自的特点，从不同的侧面，不同的深度反映了事故的水平。

上述传统道路交通安全评价方法主要基于单一指标，从道路交通系统安全的某一方面进行评价，具有一定的说明效果，但并不全面。道路交通系统本身具有多个属性标度，必须利用多个指标综合地对道路交通系统的安全状况进行评价，才有可能得出正确的评价结论，并且可以利用评价过程中产生的信息，进一步明确道路交通系统安全建设管理中的薄弱环节，从而有的放矢地制定针对性的改进措施。

8.3　交通安全综合评价内涵及原则

1. 道路交通安全综合评价内涵

道路交通安全综合评价，是以特定的道路交通系统为对象，采用定性或者定量方式，对该系统的安全特征作出客观描述,以便进行评定和比较。道路交通安全综合评价是道路安全工作的首要任务,其核心是对于评价对象的道路交通安全状况及其变化趋势进行客观的描述,确定影响交通安全的因素以及制约程度,为改善道路交通安全提供依据。道路交通安全综合评价不仅是安全状况的客观反映,而且可以解析评价对象的交通安全症结,为分析、改善道路交通安全提供客观的数据和科学的依据,其主要目的可归纳为以下几点:评价特定区域内的交通安全状况;预测交通安全态势,提出预警信息;为交通安全决策提供科学依据。

鉴于道路交通安全系统的影响因素众多,管理效果体现在多个方面,道路交通安全综合评价应依据多目标评价的原则,建立全属性;将多个描述评价对象不同方面且量纲不同的定性和定量指标,转化为无量纲的评价值;综合这些评价值,得出对评价对象的一个整体评价。

2. 道路交通安全评价指标体系建立原则

(1)整体完备性原则。道路交通安全的评价是一个涵盖多因素的、多目标的复杂系统,单一因素评价指标只能从某一侧面反映系统的某种性能,而不能反映系统的整体特点和效益,因此评价指标体系应力求从各个不同角度反映出被评价系统的主要特征和状况,而且还要反映系统的动态变化,能体现出系统的发展趋势。

(2)科学性原则。具体指标的选择应该建立在充分认识、研究系统的科学基础上,并且能够反映评价系统。既有定量分析指标又有定性分析指标,既有宏观性指标,又有微观性指标,做到定量与定性、微观和宏观相结合。

(3)可操作性原则。指标体系不是越庞大越好,要考虑到指标的量化及数据取得的难易程度和可靠性,尽量选择那些有代表性的综合指标和主要指标。

(4)可比性原则。在确定评价指标和标准时,必须考虑到时间和空间变化的影响,合理选用相对指标和绝对指标,以保证各方案指标的可比性。

(5)层次性原则。指标体系应根据研究系统的结构分出层次,在此基础上将指标分类,这样才能使指标体系结构清晰,便于使用。

(6)动态性和稳定性相结合的原则。指标体系内容不易变动过频,在一定时期内,应该保持其相对的稳定性,但指标体系也要随评价系统的发展逐步调整。

(7)相对独立性原则。为了降低信息的冗余度,指标体系中的各种指标应力求保持相对独立。

8.4 基于层次分析法的城市道路交通安全综合评价

1. 层次分析法(AHP)

层次分析法(The Analytic Hierarchy Process,AHP),是美国匹兹堡大学教授萨蒂于20世纪70年代提出的,近年已经开始在我国管理界得到应用,是一种定性分析和定量分析相结合的、较新的多目标决策方法。它将决策问题按总目标、各层子目标、评价标准直至具体的备择方案的顺序分解为不同的层次结构,然后利用求解判断矩阵向量特征,求得每一层次的各元素对上一层次某元素的优先权重,最后再用加权和的方法递阶归并各备择方案对总目标的最终权重,此最终权重最大者即为最优方案。这里所谓"优先权重"是一种相对的量度,它表明各备择方案在某一特点的评价准则或子目标下优越程度的相对量度,以及各子目标对上一层目标(或总目标)而言重要程度的相对量度。层次分析法比较适合于具有分层交错评价指标的目标系统,而且目标值又难于定量描述的决策问题。其用法是构造判断矩阵,求出其最大特征值及其所对应的特征向量 W,归一化后,即为某一层次诸指标相对于上一层次某相关指标的相对重要性权重。

2. AHP 在确定城市道路交通安全评价指标权重上的具体应用

本节将城市道路交通安全评价指标分为主要交叉口评价指标 B_1、主要路段评价指标 B_2、区域评价指标 B_3,共 3 项指标;第二层共计 19 项指标。指标体系如表 8.1 所示。具体步骤如下所述。

表 8.1 城市道路交通安全评价指标体系

目标层	准则层	指标层
城市道路交通安全评价指标 A	主要交叉口评价指标 B_1	速度比 C_{11} 交通事故率 C_{12} 违章率 C_{13} 延误 C_{14} 交叉口管理水平 C_{15} 交叉口饱和度 C_{16}
	主要路段评价指标 B_2	区间速度 C_{21} 交通事故率 C_{22} 违章率 C_{23} 交通阻塞密度 C_{24} 交通标志标线完备率 C_{25} 路段饱和度 C_{26}
	区域路网评价指标 B_3	平均行驶速度 C_{31} 安全度 C_{32} 交通管理设施完备率 C_{33} 交通规划与管理组织水平 C_{34} 区域交通管理水平 C_{35} 社会公众满意度 C_{36} 公共交通安全意识水平 C_{37}

（1）构造判断矩阵。
（2）对每一层的判断矩阵，其特征根和相应的特征向量通常采用方根法求其近似解。
（3）层次单排序列及一致性检验。
（4）层次总排序及其一致性检验。

本章习题

1. 试分析交通安全评价的目的和意义。
2. 试分析各种交通安全评价方法的优缺点及适用条件。
3. 简述运行层次分析法进行交通安全评价的步骤。
4. 试说明交通安全评价指标体系中各指标的意义。

9 交通安全管理

交通安全管理的内容包括对影响交通安全因素的分析，交通事故的致因形式和过程分析，对交通系统进行安全评价，识别事故多发点，提出交通安全管理措施。

9.1 影响交通安全的因素

道路交通事故是在特定的交通环境下，因人、车、道路、环境和管理所构成的动态系统在某些环节上的失调，所引发的意外事件。人、车、道路、环境和管理是构成道路交通安全系统的5大要素，是影响交通安全的基本因素。

交通管理是分析交通安全问题时不可忽略的要素。交通管理部门针对驾驶员、车辆、道路设施以及交通环境的组织和处理工作能够深刻地影响交通安全的方方面面。因此，交通管理因素是交通系统涉及面最为广泛也最为宏观的要素，同时也是交通安全影响因素中最复杂的因素。

交通管理因素渗透在交通安全其他四个影响因素之中，并与它们相互作用，共同影响着道路交通安全状况。交通管理因素主要是从以下四个方面在交通安全问题上发挥有效作用：

（1）驾驶员方面：通过制订相关的法律法规，规范行驶过程中交通参与者的行为；制订合理的驾驶培训的内容，规范驾驶员资格认定标准和资格管理，正确遴选和管理职业驾驶员；严格按照法律法规处理违反管理措施的驾驶员。

（2）车辆方面：制订规范的车辆生产、维护以及报废标准；进一步规范并定期检查车辆的安全技术性能等管理措施。

（3）道路方面：制订道路设计和建设的标准和规范；同时制订道路养护和维修的标准和规范；提出道路设施的改造方法和策略等管理措施。

（4）交通环境方面：加强交通安全的宣传和教育；构建针对不良天气条件的预警、报警和预防灾害的应急系统；加强维护和管理道路的景观和绿化；合理地控制、组织诱导变通流等管理措施。

9.2 交通事故致因理论

事故致因理论（Accident-Causing Theory）是从大量事故谱本质原因的分析中提炼出的事

故机理和事故模型。这些机理和模型反映了事故发生的规律性，能够为事故原因的定性、定量分析，为事故的预测、预防，为改进安全管理工作，从理论上提供科学的完整的依据。

随着社会和科学技术的发展，交通事故发生的本质规律也在不断变化，人们对事故原因的认识也在不断深入，先后出现了十几种具有代表性的事故致因理论。主要的事故致因理论有事故倾向性格论、事故因果连锁理论、能量转移理论、瑟瑞事故模型、动态变化理论、轨迹交叉论、哈顿模型等。这些事故致因理论都是基于对一般工业事故的观察、研究而提出的。

9.2.1 事故倾向性格论

格林伍德（M. Greenwood）和伍兹（H. Woods）于1919年提出了事故倾向性格论，后来纽伯尔德（Newboid）于1926年以及法默（Farmer）于1939年分别对其进行了改进。该理论认为从事同样的工作和在同样的工作环境下，某些人比其他人更易发生事故；这些人是事故倾向者，他们的存在会使生产中的事故增多；如果通过人的性格特点区分出这部分人而有选择性地雇佣，则可减少工业生产中的事故。该理论把事故致因归咎于人的可靠性，但是后来的许多研究结果并没有证实此理论的正确性。

9.2.2 事故因果连锁理论

海因里希最早提出事故因果连锁理论（Accident Causation Sequence Theory）。他用该理论阐明导致伤亡事故的各种因素之间以及这些因素与伤害之间的关系。该理论的核心思想是：伤亡事故的发生不是一个孤立的事件，而是一系列原因事件相继发生的结果，即伤害与各原因相互之间具有连锁关系。

海因里希提出的事故因果连锁过程包括：遗传及社会环境、操作者缺陷、人的不安全行为或物的不安全状态、事故、损害或伤害。事故因果连锁关系可用5块多米诺骨牌来形象地加以描述。如果第一块骨牌倒下：（即第一个原因出现），后面的骨牌相继被碰倒（相继发生），即发生连锁反应。最后一块牌即为伤害。因此，该理论又被称为多米诺骨牌理论。海因里希的事故因果连锁理论建立了事故致因的事故链这一重要概念，促进了事故致因理论的发展，成为事故研究科学化的先导，具有重要的历史地位。

美国国际损失控制研究所前所长博德（Frank Bird）在海因里希事故因果连锁理论的基础上，提出了管理观点较强的事故因果连锁理论。博德的事故因果连锁过程同样为5个因素，但每个因素的含义与海因里希的都有所不同：第一，管理系统；第二，个人及工作条件的原因；第三，直接原因；第四，事故；第五，损失。托普斯（Topves）对这一理论进行了简单的改进，引入事故后初始损失和最终损失，构成了如下因果连锁：管理缺陷→基本原因→直接原因→事故→初始损失→最终损失。在事故与初始损失之间设置屏障，在初始损先后通过应急行动防止或减少最终损失。博德事故因果理论认为事故的根本原因在于管理上的缺陷。这一理论对当前交通安全管理的理论和实践具有重要的借鉴作用。

英国伦敦大学的约翰·亚当斯（John Adams）教授提出了另一种与博德事故因果连锁理论类似的因果连锁模型。亚当斯理论的核心在于对造成现场失误的管理原因进行了深入研究。亚当斯因果连锁理论对公路运输企业建立安全管理体系具有一定的理论指导意义。

总结各种事故因果连锁理论对事故致因与事故发生之间的关系阐述，可以归纳出因果连锁理论的三个类别，多因致果集中型、因果连锁型和集中连锁复合型。

（1）多因致果集中型是指有多种不同因素在同一时间同一地点共同导致事故的发生。

（2）因果连锁型指一个原因要素促成下一要素发生。传统的事故因果连锁理论，包括海因里希因果连锁论、改进的博德事故因果连锁理论和多米诺骨牌事故模型。

（3）集中连锁复合型是指有因果连锁，又有一系列原因集中，复合组成事故结果。

以上三种类型中，单纯的集中型或单纯的连锁型均较为少见，实际事故的发生大多数是集中连锁复合型的。图9.1所示为三种因果连锁类型的示意图。

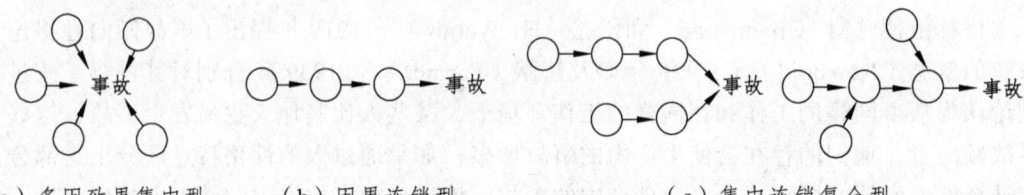

（a）多因致果集中型　　（b）因果连锁型　　（c）集中连锁复合型

图9.1　三种因果连锁类型的示意图

9.2.3　能量转移理论

吉布森（Gibson）1961年提出，并由哈登（Haddon）1966年引申的"能量转移理论"（The Energy Transfer Theory），是事故致因理论发展过程中的重要一步。该理论认为，事故是一种不正常的或不希望的能量转移，各种形式的能量构成了伤害的直接原因。如果意外释放的能量转移到人体，并且能量超过了人体的承受能力，人体就将受到伤害。吉布森和哈登从能量的观点出发，曾经指出：人受伤害的原因只能是某种能量向人体的转移，事故是一种能量的异常或意外的释放。每一次能量改变都存在一个能量源、一个路径和一个接受者。因此，应该通过控制能量源或者切断能量转移的路径的载体或帮助能量接受者采取防范措施来预防伤害事故的发生。

能量转移理论在道路交通事故管理中有着许多应用。不仅能被用作解释道路交通事故伤亡或损失的直接原因，更重要的是可应用于预防和避免道路交通事故的发生。

9.2.4　瑟利事故模型

瑟利（J. Surry）提出了一种以人对信息的处理过程为基础描述事故发生因果关系的事故模型，称为瑟利事故模型（Surry's Accident Model）。该理论认为，人在信息处理过程中出现失误从而导致人的行为失误，进而引发事故。瑟利把事故发生过程分为危险出现和危险释放两个阶段。这两个阶段各自包括一组人对信息处理的类似过程，即知觉、认识和行为响应的过程。在危险出现阶段，如果人的信息处理的每个环节都正确，危险就能被消除或得到控制；反之，只要任何一个环节出现问题，就会使操作者直接面临危险。在危险释放阶段，如果人的信息处理过程的各个环节都是正确的,则虽然面临着已显现出来的危险,但可避免危险释放出来,不会带来伤害或损害;反之,只要任何一个环节出错,危险就会转化为伤害或损害。

9.2.5 动态变化理论

动态和变化的观点是近代事故致因理论的又一基础。1972年,本尼尔(Benner)提出了在处于动态平衡的生产系统中,由于"扰动"导致事故的理论,即事故P理论(P-Theory of Accident),提出了"多线事件连锁方法"的事故调查方法。此后,约翰逊(Johnson)于1975年发表"T变化-失误"模型,佐藤吉信1981年提出了"作用-变化与作用连锁"模型。

9.2.6 轨迹交叉论

轨迹交叉论(Orbit Intersecting Theory)的基本思想是:伤害事故是许多相互联系事件顺序发展的结果。这次事件概括起来不外乎人和物(包括环境)两大发展系列。当人的不安全行为和物的不安全状态在各自发展过程中(轨迹),在一定时间内、空间发生了接触(交叉),能量转移于人体时,伤害事故就会发生。而人的不安全行为和物的不安全状态之所以产生和发展,又是受多种因素作用的结果。

9.2.7 哈顿模型

美国的William Haddon将道路交通描述为一个设计得不好的"人造机器"系统,需要对它全面系统地进行"治疗"。他提出了著名的"哈顿矩阵模型"(Haddon模型),阐明了在交通事故的三个阶段(碰撞前、碰撞时和碰撞后)中互相作用的三个因素:人、车和环境。哈顿模型用哈顿矩阵表示,该矩阵构成了系统动力学模型,矩阵中每一个元素都有机会采取干预以减少道路交通伤害的发生。

9.3 事故多发点鉴别

9.3.1 事故多发点的定义

事故多发点顾名思义是交通事故容易发生的点,也就是通常说的危险点。事故多发点的定义有很多不同的表述方式,综合来看,事故多发点指的是在较长的一段时间内,发生的交通事故数量或特征比其他正常位置明显突出的点(也可以指路段或区域),国外多称之为 Accident-Prone 或 Hazardous Locations,俗称为 Black-Spots。

事故多发点的存在不仅严重降低了道路的服务质量,而且很大程度上威胁着道路交通安全，因此，鉴别事故多发点，进一步分析事故多发点的成因，提出相应的治理对策，从而采用经济有效的方法改善交通安全状况。特别在资金匮乏的状态下，优先改进事故多发点的交通安全状况是十分必要的。

9.3.2 事故多发点鉴别方法

目前，国内外有关事故多发点的鉴别方法很多，主要有事故频率法、事故率法、矩阵法、质量控制法和累计频率曲线法等。

1. 事故频率法

事故频率法是选取一临界的事故次数作为判别标准，若在规定范围内和一定时间内事故次数大于标准值，则认定为事故多发点。如英国就规定：① 0.1 km² 范围内，1年有超过4次的事故发生称为危险点；② 0.3 km 长的路段上，三年有超过12次的事故发生也称为危险点；③ 1 km² 范围内，1年有超过40次的事故发生称为事故易发点。

事故频率法最大的优点就是简单直观，易于进行统计分析和计算。缺点时统计的事故数量必须具备绝对的真实性，不能存在隐瞒或遗漏数据；另外，该方法选用的只是事故统计中的绝对指标，并没有运用包含交通量因素的相对指标，仅适用于同一条道路或是交通量差别不大的不同道路。

2. 事故率法

事故率法是把发生的事故次数与路段交通量、长度结合起来鉴别事故多发点，即选用相对指标事故率作为判定事故多发点的依据。当事故率大于预先设定的临界值时，则认为该点（段）为事故多发点，其事故率一般采用式（9.1）计算。

$$U_\mathrm{f} = \frac{\mu \times 10^8}{365 \times AADT \cdot L} \tag{9.1}$$

式中　U_f——事故率（次/亿车千米）；

μ——1年内长度为 L 的路段上发生的事故总数；

$AADT$——长度为 L 的路段上的年平均日交通量；

L——路段长度，km。

事故率法选用了相对指标鉴别事故多发点，综合考虑了路段交通量和长度因素，相对于事故频率法其适用范围要广。该方法的缺点是容易导致具有低交通量、低事故数的路段却得出高事故率；而具有高交通量、高事故数的路段却得出低事故率。另外，确定事故率的"标准值"是比较困难的，目前我国还没有达成统一的规定。

3. 矩阵法

矩阵法是通过综合发生的事故次数和事故率来鉴别事故多发点，以事故次数为水平轴，事故率为垂直轴，并对研究单元构成的事故次数和事故率矩阵进行区域划分。图 9.2 就被划分为四个危险度不同的区域：1区为高事故率、高事故数区，即为事故多发点；2区为高事故率、低事故数区；3区为低事故率、高事故数区；4区为低事故率、低事故数区，即为安全点。图中2、3区是不确定区域，应对其进行进一步分析和判断。

矩阵法综合了事故频率法和事故率法。该方法的缺点是只能表示路段的危险程度，不能从本质上区分低事故次数高事故率路段和高事故次数低事故率路段。另外，矩阵法的区域划分也同样存在一个"标准值"的确定问题。

图9.2 矩阵法

4. 质量控制法

质量控制法假定在道路上各处的运行条件不存在特别缺陷的情况下，具有平均事故率的道路发生事故次数的概率符合二项分布如式（9.2）所示。

$$P(x=k) = C_m^k P_0^K (1-P_0)^{(m-k)} \tag{9.2}$$

式中　k——发生的事战次数；
　　　m——道路上累计的车千米数；
　　　P_0——平均事故率。

通常由于m值很大，P_0值很小，其分布与泊松分布极为接近，故转化为式（9.3）。

$$P(x=k) = \frac{\lambda^k}{k!}e^{-\lambda} \tag{9.3}$$

式中　λ——平均事故数。

通过比较特定点的事故率与相似特征点的平均事故率，得出一定置信水平下的事故临界比率R_c，如式（9.4）所示。

$$R_c^{\pm} = A \pm K\sqrt{\frac{A}{M}} \pm \frac{1}{2M} \tag{9.4}$$

式中　R_c——临界比率，R_c^+为上限，R_c^-为下限；
　　　A——相似路段的平均事故率；
　　　K——统计常量，当取95%置信度时，$K=1.96$；
　　　M——特定点的事故记录在一定年限内累计行驶的里程。

质量控制法的优点是适用范围比较广泛，不仅适用于同一条道路的事故多发点的鉴别，也适用于多条道路的横向比较。质量控制法的缺点是不能确定改善事故多发点的优先顺序，也不能反映事故的相对严重程度，并且需要大量统计数据来支撑置信度的选取，如统计数据偏少会造成最终分析结果的偏差，将会进一步降低该方法的准确性。

5. 累计频率曲线法

1）基本原理

累计频率的基本原理是同一条道路的行车条件不可能处处相同，则实际事故发生沿道路分布是不均匀的。虽然事故的发生存在一定的偶然性，但存在一个不容置疑的事实是少量事故或不发生事故的路段占道路的大部分，事故次数集中发生于少部分路段上，并且事故数越高的路段占的比例越小。累计频率法通过排序事故数发生的频率，计算其累计频率，再分离出累计频率很小、事故数却很高的"突出点"，从而找出事故多发点。

2）方　法

以长度单元（通常为 1 km）发生的事故次数为横坐标，以事故次数的累计频率为纵坐标，绘制事故累计频率的散点图，运用统计方法求出累计频率拟合曲线，分析拟合曲线的突变点，其突变点指的是拟合曲线曲径 $R=|y''|/[1+(y')^2]^{3/2}$ 最小值对应点，并以突变点来界定事故多发点。

3）指　标

在事故多发点的鉴别中，若仅采用事故次数或基于事故次数的事故率指标作为鉴别标准，则对交通事故严重程度的描述是不够的，故应引入能综合考虑事故次数、死亡人数和受伤人数的综合指标。当沿线交通量差别不大或缺乏交通量资料时，采用等量事故数即可；当沿线交通量变化较大时，则应当采用当量事故率。

（1）当量事故数。

当量事故数是实际事故次数与死亡人数、受伤人数的加权求和，它的计算公式为

$$A_d = A + k_1 D + k_2 W \tag{9.5}$$

式中　A_d——当量事故次数；

A——实际事故次数；

D——死亡人数；

W——受伤人数；

k_1、k_2——与死亡人数、受伤人数相关的权值。

（2）当量事故率。

当量事故率是以当量事故数来计算的事故率，它不仅考虑了交通事故严重程度，而且综合考虑了交通量和路段长度、从而能更全面地反映交通事故水平，其计算公式为

$$R_d = \frac{A_d}{365 \times AADT \cdot L} \times 10^8 = \frac{A + k_1 D + k_2 W}{365 \times AADT \cdot L} \times 10^8 \tag{9.6}$$

式中　R_d——当量事故率，次/（亿车·km）；

$AADT$——年平均日交通量，pcu/d；

L——路段长度，km。

累计频率法的优点是解决了统一设定"标准值"不能适用于不同道路不同交通事故状况的矛盾。该方法适用于微观事故多发点的鉴别分析。

【例 9.1】　应用累计频率曲线线法对沪昆高速公路（昌樟段）交通事故多发点进行鉴别。

鉴别待研究问题为同一条高速公路，各路段交通状况相似，交通量不是影响事故多发位置鉴别的主要原因，因此采用当量事故数作为鉴别指标，取当量事故数中的死亡事故权 $k_1 = 2$，受伤人数权重 $k_2 = 1.5$。

根据沪昆高速公路（昌樟段）2003—2008 年交通事故数据，计算出该公路的当量事故数，运用 SPSS 软件中"Regression"菜单下"Curve Estimation"命令，绘制出沪昆高速公路（昌

樟段）的当量事故数累计频率曲线，如图9.3所示。

沪昆高速公路（昌樟段）交通事故累计频率拟合曲线表达式为

$$y = 1.664 \times 10^{-5} x^3 + 0.016 x^2 - 2.746 x + 110.7$$

其拟合优度 $R^2 = 0.998$。

再计算累计频率拟合曲线的曲率半径 $R = |y''|/[1+(y')^2]^{3/2}$，当 $\mathrm{d}R/\mathrm{d}x = 0$ 时，$x = 76.7$。由此得出结论：当量事故次数不少于77的路段为沪昆高速公路（昌樟段）的事故多发点，则沪昆高速公路（昌樟段）多发点的具体位置及相应的事故次数如表9.1所示。

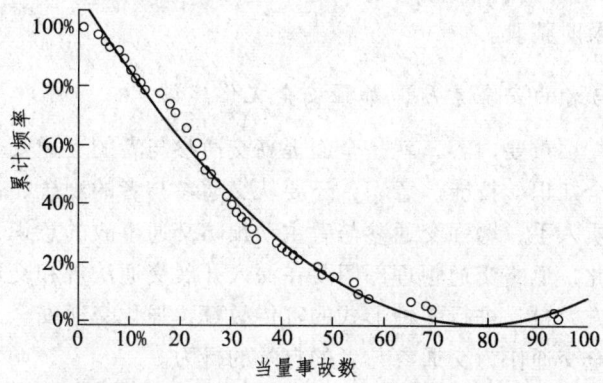

图 9.3　沪昆高速公路（昌樟段）的当量事故累计频率及拟合曲线

表 9.1　沪昆高速公路（昌樟段）事故多发点

事故多发点的位置	当量事故次数	事故次数
K300+000~K301+000	93	19
K349+000~K350+000	94	16

9.4　道路交通安全管理措施

9.4.1　宏观的交通安全管理措施

1. 加强交通事故预防的科学研究

积极开展交通安全科学研究。深入研究道路交通事故的成因、规律、预测方法和预防对策，对于更加科学、有效地预防事故，有着极其重要的意义。同时，这项工作也为各项交通管理业务和制订交通法规提供了可靠的依据。

交通事故预防的研究应立足于我国道路交通的实际情况，着眼于法制、科学管理和科学技术，借鉴世界先进经验，引进先进技术，研究我国的道路交通安全科学原理、交通事故预测方法、交通安全控制系统和交通安全信息系统。努力从理论上和技术上解决我国道路交通的事故预防问题，改变目前被动治理交通事故的状况，向着主动预防交通事故发生的方向努力。

2. 加强道路交通安全管理

在交通安全管理中采用计划、执行、检查、总结、评比的管理方法。第一，要制订一定时期的交通安全管理总的工作计划，提出总的奋斗目标和措施；第二，将制订的计划和措施具体组织实施；第三，把计划执行的情况与预定指标对比、检查，发现情况和问题；第四，总结经验和教训；第五，进行评比，增加交通安全管理的反馈作用。同时，加强道路交通秩序管理和点面控制，加强动态巡逻，严格取缔交通违章；加强监控手段，装备电视监控、电子警察、雷达测速、乙醇检测等先进设备。在交通安全管理中，要坚持以预防为主的方针，深入有车单位和车辆保修部门，检查交通安全管理工作和车辆维修保养情况，总结经验，予以推广，发现问题，及时整改。

3. 提高交通参与者的安全素质，加强安全文化建设

预防交通事故的一项重要内容，就是全面提高交通参与者的交通安全素质。不但要增强交通参与者的交通安全知识、技能、意识，还要从交通参与者的观念、伦理、情感、态度、认识、品德等人文素质入手，增强交通参与者主动预防交通事故的意识，纠正不良的交通心理、行为、习惯。为此，道路交通管理部门要在深入开展交通法规和交通安全知识教育的同时，充分依靠社会各方力量，进行多种形式的宣传教育，强化交通安全意识。使交通参与者把遵守交通法规、安全交通作为交通参与者的自觉的行为。

4. 深入开展交通安全教育宣传

预防交通事故应加强交通安全教育，积极开展交通安全宣传，普及交通安全知识，增强全民交通安全意识。

5. 提高汽车安全性能

汽车安全性能是指汽车以最小的交通事故概率和最少的公害适应使用条件的能力。汽车安全性能直接影响到人的生命安全，以及汽车和运输货物的完好，是构成交通事故的重要原因之一。改善车辆的直接视野和间接视野，安装倒车灯和倒车警报器；提高风挡玻璃的透视性能；采取防眩目的措施，提高前照灯的照度；改善车辆的制动性能，如采用双管路制动、制动系统故障报警系统，提高轮胎的防滑性能等措施，都可以主动预防交通事故。

6. 加强交通安全监督

加强交通安全监督是预防交通事故不可缺少的重要环节。道路交通安全是一个社会系统工程，需要政府、社会各部门和广大人民群众的参与配合。在经济体制变革的过程中，交通主体及其在交通活动中所形成的社会关系，交通主体的交通需求都发生了较大的变化，尤其是对驾驶员管理和交通安全工作的弱化。十分有必要加强交通安全的监督，与交通安全有关的监督主要有以下几个方面：

（1）对政府的交通安全责任的监督。

（2）对道路交通安全的宣传教育。

（3）对道路交通规划、设计、施工应当符合道路交通安全的要求。道路规划、设计审定前和竣工验收时应当听取公安机关交通管理部门有关道路交通安全方面的意见。

（4）对机动车驾驶员培训及培训学校的监督。
（5）机动车制造企业应当根据国家标准对其生产的机动车进行安全技术检验。

9.4.2 对交通安全瓶颈的管理措施

在按照9.3节介绍的事故多发点的鉴别方法进行交通安全瓶颈识别的基础上，分析造成瓶颈的主要因素，采取针对瓶颈点的微观交通安全管理措施，从瓶颈点入手显著提高道路交通安全性。以下介绍针对典型的导致瓶颈因素的安全管理措施。

1. 行 人

行人是交通系统中的弱者，涉及行人的交通事故发生率较高，而且死伤率较高。因此，可以通过完善各种步行交通设施来加强对步行交通的管理。如在人行道与机动车道、非机动车道之间设置隔离设施，如设置绿化隔离带等；在路面宽度允许的情况下尽量开辟专用的人行道；在行人过街交通量较大的路段加强行人过街交通警示；在易发生事故的人行横道位置，设置安全岛、人行过街信号灯，甚至人行过街天桥或地道（在行人过街量和主路车流量都较大的路段及学校、商业网点周边路段等位置）；通过媒体宣传、加强执法等各种手段。强化行人的道路交通安全意识。

2. 车 辆

（1）中大型车辆。中大型车辆较易引发严重的交通事故，可以针对道路上的中大型车辆采取一些措施，以降低中大型车辆引发的事故率和事故的严重程度。如采取专门针对中大型车辆的车速限制措施；禁止特殊时段在城市主干路或特定区域内的中大型车辆通行；对中大型车辆超载超限进行严格管理。

（2）摩托车。与其他类型机动车相比，摩托车的交通安全性较低，对驾驶人的保护程度较差，容易引发死伤事故。因此，可以针对道路上的摩托车采取一些管理措施，以降低摩托车事故率和事故的严重程度。如加强慢车道与非机动车和人行道之间的隔离，以降低在慢车道上行驶的摩托车对非机动车和行人安全的影响；加强对摩托车牌照申领、车速、驾驶行为、驾驶资格等方面的规范管理；在道路条件允许的情况下给予摩托车更大的通行空间；在交通状况特别复杂的城市区域，限制摩托车通行（如广州等城市实施了限制摩托车在市区通行的政策）。

3. 道 路

1）道路线形方面

可以采取工程改造措施和加强交通警示两种措施。在工程改造方面，如对平、纵曲线及超高等线形组合不合理的路段进行改造；对平、纵视距严重不足的路段进行改造；对路面摩阻系数小于0.5的路段进行路面改造。在加强交通警示方面，针对具体的瓶颈因素不同，可以采取如下应对策略：

（1）急弯。急弯指平曲线的半径很小（一般小于200 m）的路段。对于急弯这一安全瓶颈，应在该处的前方至少200 m处增设限速标志牌和警告标示牌，同时在该路段上增设黄色的减速带，改进反光道钉，从而达到提醒驾驶员注意安全的效果。

（2）较陡的上下坡段。道路中较陡的上下坡较易引发交通事故。针对较陡的上下坡的瓶颈问题治理，应增设供慢行车辆行驶的附加车道和制动故障车辆强行减速的故障匝道，并且在坡段前方至少200 m处设置警告标示牌。

（3）长直路段。交通安全瓶颈问题处于长直路段时，事故多发的原因主要是道路条件行车单调导致驾驶疲劳，为了防止驾驶疲劳，可以将路旁的绿化带进行段化、层次化，进而改变单调的行车环境。

（4）非正常路段。对于道路中的变窄路段、险要路段、高架路段、桥梁、隧道等非正常路段，应该加强交通管理，以降低在这些地点发生交通事故的概率。如在非正常路段前设置警示标志；优化非正常路段的交通管理设施（如设置路灯、反光设施等）；对事故多发路段进行限速，必要时设置减速标线、减速板（条）。

2）道路交叉方面

加强对交叉口的交通管理，以降低在交叉口发生交通事故的概率和严重程度。如对于易发生事故的交叉口可以考虑在综合考量交通事故发生频率、严重程度和交通量的情况下，对原有的交通管理方式进行升级，如将原有的全无控制方式改为主路优先控制方式，将原有的主路优先控制方式改为信号控制方式。也可以考虑将环形交叉口改造为信号控制交叉口，将平面交叉改为立体交叉等。还可以在对交叉口各进口道的分方向、分方式交通量和事故发生地点等进行严格调研后，实施交叉口信号配时优化、交通渠化、标志标线整体优化、行驶方向限制等措施。另外，针对安全视距不足的问题，可以改造交叉口的景观绿化配置，扩大安全视距。还可以考虑在事故多发路段的小路口支路方向设减速路障和让行标志，主路方向设路缘桩和反光道钉。

3）路面状况方面

（1）积水路段。交通安全瓶颈问题处于积水路段时，首先对于该路段所属区域路面的坑道进行修补，修补的过程中可以适当地提高路面中心的高度，以防止雨水再聚集，尤其针对制动痕迹密集处，要对路面进行防滑处理，达到预防交通事故的目的。

（2）路表状况。在路表有冰雪、湿滑、泥泞等情况下应采取一些措施以减小事故发生率和减轻严重程度。如对封闭高速公路或快速道路上路表冰雪严重的路段实施封闭措施，在路表有冰雪的情况下实施临时限速措施；在路表湿滑、泥泞等情况下利用交通标志、可变信息牌、交通广播等提醒驾驶员注意并减速慢行。

4）交通管理设施

交通安全瓶颈问题所在路段如果交通管理设施（标志、标线等）不足或设置不当，很容易误导驾驶员而引发交通事故。对于该类问题的治理，应组织交通安全方面的专家对该路段交通管理设施进行评估，针对专家评估意见和建议提出相应的整改策略，以完善交通管理设施。

将易发事故的交叉口的交通管控方式由原来的道路标志、标线控制升级为信号灯控制，在易发生行人交通事故的路段增加行人和非机动车过街交通标志或行人过街信号灯，在早中晚高峰易发事故地点增加交警现场疏导和管理等。

除此之外还可以设置监控、检测装备。如在事故多发路段设置摄像头，随时监控道路状况，发现异常及时采取措施。对于事故黑点较为集中的路段安装电子警察及雷达测速装置，自动记录超速行驶及其他交通违法车辆的车牌，进行非现场执法处理。

4. 环 境

在天气恶劣，如雨、雪、雾等状况下，应该加强交通管理，尤其是加强交通量较大的路段、交叉口及事故易发地点的交通管理。如在暴雪、大雾等天气状况下封闭道路；天气状况比较恶劣时以可变信息牌、交通广播等方式向道路交通参与者发布警示信息，以提醒驾驶员采取减速慢行、开启雾灯（针对雾天）等措施。

9.5 道路交通安全管理规划

道路交通安全管理规划是在对现状道路交通安全系统进行分析的基础上，包括道路交通参与者的交通安全行为、交通工具的设计和保养状况、道路交通条件、道路交通环境影响、道路交通安全管理等，总结规划区域存在的道路交通安全问题，对未来道路交通安全形势进行科学预测，依据《中华人民共和国道路交通安全法》及有关法律法规等，运用现代化技术、方法、措施，提出高效合理的道路交通安全管理规划方案。

9.5.1 规划原则和思路

编制道路交通安全管理规划，必须根据《中华人民共和国道路交通安全法》及其实施条例，以及国家、省、市现行的政策、法规、标准和规范的有关规定，与当地的社会经济发展规划和区域或城市总体规划相适应，与综合交通规划、道路交通管理规划相协调，以系统工程的方法为指导，制订道路交通安全管理规划。

道路交通安全管理规划的编制应遵循以下原则：

（1）前瞻性原则。站在战略高度，明确道路交通安全管理的发展方向和城市道路交通安全管理发展战略。使道路交通安全管理规划与当地的社会经济发展战略相适应，与区域或城市总体规划、综合交通规划和道路交通管理规划相协调。

（2）系统性原则。按照系统工程原理，围绕道路交通安全系统五大要素，针对道路交通安全存在的问题，从总体上找出解决问题的办法，将人、车、路、环、管有机地整合起来。

（3）实用性原则。规划要立足当前，以减少交通事故为目标，从宏观和微观的角度，定性、定量地分析、诊断道路交通安全存在的问题，在此基础上形成相应的操作性强、有针对性的交通安全管理措施、对策，力求在短时间内，改善道路交通安全状况。

（4）以人为本的原则。通过实施道路交通安全管理规划，实现事故的事前预防，为居民创造有序、安全、畅通、舒适的出行环境。从城市可持续发展的角度出发，减少交通环境污染，提高市民生活质量，改善城市环境和面貌，应考虑所有出行群体的安全问题。

（5）滚动性原则。规划要求在交通安全现状分析、交通安全预测、交通安全系统规划中体现规划的滚动性，在充分解决当前交通安全问题的基础上为未来发展留有余地，以适应城市建设的飞速发展，满足道路交通条件和需求不断发展的要求。

在上述原则指导下，制定道路交通安全管理规划研究思路，如图9.4所示。在道路交通安全管理规划的目标引导下，通过现场调研与所收集资料的分析整理，掌握道路交通安全的现状，并进一步预测未来道路交通安全的发展趋势，在现状与未来发展趋势的基础上对城市道路交通安全各方面进行系统的规划，并提出规划的实施计划。

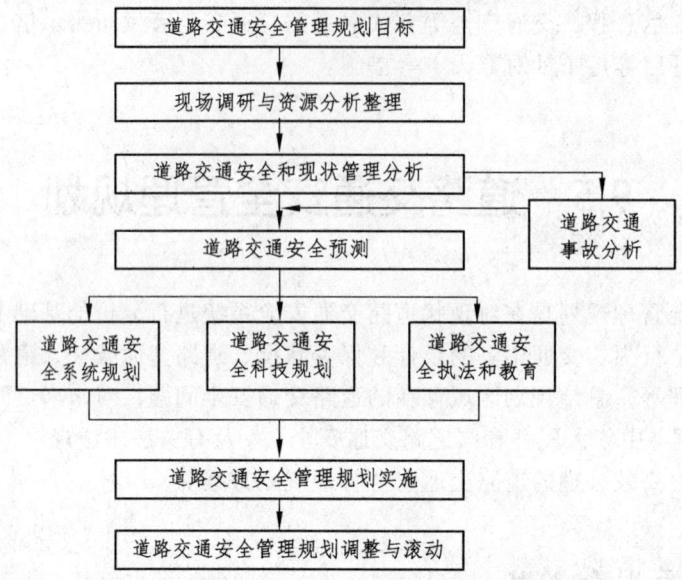

图9.4　道路交通安全管理规划研究思路

其中对交通事故现状、事故危险点段、事故成因和事故发展趋势的分析预测十分关键。依据道路交通安全管理规划研究思路，提出道路交通安全管理规划技术路线（见图9.5）。

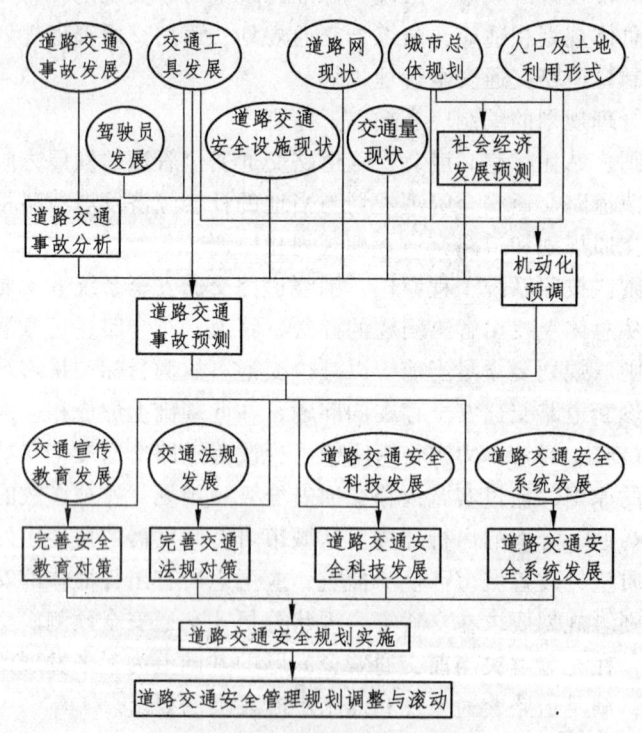

图9.5　安全管理规划技术路线

9.5.2 规划内容

根据道路交通安全管理规划编制的依据、原则和技术路线，其规划内容可由以下几个部分构成：

（1）道路交通安全和管理现状分析。包括近年来社会经济发展、道路交通需求量的变化，机动化发展和机动车构成，道路网和道路交通安全设施的建设，道路交通安全法规、安全宣传教育、道路交通安全管理现状等基本情况，以及近年来道路交通事故的发展与现状。进而对道路交通安全现状进行评价，从多个角度分析道路交通事故的主要原因和问题所在。

（2）道路交通事故多发点段分析与对策制订。道路交通事故多发点段分析与对策制定在道路交通安全管理中具有十分重要的意义。在这一阶段中，要给出事故多发点段的定义、鉴别与确定方法，事故多发原因分析和具体的对策。在这一阶段中，重要的内容还有如何分析和确定某一路口和路段成为危险点段的可能性，即对存在潜在危险的点段的鉴别。

（3）道路交通安全趋势预测。根据区域或城市近年来各项的发展，预测未来社会经济、机动化的发展，并结合历年道路交通事故的发展状况，对未来的道路交通安全发展趋势进行预测。

（4）道路交通安全系统规划。根据社会经济等各方面的未来发展，以交通规划为基础，从交通参与者、机动车、道路、环境和交通管理五个方面着手对道路交通安全系统进行系统的规划。具体可包括：驾驶员、行人管理规划，车辆管理规划，道路建设、管理规划，环境影响规划，气候影响规划，交通管理规划等。

（5）交通安全科技规划。在对道路交通安全系统规划的基础上，需要进一步进行道路交通安全科技的规划，包括道路交通指挥调度系统，道路交通紧急救援系统，道路交通安全信息系统等。

（6）道路交通安全执法与教育。根据现有的《中华人民共和国道路交通安全法》和其他相关的法律法规，提出完善交通法规的对策，并在此基础上提出完善交通执法的对策，最后提出对各阶层群众的交通法规和交通安全的宣传教育计划。

（7）规划的整合与情景分析。道路交通安全问题的解决是一个系统工程，上述的规划内容相互之间必须融为一体、互相配合，形成完整的对策体系。对于对策方案的实施效果，应进行情景分析，以保证对策系统的科学性、有效性和优化选择。

（8）道路交通安全规划实施和滚动。交通系统是一个不断发展变化的系统，需要在未来的规划中不断进行相应的滚动规划。因此，不仅仅需要制订道路交通安全规划的实施计划和保证措施，还应针对实施计划的滚动发展提出建议。

本章习题

1. 试分析影响交通安全的因素。
2. 简述交通事故致因理论。
3. 试分析交通事故多发点的鉴别的意义及方法。
4. 简述宏观交通安全管理的措施。

10 交通安全对策

对于每个人来说，任何道路交通系统都是极其复杂的，而且交通事故是人类健康的一大公害。道路交通系统的要素包括机动车、道路和道路使用者及其自然、社会和经济环境。降低道路系统的危害性，需要采取"综合措施"，即把该系统作为一个整体来认识，了解各要素的相互作用，确定需要干预的隐患。特别必须要认识到人体在伤害面前是十分脆弱的，对道路交通伤害的忽视正是人类的可悲之处。一个安全的道路交通系统必须能适应和弥补人类的易受伤害和难免犯错误的弱点。

10.1 开展道路交通安全宣传教育

1. 美国道路交通安全宣传教育状况

美国从1928年开始在小学设立交通安全教育课程，开展日常性交通安全教育工作；1930年成立了以改善道路交通状况为研究主题的"美国交通工程师学会"和全国性的交通安全领导机构，负责编制交通安全教育的教材、宣传画和小册子。同时十分重视对学生的交通安全宣传教育，针对学龄前儿童的特点，在保育院、幼儿园开设交通安全教育课，对儿童进行系统的交通安全教育。采取以上措施，对全民交通安全知识水平的提高和交通环境的改善起到了积极的促进作用。

2. 日本道路交通安全宣传教育状况

日本众议院1958年通过了《防止交通事故的决议》，日本警察厅1961年成立了以普及全民交通安全教育、防止交通事故为宗旨的财团法人"全日交通安全协会"，并召开了第一次交通安全国民总动员大会。此后，日本大力加强对全民的交通安全教育，尤其是对中小学生的教育；设立了交通安全巡视制度，负责保护行人和儿童交通安全，监督交通安全教育的开展情况。每天晚上的黄金时刻，电台、电视台都播发当天的交通要闻和安全信息；出租车一般都装有小屏幕电视机，可随时接受交通指导和管理部门的指导、教育；同时逐步增加交通基础设施建设资金的投入量，完善各类交通设施；1970年召开由内阁总理大臣为主席的"全国交通安全对策会议"。这些措施，对改善交通安全状况起到了促进作用。

3. 法国的道路交通安全宣传教育状况

法国在20世纪50年代即以法律的形式规定学校有义务对学生进行交通安全宣传教育，每月要有半小时的交通知识教育和一个半小时的技术训练。近年来，法国更加重视交通安全知识教育,指定由交通安全协会分发教材,在全国建立了400多座交通公园,指导孩子们如何驾驶自行车、摩托车等,让他们在实践中掌握交通安全知识。

我国的交通安全宣传教育工作水平比较落后,基本处于"起步阶段"。当前道路交通安全宣传教育几乎是公安交通管理部门一家独立支撑,未充分发动全社会力量积极参与。由于警力不足,教育对象十分狭窄,基本上局限于驾驶员和部分行人。安全教育缺乏系统性和相关性,宣传教育形式单一,教育方法公式化。虽然我国已有《道路交通安全宣传教育三年纲要》和中央综合治理委员会《关于加强道路交通管理法制宣传教育工作的通知》的总体部署,一些城市已把交通安全教育纳入幼儿园、中小学校的教学内容,但普及不够,还没有形成一个长期稳定有效的社会化道路交通安全教育体系。

10.2 道路安全目标

道路安全目标是决定道路安全项目好坏的根本。为达到研究的目标,国际流行的解决措施是采用以下研究方法和内容。

1. 分析事故趋势和现有道路安全问题

分析事故趋势和现有道路安全问题对现有道路安全状况和趋势进行描述,找出优先处理的事故多发位置,以了解道路安全过去的情况和未来可能得发展趋势。系统描述和分析道路安全问题有助于确定道路系统中的弱者——道路用户或高危险群体,以便在道路安全项目中给予关注。

2. 评价各种可能的道路安全措施

评价各种可能的道路安全措施要从达到的目标和有效性两方面进行。目前这两方面的资料及经验不足,但在实施后往往能有很好的效果。安全措施的理论研究成果由于种种原因往往在实现过程中有一定的难度,如资金、政府、实施者等问题,因此道路安全项目应该考虑这些影响因素。

3. 对影响安全的外在因素的评价

在评价时总是存在影响安全的外在因素,如驾驶人员和行人的素质、对交通法规的遵守等。在制订道路安全策略时也应该考虑包含这些外在的影响因素。

4. 制订目标

明确系统的道路安全目标有助于指导和制定相关政策。

5. 系统的选择、制订行动计划

为了找到最经济的比选方案,应系统审查可选的行动计划。审查过程应包括对各种措施不同的选择、费用-效果或费用-效益率估计并构成一个费用-效果项目。

6. 监控与反馈

必须仔细监控道路安全项目目标以了解安全对策的执行情况。如果有必要可修改目标或计划项目。

监控在目标项目中是很重要的，它会导致对道路安全资料的质量和数量的改善，缺乏相关的、精确的、可取得的、实时的、标准的、综合的资料将会影响道路安全措施的发展、执行和评价。

10.3 安全审核

道路安全问题是道路的交通系统的质量问题，当它最终能决定基础设施的投资时，它与其他问题如服务水平、出行目的地、环境影响、费用等是同样重要的。

在公路项目的前期阶段确定一个基础设施的项目时，应尽可能多地考虑道路安全问题。

目前这种新的防止事故发生的方法正在英国、美国、澳大利亚和新西兰等国得到运用，法国于1995年对其收费的两条高速公路进行了安全审核试验。

无论是对新建还是改建道路，在各个阶段中用道路安全影响评价（包括审计技术）来评价相关道路的安全问题是很有用的。为了更好地应用道路安全审计，应注意以下几个问题。

（1）使用相对独立的审查人员。

（2）公布审查报告。

（3）依据审查清单进行安全审查。

（4）在公路建设项目的各阶段设计完成后和施工前公布审查报告。

（5）用审查报告向每条道路项目的管理者提出建议（因为管理者对项目完全负有责任）。

（6）完善和使用"最符合实际"的审查清单。

当然，要进行道路安全审计必须要有一支经过精心培训的专家队伍。

道路安全审计具有预防性和条理清晰的特点。审计在其他领域已经得到了成功运用，从概念上看道路安全审计也是非常有效的，但迄今为止对道路安全审计研究有效性的效果还没有得到来自事故数减少方面的印证。

10.4 合格的交通设计

通过处理导致事故最根本的原因、移去冲突区域或对道路使用者人为进行调控，就能得到一个长期的基本安全的道路交通系统。在这些地方事故仍然会出现，但不会出现造成严重伤害的危险。

一个合格的安全交通系统包括以下几部分的内容。

（1）安全的道路设计应符合人的驾驶特性。

（2）车辆设计应尽可能简化驾驶员的工作，车辆结构应尽可能有效地保护司乘人员。

（3）驾驶员应受过充分的安全教育，并能根据道路提供的信息行驶并受到道路所提供信息的调控。

对道路基础设施而言，要达到能容忍的安全交通，可以采用以下三个安全理论。

（1）道路网功能使用（The Functional Use of the Road Network）理论：通过阻止盲目地使用每一条道路来充分发挥道路网的使用功能。

（2）同质使用（The Homogeneous Use）理论：通过减小道路上的车速差别、车流不均匀分布和行驶方向的不同来达到车辆在同类道路上的同质使用。

（3）可预知使用（The Predictable Use）理论：通过加强行驶过程和同类道路用户行为的可预知性以阻止道路用户行为的不确定性。

这些理论和方法在当今道路安全策略研究中具有代表性。

10.5　运输信息技术的应用

为改善交通、运输管理和道路安全，人们引用了运输信息技术（ATT）这个新理念。人们对运输信息技术的运用给予了较高的期望，希望它能在道路安全方面有积极的作用，但目前这方面还未得到完全实现。这一领域的发展极少与社会发展和政策制定相联系，而主要是通过"技术推进"来实现。从道路交通安全的观点来看，下列问题已作为信息技术运用重要性的评价。

（1）控制交通增长（即用GPS进行路线规划和群体管理）。
（2）交通在时间和空间上的理想分布（无线交通信息）。
（3）交通流管理（即驾驶速度的一致性）。
（4）减少危险（即是对特殊道路和特殊天气条件的警告、可视性和智能性速度限制设施的改善）。
（5）对交通事故负面效果的限制（事故警报系统和救援系统）。

正在研究中的某些方面的发展可能对驾驶行为和驾驶行动有负面影响（如将轿车当做办公室，车内配备有电话和传真等），这些发展很有必要进行安全评定，评定后可能会导致某些方面发展的调整。安全评定应该有一定规则，如英国已有安全审查清单，审查有可能造成的负面结果。另外，从用户的观点看（特别是在目前的西方社会），他们认为接受这些发展是很重要的也是可理解的，因为这是人、机相互作用的结果。

目前西方社会的政府和道路用户的代表正紧盯信息技术的发展和运用，并在从管理的角度进行运输信息技术的运用评价。一旦发现问题，即在国际标准或准则的基础上进行改进。

10.6　道路交通事故紧急救援系统

现场紧急救援的目的是为了降低人体损伤程度，避免一些有致命伤的伤员因抢救迟缓而丧失生命。据我国卫生部的资料表明，在1 000例交通事故伤者中，只有14.3%的乘救护车到达医院。道路交通事故试验表明,如果在事故发生后 5 min 内采用紧急救援措施,30 min 内采用急诊,至少可以有 18%～25% 的重伤者免于死亡。因此,实施道路交通事故现场紧急救援是降低事故死亡率的重要措施,是预防道路交通事故的有效手段。

1. 欧美、日本等发达国家和地区交通事故紧急救援体系的构成

欧美、日本等发达国家和地区交通事故紧急救援体系由下列子系统构成:路边电话系统、信息接报中心、紧急医疗系统、紧急出警系统、路面清障系统和消防系统等。发达国家经济力量雄厚,基本上建立起了完善的交通事故紧急救援体系。以德国的紧急救援系统为例,被德国人尊称为"黄色飞鹰"的全德汽车俱乐部 ADAC 是当今世界紧急救援体系最好的佐证。ADAC 拥有 1 600 多辆标有"黄色飞鹰"的公路维护救援车辆,在德国境内的高速公路、大中型城市以及人口稠密地区执勤,随时准备对出现故障或抛锚的车辆及受伤人员实施现场救援。另外 ADAC 还拥有 1 100 多个遍布于德国境内的合作伙伴,不分昼夜地准备提供类似的现场救援服务。从 1970 年起,ADAC 同时提供由直升机实施的快速空中救援。根据 ADAC 的统计数据,在 8 min 内,ADAC 的空中救援直升机可使大部分交通事故受害者获得医生的专业急救处理。由于他们的救援直升机的及时、快速行动,大约 10 万人的生命已成功被抢救。在 2001 年,德国共执行了超过 6.3 万次直升机空中救援飞行行动,平均每天约 470 次。目前,ADAC 已将救援服务扩展到了国外。

除了对故障车辆和受伤人员提供现场救援和运送服务以外,ADAC 还提供广泛的交通信息,例如交通高峰期的车辆堵塞状况,旅行目的地所在国的一些特殊交通规则等。针对在驾车新手和老年驾驶员人群中常出现的行车安全隐患,ADAC 定期举办安全驾驶培训班,让有经验的教员讲解并现场演示如何及时发现危险,如何正确排除紧急状况。至 2000 年 5 月,ADAC 共有 1450 万个会员。另外,德国将其全境划分为 330 个紧急医疗服务区,每个紧急医疗服务区覆盖 1 000 km^2,约有 25 万居民。紧急医疗服务区下设分控中心,每个分控中心覆盖 170 km^2,约有 4 万居民,分控中心下设紧急医疗服务站。

2. 欧美、日本等发达国家和地区减少道路交通死亡人数的成功经验

发达国家的经验表明,紧急救援系统的建立是减少交通事故死亡人数的重要手段。为保证以最快的速度、最短的时间到达第一现场,警察、消防、医院救护、边防警卫、海军救援、独立救援单位都参与其中。几乎所有发达国家的消防人员都参与了交通事故紧急救援,并且已经培养出了应付各类事故的医疗紧急救援,包括具有交通事故快速反应能力的专门人才。

德国和日本是道路交通事故紧急救援系统建立比较完善的国家。在紧急救援的作用下,日本道路交通事故的致死率由 1950 年的 14.2% 下降到 1955 年的 1.1%。德国的交通事故致死率也由 1970 年的 3.61% 下降到 1997 年的 1.696%。

10.7 伤害监测系统

这一监测系统能够提供可靠的道路交通碰撞事故和伤害方面的资料,有关资料(尤其是

有关非死亡的转归)由于没有标准化,使国家之间很难进行比较。在资料上常有不一致,例如,警方和卫生机构提供的数据就不一样。此外,故意少报道路交通死亡人数是非常普遍的现象(无论是卫生机构还是警方数据都是如此),使现有的资料用处不大。可靠的资料是进行道路安全规划和决策的坚实基础。建立简易的、成本效率比较高的伤害监测系统是改善道路安全死亡重要步骤。然而,由于缺乏可靠的资料,很难一蹴而就。较易见效的做法是借鉴和应用在其他国家已被证实的行之有效的经验。

1. 必须考虑到在道路系统中有许多因素可能对交通伤害产生影响

与道路安全伤害相关的各类危险以及可影响这些危险的因素包括如下几方面。

(1)危险暴露。决定因素包括:经济和人口学因素、机动化水平、旅行的方式、非必需的旅行数量以及土地使用规划方式等。

(2)发生碰撞。危险因素包括:超速、酒后驾驶、不安全的车辆、道路设计不安全、缺乏有效的执法和安全法规。

(3)伤害严重程度。危险因素包括:不使用安全带、儿童固定座椅和防撞安全头盔;缺乏"与人为善的"车辆前端,不能在发生碰撞时保护行人;在发生碰撞时路边的基础设施是非保护性的。

2. 个体对碰撞的耐受性

碰撞后伤害转归。危险因素包括:未能及时发现车祸和提供拯救生命的措施与心理救援;在出事地点没有或延误提供紧急现场救护,没有或延误运送到医疗机构以及不能提供合理而且有效的创伤治疗和康复。

本章习题

1. 简述道路安全目标。
2. 简述安全审核的意义。
3. 简述交通安全设计的意义及措施。
4. 简述与道路安全伤害相关的各类危险以及可影响这些危险的因素。

附 录

中华人民共和国道路交通安全法
（2011年版）

2003年10月28日第十届全国人民代表大会常务委员会第五次会议通过。根据2007年12月29日第十届全国人民代表大会常务委员会第三十一次会议《关于修改〈中华人民共和国道路交通安全法〉的决定》第一次修正。根据2011年4月22日第十一届全国人民代表大会常务委员会第二十次会议《关于修改〈中华人民共和国道路交通安全法〉的决定》第二次修正。

目 录

第一章　总　则
第二章　车辆和驾驶人
　第一节　机动车
　第二节　机动车驾驶人
第三章　道路通行条件
第四章　道路通行规定
　第一节　一般规定
　第二节　机动车通行规定
　第三节　非机动车通行规定
　第四节　行人和乘车人通行规定
　第五节　高速公路的特别规定
第五章　交通事故处理
第六章　执法监督
第七章　法律责任
第八章　附　则

第一章　总　则

第一条　为了维护道路交通秩序，预防和减少交通事故，保护人身安全，保护公民、法人和其他组织的财产安全及其他合法权益,提高道路通行质量,制定本法。

第二条 中华人民共和国境内的车辆驾驶人、乘车人以及与道路交通活动有关的单位和个人,都应当遵守本法。

第三条 道路交通安全工作,应当遵循依法管理、方便群众的原则,保障道路交通有序、安全、畅通。

第四条 各级人民政府应当保障道路交通安全管理工作与经济建设和社会发展相适应。

县级以上地方各级人民政府应当适应道路交通发展的需要,依据道路交通安全法律、法规和国家有关政策,制定道路交通安全管理规划,并组织实施。

第五条 国务院公安部门负责全国道路交通安全管理工作。县级以上地方各级人民政府公安机关交通管理部门负责本行政区域内的道路交通安全管理工作。

县级以上各级人民政府交通、建设管理部门依据各自职责,负责有关的道路交通工作。

第六条 各级人民政府应当经常进行道路交通安全教育,提高公民的道路交通安全意识。

公安机关交通管理部门及其交通警察执行职务时,应当加强道路交通安全法律、法规的宣传,并模范遵守道路交通安全法律、法规。

机关、部队、企事业单位、社会团体以及其他组织,应当对本单位的人员进行道路交通安全教育。

教育行政部门、学校应当将道路交通安全教育纳入法制教育的内容。

新闻、出版、广播、电视等有关单位,有进行道路交通安全教育的义务。

第七条 对道路交通安全管理工作,应当加强科学研究,推广、使用先进的管理方法、技术、设备。

第二章 车辆和驾驶人

第八条 国家对机动车实行登记制度。机动车经公安机关交通管理部门登记后,方可上道路行驶。尚未登记的机动车,需要临时上道路行驶的,应当取得临时通行牌证。

第九条 申请机动车登记,应当提交以下证明、凭证:

(一)机动车所有人的身份证明;

(二)机动车来历证明;

(三)机动车整车出厂合格证明或者进口机动车进口凭证;

(四)车辆购置税的完税证明或者免税凭证;

(五)法律、行政法规规定应当在机动车登记时提交的其他证明、凭证。

公安机关交通管理部门应当自受理申请之日起五个工作日内完成机动车登记审查工作,对符合前款规定条件的,应当发放机动车登记证书、号牌和行驶证;对不符合前款规定条件的,应当向申请人说明不予登记的理由。

公安机关交通管理部门以外的任何单位或者个人不得发放机动车号牌或者要求机动车悬挂其他号牌,本法另有规定的除外。

机动车登记证书、号牌、行驶证的式样由国务院公安部门规定并监制。

第十条　准予登记的机动车应当符合机动车国家安全技术标准。申请机动车登记时，应当接受对该机动车的安全技术检验。但是，经国家机动车产品主管部门依据机动车国家安全技术标准认定的企业生产的机动车型，该车型的新车在出厂时经检验符合机动车国家安全技术标准，获得检验合格证的，免予安全技术检验。

第十一条　驾驶机动车上道路行驶，应当悬挂机动车号牌，放置检验合格标志、保险标志，并随车携带机动车行驶证。

机动车号牌应当按照规定悬挂并保持清晰、完整，不得故意遮挡、污损。

任何单位和个人不得收缴、扣留机动车号牌。

第十二条　有下列情形之一的，应当办理相应的登记：

（一）机动车所有权发生转移的。

（二）机动车登记内容变更的。

（三）机动车用作抵押的。

（四）机动车报废的。

第十三条　对登记后上道路行驶的机动车，应当依照法律、行政法规的规定，根据车辆用途、载客载货数量、使用年限等不同情况，定期进行安全技术检验。对提供机动车行驶证和机动车第三者责任强制保险单的，机动车安全技术检验机构应当予以检验，任何单位不得附加其他条件。对符合机动车国家安全技术标准的，公安机关交通管理部门应当发给检验合格标志。

对机动车的安全技术检验实行社会化，具体办法由国务院规定。

机动车安全技术检验实行社会化的地方，任何单位不得要求机动车到指定的场所进行检验。

公安机关交通管理部门、机动车安全技术检验机构不得要求机动车到指定的场所进行维修、保养。

机动车安全技术检验机构对机动车检验收取费用，应当严格执行国务院价格主管部门核定的收费标准。

第十四条　国家实行机动车强制报废制度，根据机动车的安全技术状况和不同用途，规定不同的报废标准。应当报废的机动车必须及时办理注销登记。

达到报废标准的机动车不得上道路行驶。报废的大型客、货车及其他营运车辆应当在公安机关交通管理部门的监督下解体。

第十五条　警车、消防车、救护车、工程救险车应当按照规定喷涂标志图案，安装警报器、标志灯具。其他机动车不得喷涂、安装、使用上述车辆专用的或者与其相类似的标志图案、警报器或者标志灯具。

警车、消防车、救护车、工程救险车应当严格按照规定的用途和条件使用。

公路监督检查的专用车辆，应当依照公路法的规定，设置统一的标志和示警灯。

第十六条　任何单位或者个人不得有下列行为：

（一）拼装机动车或者擅自改变机动车已登记的结构、构造或者特征。

（二）改变机动车型号、发动机号、车架号或者车辆识别代号。

（三）伪造、变造或者使用伪造、变造的机动车登记证书、号牌、行驶证、检验合格标志、保险标志。

（四）使用其他机动车的登记证书、号牌、行驶证、检验合格标志、保险标志。

第十七条 国家实行机动车第三者责任强制保险制度，设立道路交通事故社会救助基金。具体办法由国务院规定。

第十八条 依法应当登记的非机动车，经公安机关交通管理部门登记后，方可上道路行驶。

依法应当登记的非机动车的种类，由省、自治区、直辖市人民政府根据当地实际情况规定。

非机动车的外形尺寸、质量、制动器、车铃和夜间反光装置，应当符合非机动车安全技术标准。

第十九条 驾驶机动车，应当依法取得机动车驾驶证。

申请机动车驾驶证，应当符合国务院公安部门规定的驾驶许可条件；经考试合格后，由公安机关交通管理部门发给相应类别的机动车驾驶证。持有境外机动车驾驶证的人，符合国务院公安部门规定的驾驶许可条件，经公安机关交通管理部门考核合格的，可以发给中国的机动车驾驶证。驾驶人应当按照驾驶证载明的准驾车型驾驶机动车；驾驶机动车时，应当随身携带机动车驾驶证。

公安机关交通管理部门以外的任何单位或者个人，不得收缴、扣留机动车驾驶证。

第二十条 机动车的驾驶培训实行社会化，由交通主管部门对驾驶培训学校、驾驶培训班实行资格管理，其中专门的拖拉机驾驶培训学校、驾驶培训班由农业（农业机械）主管部门实行资格管理。

驾驶培训学校、驾驶培训班应当严格按照国家有关规定，对学员进行道路交通安全法律、法规、驾驶技能的培训，确保培训质量。

任何国家机关以及驾驶培训和考试主管部门不得举办或者参与举办驾驶培训学校、驾驶培训班。

第二十一条 驾驶人驾驶机动车上道路行驶前，应当对机动车的安全技术性能进行认真检查；不得驾驶安全设施不全或者机件不符合技术标准等具有安全隐患的机动车。

第二十二条 机动车驾驶人应当遵守道路交通安全法律、法规的规定，按照操作规范安全驾驶、文明驾驶。

饮酒、服用国家管制的精神药品或者麻醉药品，或者患有妨碍安全驾驶机动车的疾病，或者过度疲劳影响安全驾驶的，不得驾驶机动车。任何人不得强迫、指使、纵容驾驶人违反道路交通安全法律、法规和机动车安全驾驶要求驾驶机动车。

第二十三条 公安机关交通管理部门依照法律、行政法规的规定，定期对机动车驾驶证实施审验。

第二十四条 公安机关交通管理部门对机动车驾驶人违反道路交通安全法律、法规的行为，除依法给予行政处罚外，实行累积记分制度。公安机关交通管理部门对累积记分达到规定分值的机动车驾驶人，扣留机动车驾驶证，对其进行道路交通安全法律、法规教育，重新考试；考试合格的，发还其机动车驾驶证。

对遵守道路交通安全法律、法规，在一年内无累积记分的机动车驾驶人，可以延长机动车驾驶证的审验期。具体办法由国务院公安部门规定。

第三章 道路通行条件

第二十五条 全国实行统一的道路交通信号。

交通信号包括交通信号灯、交通标志、交通标线和交通警察指挥。

交通信号灯、交通标志、交通标线的设置应当符合道路交通安全、畅通的要求和国家标准，并保持清晰、醒目、准确、完好。

根据通行需要，应当及时增设、调换、更新道路交通信号。增设、调换、更新限制性的道路交通信号，应当提前向社会公告，广泛进行宣传。

第二十六条 交通信号灯由红灯、绿灯、黄灯组成。红灯表示禁止通行，绿灯表示准许通行，黄灯表示警示。

第二十七条 铁路与道路平面交叉的道口，应当设置警示灯、警示标志或者安全防护设施。无人看守的铁路道口，应当在距道口一定距离处设置警示标志。

第二十八条 任何单位和个人不得擅自设置、移动、占用、损毁交通信号灯、交通标志、交通标线。

道路两侧及隔离带上种植的树木或者其他植物，设置的广告牌、管线等，应当与交通设施保持必要的距离，不得遮挡路灯、交通信号灯、交通标志，不得妨碍安全视距，不得影响通行。

第二十九条 道路、停车场和道路配套设施的规划、设计、建设，应当符合道路交通安全、畅通的要求，并根据交通需求及时调整。

公安机关交通管理部门发现已经投入使用的道路存在交通事故频发路段，或者停车场、道路配套设施存在交通安全严重隐患的，应当及时向当地人民政府报告，并提出防范交通事故、消除隐患的建议，当地人民政府应当及时作出处理决定。

第三十条 道路出现坍塌、坑漕、水毁、隆起等损毁或者交通信号灯、交通标志、交通标线等交通设施损毁、灭失的，道路、交通设施的养护部门或者管理部门应当设置警示标志并及时修复。

公安机关交通管理部门发现前款情形，危及交通安全，尚未设置警示标志的，应当及时采取安全措施，疏导交通，并通知道路、交通设施的养护部门或者管理部门。

第三十一条 未经许可，任何单位和个人不得占用道路从事非交通活动。

第三十二条 因工程建设需要占用、挖掘道路，或者跨越、穿越道路架设、增设管线设施，应当事先征得道路主管部门的同意；影响交通安全的，还应当征得公安机关交通管理部门的同意。

施工作业单位应当在经批准的路段和时间内施工作业，并在距离施工作业地点来车方向安全距离处设置明显的安全警示标志，采取防护措施；施工作业完毕，应当迅速清除道路上的障碍物，消除安全隐患，经道路主管部门和公安机关交通管理部门验收合格，符合通行要求后，方可恢复通行。

对未中断交通的施工作业道路，公安机关交通管理部门应当加强交通安全监督检查，维护道路交通秩序。

第三十三条 新建、改建、扩建的公共建筑、商业街区、居住区、大（中）型建筑等，应当配建、增建停车场；停车泊位不足的，应当及时改建或者扩建；投入使用的停车场不得擅自停止使用或者改作他用。

在城市道路范围内，在不影响行人、车辆通行的情况下，政府有关部门可以施划停车泊位。

第三十四条 学校、幼儿园、医院、养老院门前的道路没有行人过街设施的，应当施划人行横道线，设置提示标志。

城市主要道路的人行道，应当按照规划设置盲道。盲道的设置应当符合国家标准。

第四章 道路通行规定

第三十五条 机动车、非机动车实行右侧通行。

第三十六条 根据道路条件和通行需要，道路划分为机动车道、非机动车道和人行道的，机动车、非机动车、行人实行分道通行。没有划分机动车道、非机动车道和人行道的，机动车在道路中间通行，非机动车和行人在道路两侧通行。

第三十七条 道路划设专用车道的，在专用车道内，只准许规定的车辆通行，其他车辆不得进入专用车道内行驶。

第三十八条 车辆、行人应当按照交通信号通行；遇有交通警察现场指挥时，应当按照交通警察的指挥通行；在没有交通信号的道路上，应当在确保安全、畅通的原则下通行。

第三十九条 公安机关交通管理部门根据道路和交通流量的具体情况，可以对机动车、非机动车、行人采取疏导、限制通行、禁止通行等措施。遇有大型群众性活动、大范围施工等情况，需要采取限制交通的措施，或者作出与公众的道路交通活动直接有关的决定，应当提前向社会公告。

第四十条 遇有自然灾害、恶劣气象条件或者重大交通事故等严重影响交通安全的情形，采取其他措施难以保证交通安全时，公安机关交通管理部门可以实行交通管制。

第四十一条 有关道路通行的其他具体规定，由国务院规定。

第四十二条 机动车上道路行驶，不得超过限速标志标明的最高时速。在没有限速标志的路段，应当保持安全车速。

夜间行驶或者在容易发生危险的路段行驶，以及遇有沙尘、冰雹、雨、雪、雾、结冰等气象条件时，应当降低行驶速度。

第四十三条 同车道行驶的机动车，后车应当与前车保持足以采取紧急制动措施的安全距离。有下列情形之一的，不得超车：

（一）前车正在左转弯、掉头、超车的。

（二）与对面来车有会车可能的。

（三）前车为执行紧急任务的警车、消防车、救护车、工程救险车的。

（四）行经铁路道口、交叉路口、窄桥、弯道、陡坡、隧道、人行横道、市区交通流量大的路段等没有超车条件的。

第四十四条 机动车通过交叉路口，应当按照交通信号灯、交通标志、交通标线或者交通警察的指挥通过；通过没有交通信号灯、交通标志、交通标线或者交通警察指挥的交叉路口时，应当减速慢行，并让行人和优先通行的车辆先行。

第四十五条 机动车遇有前方车辆停车排队等候或者缓慢行驶时，不得借道超车或者占用对面车道，不得穿插等候的车辆。

在车道减少的路段、路口，或者在没有交通信号灯、交通标志、交通标线或者交通警察指挥的交叉路口遇到停车排队等候或者缓慢行驶时，机动车应当依次交替通行。

第四十六条 机动车通过铁路道口时，应当按照交通信号或者管理人员的指挥通行；没有交通信号或者管理人员的，应当减速或者停车，在确认安全后通过。

第四十七条 机动车行经人行横道时，应当减速行驶；遇行人正在通过人行横道，应当停车让行。

机动车行经没有交通信号的道路时，遇行人横过道路，应当避让。

第四十八条 机动车载物应当符合核定的载质量，严禁超载；载物的长、宽、高不得违反装载要求，不得遗洒、飘散载运物。

机动车运载超限的不可解体的物品，影响交通安全的，应当按照公安机关交通管理部门指定的时间、路线、速度行驶，悬挂明显标志。在公路上运载超限的不可解体的物品，并应当依照公路法的规定执行。

机动车载运爆炸物品、易燃易爆化学物品以及剧毒、放射性等危险物品，应当经公安机关批准后，按指定的时间、路线、速度行驶，悬挂警示标志并采取必要的安全措施。

第四十九条 机动车载人不得超过核定的人数，客运机动车不得违反规定载货。

第五十条 禁止货运机动车载客。

货运机动车需要附载作业人员的，应当设置保护作业人员的安全措施。

第五十一条 机动车行驶时，驾驶人、乘坐人员应当按规定使用安全带，摩托车驾驶人及乘坐人员应当按规定戴安全头盔。

第五十二条 机动车在道路上发生故障，需要停车排除故障时，驾驶人应当立即开启危险报警闪光灯，将机动车移至不妨碍交通的地方停放；难以移动的，应当持续开启危险报警闪光灯，并在来车方向设置警告标志等措施扩大示警距离，必要时迅速报警。

第五十三条 警车、消防车、救护车、工程救险车执行紧急任务时，可以使用警报器、标志灯具；在确保安全的前提下，不受行驶路线、行驶方向、行驶速度和信号灯的限制，其他车辆和行人应当让行。

警车、消防车、救护车、工程救险车非执行紧急任务时，不得使用警报器、标志灯具，不享有前款规定的道路优先通行权。

第五十四条 道路养护车辆、工程作业车进行作业时，在不影响过往车辆通行的前提下，其行驶路线和方向不受交通标志、标线限制，过往车辆和人员应当注意避让。

洒水车、清扫车等机动车应当按照安全作业标准作业；在不影响其他车辆通行的情况下，可以不受车辆分道行驶的限制，但是不得逆向行驶。

第五十五条 高速公路、大中城市中心城区内的道路，禁止拖拉机通行。其他禁止拖拉机通行的道路，由省、自治区、直辖市人民政府根据当地实际情况规定。

在允许拖拉机通行的道路上，拖拉机可以从事货运，但是不得用于载人。

第五十六条 机动车应当在规定地点停放。禁止在人行道上停放机动车；但是，依照本法第三十三条规定施划的停车泊位除外。

在道路上临时停车的，不得妨碍其他车辆和行人通行。

第五十七条　驾驶非机动车在道路上行驶应当遵守有关交通安全的规定。非机动车应当在非机动车道内行驶；在没有非机动车道的道路上，应当靠车行道的右侧行驶。

第五十八条　残疾人机动轮椅车、电动自行车在非机动车道内行驶时，最高时速不得超过十五公里。

第五十九条　非机动车应当在规定地点停放。未设停放地点的，非机动车停放不得妨碍其他车辆和行人通行。

第六十条　驾驭畜力车，应当使用驯服的牲畜；驾驭畜力车横过道路时，驾驭人应当下车牵引牲畜；驾驭人离开车辆时，应当拴系牲畜。

第六十一条　行人应当在人行道内行走，没有人行道的靠路边行走。

第六十二条　行人通过路口或者横过道路，应当走人行横道或者过街设施；通过有交通信号灯的人行横道，应当按照交通信号灯指示通行；通过没有交通信号灯、人行横道的路口，或者在没有过街设施的路段横过道路，应当在确认安全后通过。

第六十三条　行人不得跨越、倚坐道路隔离设施，不得扒车、强行拦车或者实施妨碍道路交通安全的其他行为。

第六十四条　学龄前儿童以及不能辨认或者不能控制自己行为的精神疾病患者、智力障碍者在道路上通行，应当由其监护人、监护人委托的人或者对其负有管理、保护职责的人带领。

盲人在道路上通行，应当使用盲杖或者采取其他导盲手段，车辆应当避让盲人。

第六十五条　行人通过铁路道口时，应当按照交通信号或者管理人员的指挥通行；没有交通信号和管理人员的，应当在确认无火车驶临后，迅速通过。

第六十六条　乘车人不得携带易燃易爆等危险物品，不得向车外抛洒物品，不得有影响驾驶人安全驾驶的行为。

第六十七条　行人、非机动车、拖拉机、轮式专用机械车、铰接式客车、全挂拖斗车以及其他设计最高时速低于七十公里的机动车，不得进入高速公路。高速公路限速标志标明的最高时速不得超过一百二十公里。

第六十八条　机动车在高速公路上发生故障时，应当依照本法第五十二条的有关规定办理；但是，警告标志应当设置在故障车来车方向一百五十米以外，车上人员应当迅速转移到右侧路肩上或者应急车道内，并且迅速报警。

机动车在高速公路上发生故障或者交通事故，无法正常行驶的，应当由救援车、清障车拖曳、牵引。

第六十九条　任何单位、个人不得在高速公路上拦截检查行驶的车辆，公安机关的人民警察依法执行紧急公务除外。

第五章　交通事故处理

第七十条　在道路上发生交通事故，车辆驾驶人应当立即停车，保护现场；造成人身伤亡的，车辆驾驶人应当立即抢救受伤人员，并迅速报告执勤的交通警察或者公安机关交通管理部门。因抢救受伤人员变动现场的，应当标明位置。乘车人、过往车辆驾驶人、过往行人应当予以协助。

在道路上发生交通事故，未造成人身伤亡，当事人对事实及成因无争议的，可以即行撤离现场，恢复交通，自行协商处理损害赔偿事宜；不即行撤离现场的，应当迅速报告执勤的交通警察或者公安机关交通管理部门。

在道路上发生交通事故，仅造成轻微财产损失，并且基本事实清楚的，当事人应当先撤离现场再进行协商处理。

第七十一条 车辆发生交通事故后逃逸的，事故现场目击人员和其他知情人员应当向公安机关交通管理部门或者交通警察举报。举报属实的，公安机关交通管理部门应当给予奖励。

第七十二条 公安机关交通管理部门接到交通事故报警后，应当立即派交通警察赶赴现场，先组织抢救受伤人员，并采取措施，尽快恢复交通。

交通警察应当对交通事故现场进行勘验、检查，收集证据；因收集证据的需要，可以扣留事故车辆，但是应当妥善保管，以备核查。

对当事人的生理、精神状况等专业性较强的检验，公安机关交通管理部门应当委托专门机构进行鉴定。鉴定结论应当由鉴定人签名。

第七十三条 公安机关交通管理部门应当根据交通事故现场勘验、检查、调查情况和有关的检验、鉴定结论，及时制作交通事故认定书，作为处理交通事故的证据。

交通事故认定书应当载明交通事故的基本事实、成因和当事人的责任，并送达当事人。

第七十四条 对交通事故损害赔偿的争议，当事人可以请求公安机关交通管理部门调解，也可以直接向人民法院提起民事诉讼。

经公安机关交通管理部门调解，当事人未达成协议或者调解书生效后不履行的，当事人可以向人民法院提起民事诉讼。

第七十五条 医疗机构对交通事故中的受伤人员应当及时抢救，不得因抢救费用未及时支付而拖延救治。肇事车辆参加机动车第三者责任强制保险的，由保险公司在责任限额范围内支付抢救费用；抢救费用超过责任限额的，未参加机动车第三者责任强制保险或者肇事后逃逸的，由道路交通事故社会救助基金先行垫付部分或者全部抢救费用，道路交通事故社会救助基金管理机构有权向交通事故责任人追偿。

第七十六条 机动车发生交通事故造成人身伤亡、财产损失的，由保险公司在机动车第三者责任强制保险责任限额范围内予以赔偿；不足的部分，按照下列规定承担赔偿责任：

（一）机动车之间发生交通事故的，由有过错的一方承担赔偿责任；双方都有过错的，按照各自过错的比例分担责任。

（二）机动车与非机动车驾驶人、行人之间发生交通事故，非机动车驾驶人、行人没有过错的，由机动车一方承担赔偿责任；有证据证明非机动车驾驶人、行人有过错的，根据过错程度适当减轻机动车一方的赔偿责任；机动车一方没有过错的，承担不超过百分之十的赔偿责任。

交通事故的损失是由非机动车驾驶人、行人故意碰撞机动车造成的，机动车一方不承担赔偿责任。

第七十七条 车辆在道路以外通行时发生的事故，公安机关交通管理部门接到报案的，参照本法有关规定办理。

第六章 执法监督

第七十八条 公安机关交通管理部门应当加强对交通警察的管理,提高交通警察的素质和管理道路交通的水平。

公安机关交通管理部门应当对交通警察进行法制和交通安全管理业务培训、考核。交通警察经考核不合格的,不得上岗执行职务。

第七十九条 公安机关交通管理部门及其交通警察实施道路交通安全管理,应当依据法定的职权和程序,简化办事手续,做到公正、严格、文明、高效。

第八十条 交通警察执行职务时,应当按照规定着装,佩带人民警察标志,持有人民警察证件,保持警容严整,举止端庄,指挥规范。

第八十一条 依照本法发放牌证等收取工本费,应当严格执行国务院价格主管部门核定的收费标准,并全部上缴国库。

第八十二条 公安机关交通管理部门依法实施罚款的行政处罚,应当依照有关法律、行政法规的规定,实施罚款决定与罚款收缴分离;收缴的罚款以及依法没收的违法所得,应当全部上缴国库。

第八十三条 交通警察调查处理道路交通安全违法行为和交通事故,有下列情形之一的,应当回避:

(一)是本案的当事人或者当事人的近亲属;
(二)本人或者其近亲属与本案有利害关系;
(三)与本案当事人有其他关系,可能影响案件的公正处理。

第八十四条 公安机关交通管理部门及其交通警察的行政执法活动,应当接受行政监察机关依法实施的监督。

公安机关督察部门应当对公安机关交通管理部门及其交通警察执行法律、法规和遵守纪律的情况依法进行监督。

上级公安机关交通管理部门应当对下级公安机关交通管理部门的执法活动进行监督。

第八十五条 公安机关交通管理部门及其交通警察执行职务,应当自觉接受社会和公民的监督。

任何单位和个人都有权对公安机关交通管理部门及其交通警察不严格执法以及违法违纪行为进行检举、控告。收到检举、控告的机关,应当依据职责及时查处。

第八十六条 任何单位不得给公安机关交通管理部门下达或者变相下达罚款指标;公安机关交通管理部门不得以罚款数额作为考核交通警察的标准。

公安机关交通管理部门及其交通警察对超越法律、法规规定的指令,有权拒绝执行,并同时向上级机关报告。

第七章 法律责任

第八十七条 公安机关交通管理部门及其交通警察对道路交通安全违法行为,应当及时纠正。

公安机关交通管理部门及其交通警察应当依据事实和本法的有关规定对道路交通安全违法行为予以处罚。对于情节轻微，未影响道路通行的，指出违法行为，给予口头警告后放行。

第八十八条 对道路交通安全违法行为的处罚种类包括：警告、罚款、暂扣或者吊销机动车驾驶证、拘留。

第八十九条 行人、乘车人、非机动车驾驶人违反道路交通安全法律、法规关于道路通行规定的，处警告或者5元以上50元以下罚款；非机动车驾驶人拒绝接受罚款处罚的，可以扣留其非机动车。

第九十条 机动车驾驶人违反道路交通安全法律、法规关于道路通行规定的，处警告或者20元以上200元以下罚款。本法另有规定的，依照规定处罚。

第九十一条 饮酒后驾驶机动车的，处暂扣6个月机动车驾驶证，并处1 000元以上2 000元以下罚款。因饮酒后驾驶机动车被处罚，再次饮酒后驾驶机动车的，处10日以下拘留，并处1 000元以上2 000元以下罚款，吊销机动车驾驶证。

醉酒驾驶机动车的，由公安机关交通管理部门约束至酒醒，吊销机动车驾驶证，依法追究刑事责任；5年内不得重新取得机动车驾驶证。

饮酒后驾驶营运机动车的，处15日拘留，并处5 000元罚款，吊销机动车驾驶证，5年内不得重新取得机动车驾驶证。

醉酒驾驶营运机动车的，由公安机关交通管理部门约束至酒醒，吊销机动车驾驶证，依法追究刑事责任；10年内不得重新取得机动车驾驶证，重新取得机动车驾驶证后，不得驾驶营运机动车。

饮酒后或者醉酒驾驶机动车发生重大交通事故，构成犯罪的，依法追究刑事责任，并由公安机关交通管理部门吊销机动车驾驶证，终生不得重新取得机动车驾驶证。

第九十二条 公路客运车辆载客超过额定乘员的，处200元以上500元以下的罚款；超过额定乘员20%或者违反规定载货的，处500元以上2 000元以下的罚款。

货运机动车超过核定载质量的，处200元以上500元以下罚款；超过核定载质量30%或者违反规定载客的，处500元以上2 000元以下罚款。

有前两款行为的，由公安机关交通管理部门扣留机动车至违法状态消除。

运输单位的车辆有本条第一款、第二款规定的情形，经处罚不改的，对直接负责的主管人员处2000元以上5000元以下罚款。

第九十三条 对违反道路交通安全法律、法规关于机动车停放、临时停车规定的，可以指出违法行为，并予以口头警告、令其立即驶离。

机动车驾驶人不在现场或者虽在现场但拒绝立即驶离，妨碍其他车辆、行人通行的，处20元以上200元以下罚款，并可以将该机动车拖移至不妨碍交通的地点或者公安机关交通管理部门指定的地点停放。公安机关交通管理部门拖车不得向当事人收取费用，并应当及时告知当事人停放地点。

因采取不正确的方法拖车造成机动车损坏的，应当依法承担补偿责任。

第九十四条 机动车安全技术检验机构实施机动车安全技术检验超过国务院价格主管部门核定的收费标准收取费用的，退还多收取的费用，并由价格主管部门依照《中华人民共和国价格法》的有关规定给予处罚。

机动车安全技术检验机构不按照机动车国家安全技术标准进行检验，出具虚假检验结果的，由公安机关交通管理部门处所收检验费用5倍以上10倍以下罚款，并依法撤销其检验资格；构成犯罪的，依法追究刑事责任。

第九十五条　上道路行驶的机动车未悬挂机动车号牌，未放置检验合格标志、保险标志，或者未随车携带行驶证、驾驶证的，公安机关交通管理部门应当扣留机动车，通知当事人提供相应的牌证、标志或者补办相应手续，并可以依照本法第九十条的规定予以处罚。当事人提供相应的牌证、标志或者补办相应手续的，应当及时退还机动车。

故意遮挡、污损或者不按规定安装机动车号牌的，依照本法第九十条的规定予以处罚。

第九十六条　伪造、变造或者使用伪造、变造的机动车登记证书、号牌、行驶证、驾驶证的，由公安机关交通管理部门予以收缴，扣留该机动车，处15日以下拘留，并处2 000元以上5 000元以下罚款；构成犯罪的，依法追究刑事责任。

伪造、变造或者使用伪造、变造的检验合格标志、保险标志的，由公安机关交通管理部门予以收缴，扣留该机动车，处10日以下拘留，并处1 000元以上3 000元以下罚款；构成犯罪的，依法追究刑事责任。

使用其他车辆的机动车登记证书、号牌、行驶证、检验合格标志、保险标志的，由公安机关交通管理部门予以收缴，扣留该机动车，处2 000元以上5 000元以下罚款。

当事人提供相应的合法证明或者补办相应手续的，应当及时退还机动车。

第九十七条　非法安装警报器、标志灯具的，由公安机关交通管理部门强制拆除、予以收缴，并处200元以上2 000元以下罚款。

第九十八条　机动车所有人、管理人未按照国家规定投保机动车第三者责任强制保险的，由公安机关交通管理部门扣留车辆至依照规定投保后，并处依照规定投保最低责任限额应缴纳的保险费的2倍罚款。

依照前款缴纳的罚款全部纳入道路交通事故社会救助基金。具体办法由国务院规定。

第九十九条　有下列行为之一的，由公安机关交通管理部门处200元以上2000元以下罚款：

（一）未取得机动车驾驶证、机动车驾驶证被吊销或者机动车驾驶证被暂扣期间驾驶机动车的；

（二）将机动车交由未取得机动车驾驶证或者机动车驾驶证被吊销、暂扣的人驾驶的；

（三）造成交通事故后逃逸，尚不构成犯罪的；

（四）机动车行驶超过规定时速50%的；

（五）强迫机动车驾驶人违反道路交通安全法律、法规和机动车安全驾驶要求驾驶机动车，造成交通事故，尚不构成犯罪的；

（六）违反交通管制的规定强行通行，不听劝阻的；

（七）故意损毁、移动、涂改交通设施，造成危害后果，尚不构成犯罪的；

（八）非法拦截、扣留机动车辆，不听劝阻，造成交通严重阻塞或者较大财产损失的。

行为人有前款第二项、第四项情形之一的，可以并处吊销机动车驾驶证；有第一项、第三项、第五项至第八项情形之一的，可以并处15日以下拘留。

第一百条　驾驶拼装的机动车或者已达到报废标准的机动车上道路行驶的，公安机关交通管理部门应当予以收缴，强制报废。

对驾驶前款所列机动车上道路行驶的驾驶人，处 200 元以上 2 000 元以下罚款，并吊销机动车驾驶证。

出售已达到报废标准的机动车的，没收违法所得，处销售金额等额的罚款，对该机动车依照本条第一款的规定处理。

第一百零一条 违反道路交通安全法律、法规的规定，发生重大交通事故，构成犯罪的，依法追究刑事责任，并由公安机关交通管理部门吊销机动车驾驶证。

造成交通事故后逃逸的，由公安机关交通管理部门吊销机动车驾驶证，且终生不得重新取得机动车驾驶证。

第一百零二条 对 6 个月内发生 2 次以上特大交通事故负有主要责任或者全部责任的专业运输单位，由公安机关交通管理部门责令消除安全隐患；未消除安全隐患的机动车，禁止上道路行驶。

第一百零三条 国家机动车产品主管部门未按照机动车国家安全技术标准严格审查，许可不合格机动车型投入生产的，对负有责任的主管人员和其他直接责任人员给予降级或者撤职的行政处分。

机动车生产企业经国家机动车产品主管部门许可生产的机动车型，不执行机动车国家安全技术标准或者不严格进行机动车成品质量检验，致使质量不合格的机动车出厂销售的，由质量技术监督部门依照《中华人民共和国产品质量法》的有关规定给予处罚。

擅自生产、销售未经国家机动车产品主管部门许可生产的机动车型的，没收非法生产、销售的机动车成品及配件，可以并处非法产品价值 3 倍以上 5 倍以下罚款；有营业执照的，由工商行政管理部门吊销营业执照，没有营业执照的，予以查封。

生产、销售拼装的机动车或者生产、销售擅自改装的机动车的，依照本条第三款的规定处罚。

有本条第二款、第三款、第四款所列违法行为，生产或者销售不符合机动车国家安全技术标准的机动车，构成犯罪的，依法追究刑事责任。

第一百零四条 未经批准，擅自挖掘道路、占用道路施工或者从事其他影响道路交通安全活动的，由道路主管部门责令停止违法行为，并恢复原状，可以依法给予罚款；致使通行的人员、车辆及其他财产遭受损失的，依法承担赔偿责任。

有前款行为，影响道路交通安全活动的，公安机关交通管理部门可以责令停止违法行为，迅速恢复交通。

第一百零五条 道路施工作业或者道路出现损毁，未及时设置警示标志、未采取防护措施，或者应当设置交通信号灯、交通标志、交通标线而没有设置或者应当及时变更交通信号灯、交通标志、交通标线而没有及时变更，致使通行的人员、车辆及其他财产遭受损失的，负有相关职责的单位应当依法承担赔偿责任。

第一百零六条 在道路两侧及隔离带上种植树木、其他植物或者设置广告牌、管线等，遮挡路灯、交通信号灯、交通标志，妨碍安全视距的，由公安机关交通管理部门责令行为人排除妨碍；拒不执行的，处 200 元以上 2 000 元以下罚款，并强制排除妨碍，所需费用由行为人负担。

第一百零七条 对道路交通违法行为人予以警告、200 元以下罚款，交通警察可以当场作出行政处罚决定，并出具行政处罚决定书。

行政处罚决定书应当载明当事人的违法事实、行政处罚的依据、处罚内容、时间、地点以及处罚机关名称,并由执法人员签名或者盖章。

第一百零八条 当事人应当自收到行政处罚决定书之日起15日内,到指定的银行缴纳罚款。

对行人、乘车人和非机动车驾驶人的罚款,当事人无异议的,可以当场予以收缴罚款。

罚款应当开具省、自治区、直辖市财政部门统一制发的罚款收据;不出具财政部门统一制发的罚款收据的,当事人有权拒绝缴纳罚款。

第一百零九条 当事人逾期不履行行政处罚决定的,作出行政处罚决定的行政机关可以采取下列措施:

(一)到期不缴纳罚款的,每日按罚款数额的3%加处罚款;

(二)申请人民法院强制执行。

第一百一十条 执行职务的交通警察认为应当对道路交通违法行为人给予暂扣或者吊销机动车驾驶证处罚的,可以先予扣留机动车驾驶证,并在24小时内将案件移交公安机关交通管理部门处理。

道路交通违法行为人应当在15日内到公安机关交通管理部门接受处理。无正当理由逾期未接受处理的,吊销机动车驾驶证。

公安机关交通管理部门暂扣或者吊销机动车驾驶证的,应当出具行政处罚决定书。

第一百一十一条 对违反本法规定予以拘留的行政处罚,由县、市公安局、公安分局或者相当于县一级的公安机关裁决。

第一百一十二条 公安机关交通管理部门扣留机动车、非机动车,应当当场出具凭证,并告知当事人在规定期限内到公安机关交通管理部门接受处理。

公安机关交通管理部门对被扣留的车辆应当妥善保管,不得使用。

逾期不来接受处理,并且经公告3个月仍不来接受处理的,对扣留的车辆依法处理。

第一百一十三条 暂扣机动车驾驶证的期限从处罚决定生效之日起计算;处罚决定生效前先予扣留机动车驾驶证的,扣留1日折抵暂扣期限1日。

吊销机动车驾驶证后重新申请领取机动车驾驶证的期限,按照机动车驾驶证管理规定办理。

第一百一十四条 公安机关交通管理部门根据交通技术监控记录资料,可以对违法的机动车所有人或者管理人依法予以处罚。对能够确定驾驶人的,可以依照本法的规定依法予以处罚。

第一百一十五条 交通警察有下列行为之一的,依法给予行政处分:

(一)为不符合法定条件的机动车发放机动车登记证书、号牌、行驶证、检验合格标志的;

(二)批准不符合法定条件的机动车安装、使用警车、消防车、救护车、工程救险车的警报器、标志灯具,喷涂标志图案的;

(三)为不符合驾驶许可条件、未经考试或者考试不合格人员发放机动车驾驶证的;

(四)不执行罚款决定与罚款收缴分离制度或者不按规定将依法收取的费用、收缴的罚款及没收的违法所得全部上缴国库的;

(五)举办或者参与举办驾驶学校或者驾驶培训班、机动车修理厂或者收费停车场等经营活动的;

（六）利用职务上的便利收受他人财物或者谋取其他利益的；
（七）违法扣留车辆、机动车行驶证、驾驶证、车辆号牌的；
（八）使用依法扣留的车辆的；
（九）当场收取罚款不开具罚款收据或者不如实填写罚款额的；
（十）徇私舞弊，不公正处理交通事故的；
（十一）故意刁难、拖延办理机动车牌证的；
（十二）非执行紧急任务时使用警报器、标志灯具的；
（十三）违反规定拦截、检查正常行驶的车辆的；
（十四）非执行紧急公务时拦截搭乘机动车的；
（十五）不履行法定职责的。

公安机关交通管理部门有前款所列行为之一的，对直接负责的主管人员和其他直接责任人员给予相应的行政处分。

第一百一十六条 依照本法第一百一十五条的规定，给予交通警察行政处分的，在作出行政处分决定前，可以停止其执行职务；必要时，可以予以禁闭。

依照本法第一百一十五条的规定，交通警察受到降级或者撤职行政处分的，可以予以辞退。

交通警察受到开除处分或者被辞退的，应当取消警衔；受到撤职以下行政处分的交通警察，应当降低警衔。

第一百一十七条 交通警察利用职权非法占有公共财物，索取、收受贿赂，或者滥用职权、玩忽职守，构成犯罪的，依法追究刑事责任。

第一百一十八条 公安机关交通管理部门及其交通警察有本法第一百一十五条所列行为之一，给当事人造成损失的，应当依法承担赔偿责任。

第八章 附 则

第一百一十九条 本法中下列用语的含义：
（一）"道路"，是指公路、城市道路和虽在单位管辖范围但允许社会机动车通行的地方，包括广场、公共停车场等用于公众通行的场所。
（二）"车辆"，是指机动车和非机动车。
（三）"机动车"，是指以动力装置驱动或者牵引，上道路行驶的供人员乘用或者用于运送物品以及进行工程专项作业的轮式车辆。
（四）"非机动车"，是指以人力或者畜力驱动，上道路行驶的交通工具，以及虽有动力装置驱动但设计最高时速、空车质量、外形尺寸符合有关国家标准的残疾人机动轮椅车、电动自行车等交通工具。
（五）"交通事故"，是指车辆在道路上因过错或者意外造成的人身伤亡或者财产损失的事件。

第一百二十条 中国人民解放军和中国人民武装警察部队在编机动车牌证、在编机动车检验以及机动车驾驶人考核工作，由中国人民解放军、中国人民武装警察部队有关部门负责。

第一百二十一条 对上道路行驶的拖拉机,由农业(农业机械)主管部门行使本法第八条、第九条、第十三条、第十九条、第二十三条规定的公安机关交通管理部门的管理职权。

农业(农业机械)主管部门依照前款规定行使职权,应当遵守本法有关规定,并接受公安机关交通管理部门的监督;对违反规定的,依照本法有关规定追究法律责任。

本法施行前由农业(农业机械)主管部门发放的机动车牌证,在本法施行后继续有效。

第一百二十二条 国家对入境的境外机动车的道路交通安全实施统一管理。

第一百二十三条 省、自治区、直辖市人民代表大会常务委员会可以根据本地区的实际情况,在本法规定的罚款幅度内,规定具体的执行标准。

第一百二十四条 本法自2004年5月1日起施行。

参 考 文 献

[1] 交通部公路科学研究院. 中国道路交通安全蓝皮书[M]. 北京：人民交通出版社，2009.
[2] 过秀成. 道路交通安全学[M]. 南京：东南大学出版社，2004.
[3] 裴玉龙. 道路交通安全学[M]. 北京：人民交通出版社，2008.
[4] 裴玉龙. 道路交通安全学[M]. 北京：人民交通出版社，2004.
[5] 邵祖峰. 道路交通管理安全防范技术[M]. 北京：中国人民公安大学出版社，2006.
[6] B·Φ·巴布可夫. 道路条件和交通安全[M]. 景天然，译. 上海：同济大学出版社，1990.
[7] 李百川. 汽车驾驶员适宜性检测及评价[M]. 北京：人民交通出版社，2003.
[8] 郭忠印，方守恩. 道路安全工程[M]. 北京：人民交通出版社，2003.
[9] 王武宏. 道路交通系统中的驾驶行为理论与方法[M]. 北京：科学出版社，2001.
[10] 刘志强，葛如海，龚标. 道路交通安全工程[M]. 北京：化学工业出版社，2005.
[11] 美国AASHTO协会. 公路与城市道路几何设计[M]. 西安：西北工业大学出版社，1988.
[12] 钟志华，张维刚，曹立波. 汽车碰撞安全技术[M]. 北京：机械工业出版社，2003.
[13] 郑柯，冯桂炎. 道路交通事故多发点道路状态的技术分析[J]. 长沙交通学院学报，2000：63-66.
[14] 王炜，过秀成. 交通工程学[M]. 南京：东南大学出版社，2000.
[15] 赵恩棠，刘烯柏. 道路交通安全[M]. 北京：人民交通出版社，1990.
[16] 刘运通. 道路交通安全指南[M]. 北京：人民交通出版社，2004.
[17] 王建. 交通安全心理学[M]. 重庆：科学技术文献出版社重庆分社，1988.
[18] 余志生. 汽车理论[M]. 北京：机械工业出版社，2000.
[19] 中国公路学会. 交通工程手册[M]. 北京：人民交通出版社，1998.
[20] 林洋. 实用汽车事故鉴定学[M]. 黄永和，译. 北京：人民交通出版社，2001.
[21] 宗芳. 道路交通管理[M]. 北京：机械工业出版社，2012.
[22] 克列斯特·海顿. 交通冲突技术[M]. 成都：西南交通大学出版社，1994.
[23] 杜尔特 W. 联邦德国道路设计[M]. 景天然，译. 北京：人民交通出版社，1987.
[24] 德国BOSCH公司. BOSCH汽车工程手册[M]. 张次曾，译. 北京：学术书刊出版社，1990.
[25] 市原薰. 道路设施工程学[M]. 王惠普，译. 北京：人民交通出版社，1983.
[26] 饭田恭敬，佐佐木纲. 交通工程学[M]. 北京：人民交通出版社，1999.
[27] 徐吉谦. 交通工程总论[M]. 北京：人民交通出版社，1991.
[28] 郭忠印，方守恩. 道路安全工程[M]. 北京：人民交通出版社，2003.
[29] 牛学军. 道路交通安全管理规划相关理论与方法研究[D]. 北京：北京交通大学，2009.
[30] 公安部交通管理局. 2007中华人民共和国道路交通事故统计年报[R]. 北京：公安部交

通管理局，2007.

[31] 姬利娜. 云南省中小城市道路交通安全管理研究[D]. 昆明：昆明理工大学，2009.

[32] 张之勇. 城市道路交通安全管理研究[D]. 成都：西南交通大学，2003.

[33] 王丽娟. 高速公路交通安全综合评价和瓶颈问题分析[D]. 南昌：华东交通大学，2010.

[34] 陈君. 道路交通安全管理规划体系及软件研究[D]. 西安：长安大学，2005.

[35] 孟祥海，盛洪飞，陈天恩. 事故多发点鉴别本质及基于BP神经网络的鉴别方法研究[J]. 公路交通科技，2008，25（3）：124-129.

[36] 管满泉. 交通事故多发点鉴别方法的比较研究[J]. 公路，2009，33（4）：191-195.

[37] 陈松灵，陈飞. 基于系统论的道路事故多发点成因分析[J]. 交通标准化，2008，25（1）：97-100.

[38] 刘玉增. 交通事故黑点的智能排查及整治对策的研究[D]. 成都：西南交通大学，2005.

[39] 裴玉龙，丁建梅. 鉴别道路交通事故多发点的突出因素法[J]. 中国公路学报，2005，18（3）：36-38.

[40] 陆化普，周钱，徐薇. 道路交通安全管理规划理论与应用研究[J]. 中南公路工程，2006，31（3）67-70.

[41] 赵佳琪. 大型活动交通组织和管理方法研究[D]. 长春：吉林大学，2006.

[42] 耿志军. 大型活动交通需求预测及其交通组织管理方法研究[D]. 合肥：合肥工业大学，2007.

[43] 吴兵，李晔. 交通管理与控制[M]. 3版. 北京：人民交通出版社，2005.

[44] 黄莉. 大型文体设施交通影响分析及变通组织管理方法研究[D]. 成都：西南交通大学，2008.

[45] 熊建平，代义军. 城市地铁施工期道路交通组织方法研究——以武汉地铁2号线为例[J]. 交通与运输，2008（2）：59-61.

[46] 曲秋莳. 城市占道施工区交通组织方案优化及仿真评价[D]. 北京：北京交通大学，2010.

[47] 吴兴春. 突发事件下城市变通应急管理研究[D]. 成都：西南交通大学，2010.

[48] 张晓燕. 高速公路重大突发事件的危机救援组织研究[D]. 武汉：武汉理工大学，2003.

[49] 钟连德，孙小端，陈永胜. 高速公路突发事件应急处理系统[J]. 公路，2006，1（1）：127-130.

[50] 李永生. 黑龙江省公路交通应急指挥中心的研究与设计[D]. 哈尔滨：东北林业大学，2007.

[51] 俞斌. 道路变通事故的影响范围与处理资源调动研究[D]. 南京：东南大学，2006.

[52] 黄同愿. 高速公路紧急事件与安全系统研究[D]. 重庆：重庆大学，2003.